OXFORD IB SKILLS AND PRACTICE

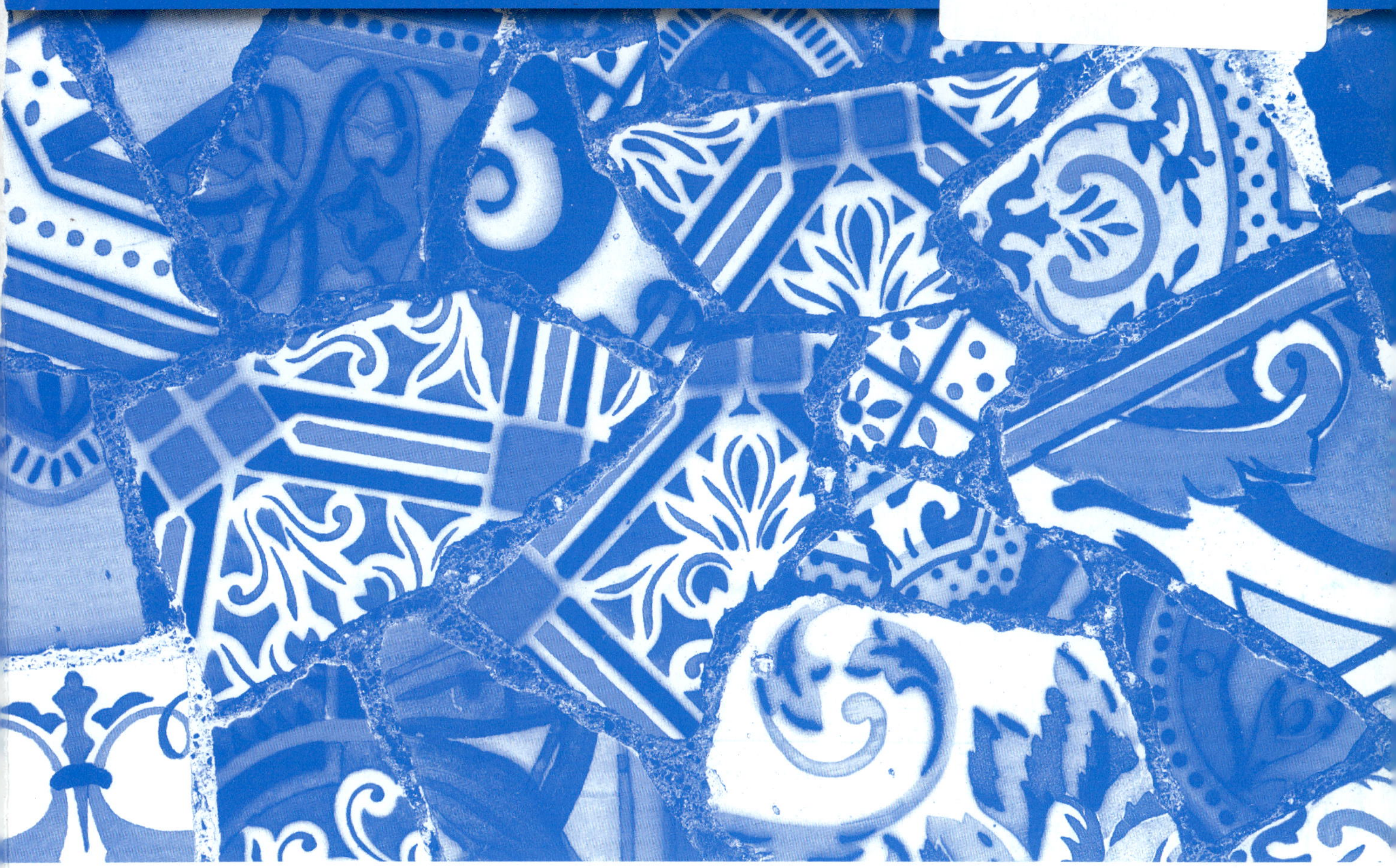

Spanish B

FOR THE IB DIPLOMA

Suso Rodríguez-Blanco
Ana Valbuena

OXFORD
UNIVERSITY PRESS

Great Clarendon Street, Oxford OX2 6DP

Oxford University Press is a department of the University of Oxford.
It furthers the University's objective of excellence in research,
scholarship, and education by publishing worldwide in

Oxford   New York

Auckland   Cape Town   Dar es Salaam   Hong Kong   Karachi
Kuala Lumpur   Madrid   Melbourne   Mexico City   Nairobi
New Delhi   Shanghai   Taipei   Toronto

With offices in

Argentina   Austria   Brazil   Chile   Czech Republic   France   Greece
Guatemala   Hungary   Italy   Japan   Poland   Portugal   Singapore
South Korea   Switzerland   Thailand   Turkey   Ukraine   Vietnam

Oxford is a registered trade mark of Oxford University Press
in the UK and in certain other countries

© Oxford University Press 2012

The moral rights of the author have been asserted

Database right Oxford University Press (maker)

First published 2011

All rights reserved. No part of this publication may be reproduced,
stored in a retrieval system, or transmitted, in any form or by any means,
without the prior permission in writing of Oxford University Press, or as
expressly permitted by law, or under terms agreed with the appropriate
reprographics rights organization. Enquiries concerning reproduction
outside the scope of the above should be sent to the Rights Department,
Oxford University Press, at the address above

You must not circulate this book in any other binding or cover
and you must impose this same condition on any acquirer

British Library Cataloguing in Publication Data

Data available

ISBN: 978-0-19-838913-2

10 9 8 7 6 5 4 3 2 1

Printed in Malaysia by Vivar Printing Sdn. Bhd.

Paper used in the production of this book is a natural, recyclable product made
from wood grown in sustainable forests. The manufacturing process conforms
to the environmental regulations of the country of origin

Acknowledgments

Suso Rodríguez-Blanco: I would like to dedicate this book to my IB10, IB11 and IB12 Spanish B students at St. Clare´s, who so patiently tested my activities with constant encouragement and joy.

The author and publisher are grateful to the following for permission to reprint extracts from copyright material.

Guía de Lengua B, primeros exámenes: 2013 © Organización del Bachillerato Internacional, 2011.

Guía de la Monografía, primeros exámenes: 2013 © Organización del Bachillerato Internacional.

Agencia Literaria Carmen Balcells S A for Carmen Laforet: 'Al Colegio' in Laura Freixas (ed.): *Madres e hijas* (Anagrama, 1996), copyright © Herederos de Carmen Laforet, 2011.

Clara Magazine for Pablo Cubí: 'Icíar Bollaín: Toda película se posiciona', *Clara* No 220, and Victoria Gonzales: 'Las nuevas entrevistas de trabajo', *Clara* No 202.

Teresa Ibañez for the extract from her blog, 'TULUM, final de mi viaje en México', 10.2.2010

Mia Magazine (G y J España Ediciones) for '¿Peaje en el bosque?', Mia, No 1180, 20-26.4.2009

El Mundo (Spain) www.elmundo.es, for 'Consumido por el consumo' *El Mundo* Magazine 1996; Elena Pita: interview with Ana María Matute, *El Mundo* Magazine No 113; and María Valerio: 'El tabaquismo pasivo causa una de cada cien muertes', *El Mundo*, 25.11.2010.

Diario La Nación (Argentina) for 'Diez consejos para tramitir el nuevo DNI', *La Nación*, 28.12.2010

El País for Valme Cortés: Es un artista, ¿es un delincuente?, *El País*, 9.2.2010, © El País 2010; Patricia Ortega Dolz: 'Rebajas de modales' *El País*, 8.1.2011, © El País 2011; Francisco Manetto: 'Comemos fuera, y cada vez peor', *El País*, 13.1.2010, © El País 2010; Rosa Sulleiro: 'Importa más el twitter de un futbolista que nuestras medallas', *El País*, 21.12.2010, © El País 2010; Mauricio Vicent: '25 años de cine junto a "Gabo"', *El País*, 12.7.2010, © El País 2010; 'Pandiani: "A Cristiano le falta un tornillo"', *El País*, 2.2.2011, © El País 2011; and 'Cien años comiendo las uvas', EFE Madrid, *El País* 31.12.2008, © EFE/El País 2008; and David Alandete: 'Los latinos ganan peso en EEUU', *El País*, 21.12.2010 (used on companion website).

Random House Mondadori, S A and **The Wylie Agency** for Jorge Luis Borges: 'Las Ruinas Circulares' in *Ficciones* (Alianza, 1997), copyright © 1995, 1999, María Kodama, copyright © 2011 Random House Mondadori, S A.

Andrés Schipani for 'San Ernesto: la última leyenda de Che Guevara', *La Nación*, 7.10.2007, copyright © Andrés Schipani 2007.

Spanish Ministry of Culture (MCU) www.mcu.es, for campaign leaflet 'Defiende su cultura contra la piratería'.

Ethan Spooner and Manuel Vega Olmo (N B Arquitectura) for 'Propuesta para la ampliación del Parque de Jaén', www.alamedajaen.webs.com, used under the terms of the Creative Commons Licence by-nd 3, http://creativecommons.org/licences/by-nd/3.0/

UNESCO for 'Types of Piracy', World Anti-Piracy Observatory, copyright © UNESCO 1995-2011, http://portal.unesco.org

Cover image: Oleg Golovnev/Shutterstock

Photo Acknowledgements

t=top b=bottom m=middle l=left r=right

P1: Andy Dean Photography/Shutterstock; P2: Startraks Photo/Rex Features; P3: Robert Kneschke/Dreamstime; P22: Eye Ubiquitous/Rex Features; P23: Juan Muñoz/Photolibrary; P24: Lavozlibre; P25: Klaus Tiedge/Corbis; P31: David Fisher/Rex Features; P32: Pedro A. Saura/AP Photo; P33: Angela Hampton Picture Library/Alamy/Photolibrary; P39: Michael Sohn/AP Photo; P40: Barbara Birgis/Shutterstock; P41: White Star/Monica Gumm/Photolibrary; P42: Sven Creutzmann/Mambo Photo/Getty Images News/Getty Images; P51: Fotonoticias/Getty Images Entertainment/Getty Images; P52: AJ Photo/Science Photo Library; P53: Ministerio del Interior; P54: Alvaro Hurtado/AP Photo; P93: Science Photo Library; P94: Olga Utlyakova/Shutterstock; P102: Lalo R. Villar/AP Photo; P104: Sandra Zuerlein/Shutterstock; P105: Manu Fernandez/AP Photo; P142t: Pepe Marin/Reuters; P142b: Balfour Studios/Alamy/Photolibrary; P143: Angela Hampton Picture Library/Alamy/Photolibrary; P145: Arturo Rodriguez/AP Photo; P146t: Michael N Paras/Photolibrary; P146b: Caro/Alamy/Photolibrary; P147t: Kablonk/Photolibrary; P147m: David R. Frazier Photolibrary, Inc./Alamy/Photolibrary; P147b: Jasper Juinen/Getty Images News/Getty Images; P148t: Stuart Clarke/Rex Features; P148m: Noel Hendrickson/Digital Vision/Getty Images; P148b: Nils Jorgensen/Rex Features; P149: Photolibrary; P150t-b: Arturo Rodriguez/AP Photo, Michael N Paras/Photolibrary, Caro/Alamy/Photolibrary, Kablonk/Photolibrary; P151t-b: David R. Frazier Photolibrary, Inc./Alamy/Photolibrary, Jasper Juinen/Getty Images News/Getty Images, Stuart Clarke/Rex Features, Noel Hendrickson/Digital Vision/Getty Images; P152t: Nils Jorgensen/Rex Features; P152b: Photolibrary; P166: Lyf1/Shutterstock; P167: Yuri Arcurs/Shutterstock

We have made every effort to trace and contact all copyright holders before publication but this has not been possible in all cases. If notified, the publishers will be pleased to rectify any errors or omissions at the earliest opportunity.

Índice

Introducción
Objetivos del libro 5
La misión del BI 5
Información fundamental sobre el programa de Lengua B 6
El programa de Español B, Nivel Medio y Nivel Superior 8

Unidad 1

Prueba 1 Destrezas receptivas

1.1 Información fundamental sobre la Prueba 1 16
Temas de la Prueba 1
Evaluación de la prueba
Tipos de textos en la Prueba 1

1.2 Preparación para la Prueba 1 (Nivel Medio y Nivel Superior) 17–20

1.3 Cosas importantes para el día del examen 21

1.4 Pruebas para practicar 22–62
Prueba 1 Nivel Medio: Muestra 1
Prueba 1 Nivel Medio: Muestra 2
Prueba 1 Nivel Superior: Muestra 1
Prueba 1 Nivel Superior: Muestra 2
Autoevaluación (Nivel Medio y Nivel Superior)

Unidad 2

Prueba 2 Destrezas productivas

2.1 Prueba 2: Características 63–64
Los temas de la Prueba 2
Tipos de textos en la Prueba 2
El enunciado de la Prueba 2
La evaluación de la Prueba 2 (Nivel Medio y Nivel Superior, Sección A): criterios de corrección
La evaluación de la Prueba 2 (Nivel Superior, Sección B): criterios de corrección

2.2 Los criterios de evaluación para la Prueba 2 65–70
Análisis de los descriptores (Nivel Medio; Nivel Superior, Sección A y Sección B)

2.3 La elección de la pregunta y el tema (NM; NS, Sección A) 70–74

2.4 El cumplimiento de los criterios de evaluación (NM; NS, Sección A) 74–91
Criterio A: Lengua
Criterio B: Mensaje
Criterio C: Formato

2.5 Las características de los tipos de textos (NM; NS, Sección A) 92–116
Muestras de los tipos de textos

2.6 Tareas de práctica para el examen (NM; NS, Sección A) 117–118
Nivel Medio
Nivel Superior (Sección A)

2.7 Información fundamental sobre la respuesta personal (NS, Sección B) 119–126
Características de la respuesta personal
Los criterios de la respuesta personal
Trabajar con los temas de los estímulos
Expresar la opinión personal
El proceso de escritura para la respuesta personal: Organización, construcción y redacción de la respuesta personal
Ejemplo de una respuesta personal

2.8 Tareas de práctica para la respuesta personal (NS, Sección B) 126–127

2.9 Cosas importantes para el día del examen 128–129
Nivel Medio y Nivel Superior, Sección A
Nivel Superior, Sección B
Para revisar

2.10 Pruebas para practicar 130–131
Práctica Prueba 2, Nivel Medio
Práctica Prueba 2, Nivel Superior
Autoevaluación (Nivel Medio y Nivel Superior)

Unidad 3

El examen oral

3.1 La actividad oral individual 132–133
Características
Los temas de la actividad oral individual
Procedimientos de la actividad oral individual

3.2 La actividad oral interactiva 133
Características
Los temas de la actividad oral interactiva
Los tipos de tareas de la actividad oral interactiva
Procedimientos de la actividad oral interactiva

3.3 Los criterios de evaluación 134–138
Los criterios de evaluación y los descriptores de nivel

3.4	**Consejos para obtener el mejor resultado en el examen oral**	138–140		5.4	**El cumplimiento de los criterios de evaluación**	179–184

3.4 Consejos para obtener el mejor resultado en el examen oral — 138–140
Ideas para la preparación
Antes del examen el candidato puede …
Claves para escoger una fotografía (Nivel Medio)
Claves para analizar una fotografía (NM y NS)
Consejos para describir y comentar la foto (NM y NS)

3.5 Cosas importantes para el día del examen — 141–142
Pautas para la preparación de la actividad oral individual (15 minutos)
Durante la actividad oral individual (8–10 minutos)
Pautas para la preparación de la actividad oral interactiva

3.6 Preparación para la actividad oral individual — 142–145

3.7 Pruebas para practicar — 145–152
Parte 1: Introducción
Parte 2: Presentación
Parte 3: Preguntas del examinador
Autoevaluación (Nivel Medio y Nivel Superior)

Unidad 4
El trabajo escrito

4.1 Información sobre esta prueba — 153–154
Temas para el trabajo escrito
Tipos de textos
Cosas importantes a tener en cuenta

4.2 Los criterios de evaluación del trabajo escrito — 155–158

4.3 La preparación del trabajo escrito de Nivel Medio — 159–171
Tema A: La piratería
Tema B: El consumo responsable

4.4 La preparación de trabajo escrito de Nivel Superior — 172–176
Obra A: *Como agua para chocolate* de Laura Esquivel – 1989
Obra B: *La Casa de Bernarda Alba* de Federico García Lorca – 1945
Autoevaluación (Nivel Medio y Nivel Superior)

Unidad 5
La monografía

5.1 Información fundamental sobre la monografía — 177–178
Características de la monografía
Consideraciones importantes sobre la monografía

5.2 La evaluación: criterios — 178

5.3 La presentación formal de la monografía — 178

5.4 El cumplimiento de los criterios de evaluación — 179–184
A Formulación del problema de investigación
B La introducción de la monografía
C Proceso de investigación
D Conocimiento y comprensión del tema
E Argumento razonado
F Aplicación de habilidades de análisis y evaluación apropiadas
G Uso de un lenguaje apropiado
H Conclusión
I Presentación formal
J Resumen
K Valoración global

5.5 La entrevista final con el supervisor — 184–185

Gramática

1 Los sustantivos — 186
Género — 186
Número — 186

2 Artículos — 187
Artículo determinado — 187
Artículo indeterminado — 188

3 Adjetivos: información esencial — 188
Concordancia del adjetivo en género — 188
Formación del plural de adjetivos — 188
Adjetivos apocopados — 189
El comparativo — 189
El superlativo — 189

4 Adverbios — 190
Tipos de adverbios — 190
Adverbios comparativos y superlativos — 190

5 Pronombres personales — 191
Pronombres de sujeto — 191
Pronombres de objeto directo e indirecto — 191
Pronombres preposicionales — 192

6 Adjetivos y pronombres: otros tipos y usos — 192
Adjetivos y pronombres posesivos — 192
Adjetivos y pronombres demostrativos — 193
Adjetivos y pronombres relativos — 193
Adjetivos y pronombres indefinidos — 194

7 Interrogativos y exclamativos — 196

8 Verbos — 196
El infinitivo — 196
El gerundio — 196
El participio — 197
El indicativo — 197
El subjuntivo — 202
El imperativo — 205
'Ser' y 'estar' — 205
Verbos como 'gustar' — 206
Verbos con preposición — 207
Diferencias entre 'por y 'para' — 208

Introducción

Objetivos del libro

Este libro está dirigido a aquellos estudiantes que:

- están a punto de empezar el curso de Español B del Bachillerato Internacional;
- quieren estudiar Español B, a Nivel Medio o Superior;
- casi han terminado el curso de dos años y están a punto de tomar el examen.

El objetivo de esta guía es ayudar al candidato a:

- comprender bien lo que tiene que hacer en cada parte del examen;
- mejorar el rendimiento en todas las partes del examen.

La misión del BI

El Bachillerato Internacional no se limita a ofrecer asignaturas y programas educativos. Su misión es crear un mundo mejor a través de la educación y fomentar el entendimiento y el respeto intercultural, no como alternativa al sentido de identidad cultural y nacional, sino como un aspecto esencial de la vida en el siglo XXI.

Todas estas metas se resumen en la declaración de principios del BI:

- El Bachillerato Internacional tiene como meta formar jóvenes solidarios, informados y ávidos de conocimiento, capaces de contribuir a crear un mundo mejor y más pacífico, en el marco del entendimiento mutuo y el respeto intercultural.
- En pos de este objetivo, la organización colabora con establecimientos escolares, gobiernos y organizaciones internacionales para crear y desarrollar programas de educación internacional exigentes y métodos de evaluación rigurosos.
- Estos programas alientan a estudiantes del mundo entero a adoptar una actitud activa de aprendizaje durante toda su vida, a ser compasivos y a entender que otras personas, con sus diferencias, también pueden estar en lo cierto.

Comenta con tus compañeros

¿Interactúas con la gente por lo que percibes o por lo que has oído previamente?

¿Consideras las otras sociedades tan complejas como la tuya?

¿Estás dispuesto a considerar representaciones alternativas cuando conoces a gente procedente de otras culturas?

¿Te dejas llevar por los medios de comunicación y las influencias políticas e institucionales para considerar de una forma determinada a la gente proveniente de otras culturas?

¿Cómo afectan los estereotipos la interacción con los demás?

Información fundamental sobre el programa de Lengua B

Niveles

Español B es un curso diseñado para estudiantes que han estudiado la lengua con anterioridad. Se puede cursar en Nivel Medio o en Nivel Superior dependiendo del grado de conocimiento de español al inicio del curso. Los estudiantes deben de seleccionar el nivel adecuado con la ayuda de su profesor.

El programa de estudios es prácticamente el mismo para los dos niveles, la única diferencia es que en el Nivel Superior se incluye el estudio de dos obras literarias. Las diferencias entre ambos niveles están determinadas por los objetivos de evaluación, la profundidad y amplitud de los temas del programa de estudios, los detalles de la evaluación, los criterios de evaluación, el componente cultural del Nivel Superior y el número de horas lectivas sugerido.

Dimensión internacional

Durante los dos años del programa de Lengua B el estudiante explorará la cultura de los países de habla hispana. Descubrirá otras costumbres y tradiciones, otra forma de ver la vida y hacer las cosas lo que contribuirá a un mayor entendimiento de otras formas de vida y otras culturas. Esto fomentará el respeto y la tolerancia hacia otras personas con diferentes perspectivas y puntos de vista.

Los estudiantes reflexionan sobre los valores de otras culturas con el estudio de los diferentes temas en los que se organiza el curso. El curso intenta despertar en los estudiantes la curiosidad por diversas cuestiones globales y desarrollar su entendimiento intercultural. Saber describir, comparar y evaluar son algunas de las competencias que se evaluarán también en el examen.

Comenta con tus compañeros

- ¿Eres capaz de arriesgarte a abrirte a otras maneras de entender los roles que la gente desempeña en la sociedad?
- ¿Te ríes de otra gente simplemente porque son culturalmente diferentes?
- ¿Eres en general crítico, o sabes ofrecer sugerencias positivas para mejorar?
- ¿Excluyes a los demás hablando tu propia lengua? ¿Te preocupas por comprobar quién está a tu lado antes de hablar?
- Cuando viajas, ¿te interesa aprender cosas nuevas y otra lengua para ensanchar tus horizontes?
- ¿Piensas fácilmente que tu forma de ver las cosas es la correcta, o eres capaz de cuestionarte a ti mismo?
- ¿Consideras las demás culturas, creencias religiosas y tradiciones con respeto? La verdad está en todos y en todas partes …

Introducción

Formas de conocimiento

En el proceso de adquisición de una lengua intervienen diferentes formas de conocimiento: razón, emoción, percepción y lenguaje.

> Comenta con tus compañeros

- ¿Conocemos y aprendemos nuestra primera lengua o lenguas del mismo modo que aprendemos una lengua adicional?

- Cuando aprendemos una lengua adicional, ¿aprendemos algo más que vocabulario y gramática?

- El entendimiento intercultural es la capacidad de demostrar que se comprenden las semejanzas y diferencias entre la cultura o culturas de la lengua estudiada y la cultura propia. ¿En qué medida es acertada esta definición?

- "Los que no saben otros idiomas no saben nada del suyo propio" (Goethe). Al aprender sobre otra cultura, ¿enriquecemos la nuestra?

- ¿En qué medida la pertenencia a un grupo (determinado por aspectos culturales, el sexo u otros factores) influye en el modo en que adquirimos los conocimientos lingüísticos?

- Si aprendieras una lengua únicamente a partir de un libro de texto, ¿en qué se diferenciaría del aprendizaje exclusivamente a través de la interacción?

- ¿Entendemos el mundo de manera diferente cuando aprendemos otra lengua? ¿Cómo (por ejemplo, el tiempo, el humor, el ocio)?

- ¿Cómo varía la codificación de los valores (por ejemplo, la familia, la amistad o la autoridad) en las distintas lenguas?

- ¿Es posible lograr una traducción perfecta de una lengua a otra?

- ¿Cuál es la relación entre lengua y pensamiento? ¿Pensamos de manera diferente en lenguas diferentes? Si es así, ¿cambia esto de manera práctica o perceptible la forma en que interpretamos el mundo?

Temas

Durante el curso, tanto en el Nivel Medio como en el Nivel Superior, se deberán estudiar cinco temas: los tres troncales son obligatorios y otros dos de las opciones a elegir por el profesor.

Además los estudiantes del Nivel Superior deberán leer dos obras literarias. Tanto los temas troncales como las opciones y las obras literarias deben estudiarse dentro del contexto de la cultura hispana. Deben haber sido escritas originalmente en español, no puede tratarse de traducciones.

Temas troncales
Los tres temas troncales son:
- Comunicación y medios
- Cuestiones globales
- Relaciones sociales

Opciones
Las cinco opciones son:
- Diversidad cultural
- Costumbres y tradiciones
- Salud
- Ocio
- Ciencia y tecnología

Las destrezas lingüísticas
Durante los dos años del curso se practicarán las tres destrezas lingüísticas:

Destrezas receptivas: Habilidad de comprender la lengua hablada y escrita (mensaje y dimensión cultural).

Destrezas productivas: Habilidad de escribir y hablar efectivamente también con relación al contexto y el objetivo.

Destrezas interactivas: Habilidad de comprender y responder adecuadamente a lengua hablada y escrita (interacción entre individuos).

Tipos de evaluación
Hay dos tipos de exámenes que evalúan al estudiante: evaluación **externa** y evaluación **interna**.

Evaluación externa
Dos pruebas del examen escrito se preparan y evalúan externamente. En la **Prueba 1** se evalúan las destrezas receptivas y en la **Prueba 2**, las destrezas productivas. Estas dos pruebas se realizan al final del segundo año.

La tercera prueba externa, el **Trabajo Escrito**, se hace en clase bajo supervisión del profesor. El Trabajo Escrito también incluye una fundamentación. En el Trabajo Escrito se evalúan las destrezas receptivas y las destrezas productivas. Se recomienda que el Trabajo Escrito se haga durante el segundo año.

Evaluación interna
Los estudiantes realizarán también un oral individual y una actividad oral interactiva. Las dos pruebas orales se realizarán durante el segundo año del curso.

El programa de Español B, Nivel Medio y Nivel Superior

Objetivos generales del programa
1. Desarrollar el entendimiento intercultural de los estudiantes;
2. Lograr que los estudiantes entiendan y usen el idioma estudiado en diversos contextos, atendiendo a propósitos también diversos;

Introducción

3 Promover, mediante el estudio de textos y la interacción social, una conciencia y valoración de las diferentes perspectivas de las personas pertenecientes a otras culturas;
4 Lograr que los estudiantes sean conscientes del papel que desempeña la lengua en relación con otras áreas de conocimiento;
5 Lograr que los estudiantes sean conscientes de la relación existente entre las lenguas y culturas con las que están familiarizados;
6 Aportar la base necesaria para que los estudiantes puedan realizar, mediante el uso de una lengua adicional, otros estudios, trabajos y actividades de ocio;
7 Brindar, mediante el conocimiento de una lengua adicional, oportunidades para la diversión, la creatividad y el estímulo intelectual.

Objetivos de evaluación

En el curso de Lengua B existen seis objetivos de evaluación. Los estudiantes deben ser capaces de:

1 Comunicarse con claridad y eficacia en diversas situaciones, demostrando competencia lingüística y entendimiento intercultural;
2 Utilizar un lenguaje apropiado para una variedad de contextos interpersonales o culturales;
3 Comprender y utilizar la lengua para expresar distintas ideas y reaccionar ante ellas de forma correcta y fluida;
4 Organizar las ideas sobre diversos temas de manera clara, coherente y convincente;
5 Comprender y analizar una variedad de textos orales y escritos, y responder a preguntas o tareas sobre ellos;
6 Comprender y hacer uso de obras literarias escritas en la lengua objeto de estudio (sólo en el NS).

Información adicional sobre los temas troncales

Comunicación y medios

De qué manera se recopila y se transmite la información en el campo de los negocios, del entretenimiento y de la comunicación.

Posibles aspectos a tratar:

- Censura en los medios
- Parcialidad en los medios
- Sensacionalismo en los medios
- Internet y su papel en las comunicaciones
- Publicidad: aspectos positivos y negativos
- La imagen de los jóvenes en la publicidad y los medios
- Transportes y su evolución con la tecnología
- Los cambios en las comunicaciones telefónicas
- Radio y televisión

Cuestiones globales

Acontecimientos actuales o futuros que tengan un impacto a nivel regional, nacional o internacional. Estos temas deben tratarse siempre desde la perspectiva de la cultura hispana.

Posibles aspectos a tratar:

- El medio ambiente
- Globalización

- Guerra y paz
- Propiedad intelectual
- Derechos humanos
- Organizaciones internacionales y su significado
- Migraciones y sus consecuencias
- Salud global
- Tráfico de drogas
- Discriminación y prejuicios

Relaciones sociales

De qué manera se relacionan y comportan las personas dentro de su grupo, comunidad, familia o individualmente.

Posibles aspectos a tratar:

- Relaciones familiares (abuelos, padres, hijos)
- Amor y amistad
- Nuevos modelos de familia: familias monoparentales
- Matrimonios homosexuales
- Juventud y valores
- Minorías étnicas, lingüísticas, etc.
- Diversidad lingüística
- Estereotipos
- Nacionalismo, patriotismo
- Sistemas educativos
- Celebraciones, acontecimientos sociales y religiosos

Información adicional sobre las opciones

Diversidad cultural

Las diferentes variedades étnicas, raciales, religiosas, lingüísticas, ideológicas y socioeconómicas de la comunidad hispana.

Posibles aspectos a tratar:

- Asimilación intercultural
- Comunicación verbal y no verbal
- Creencias y valores
- Diversidad étnica y lingüística
- Influencia interlingüística
- Migración
- Subculturas
- Tradiciones, ritos y festivales
- Creencias y religión
- Patrimonio cultural

Costumbres y tradiciones

Las prácticas actuales y pasadas, las representaciones, expresiones y conocimientos de la comunidad hispana.

Posibles aspectos a tratar:

- Acontecimientos históricos
- Arte
- Celebraciones sociales y religiosas
- Celebraciones familiares

- Tradiciones en el mundo moderno: inclusión o exclusión
- Apariencia externa: vestimenta
- Moda
- Trajes nacionales
- Gastronomía

Salud
Bienestar físico, mental y social.

Posibles aspectos a tratar:
- Drogas y dependencia
- Cirugía
- Ética y medicina
- Salud física y mental
- Medicina natural y tradicional
- Ejercicio físico
- Nutrición
- Sistemas de salud
- Enfermedades
- Epidemias
- Higiene

Ocio
Diversidad de actividades que se hacen durante el tiempo libre.

Posibles aspectos a tratar:
- Cine y televisión
- Música
- Bailes
- Juegos tradicionales
- Interacción durante el tiempo de ocio
- Deportes
- Ética en el deporte
- Deporte y valores
- Exposiciones y espectáculos
- Viajes

Ciencia y tecnología
El impacto de la ciencia y tecnología en la comunidad hispana.

Posibles aspectos a tratar:
- Ciencias sociales
- Ciencias naturales
- Energías renovables
- Exploración espacial
- El papel de la ciencia en nuestras vidas
- Alimentos modificados genéticamente
- Ética y ciencia
- Investigación científica

Los aspectos sugeridos no están limitados a ese tema sino que pueden estar interrelacionados y tratarse desde perspectivas diferentes. El siguiente cuadro muestra un ejemplo sobre el tema del medio ambiente.

		Comunicación y medios	Sensacionalismo en la presentación de desastres naturales
El medio ambiente	Temas troncales	Cuestiones globales	La influencia de los desastres naturales o los cambios en el medio ambiente en el acceso de la población a recursos como agua y comida
		Relaciones sociales	Emigración provocada por los cambios en la naturaleza/el medio ambiente
	Opciones	Costumbres y tradiciones	Cambios en la industria de la moda
		Ocio	Los viajes y su impacto negativo en el medio ambiente

Obras literarias, Nivel Superior

Los estudiantes deben leer dos obras literarias escritas originalmente en español, no puede tratarse de traducciones. Estas obras pueden ser de cualquier género o incluso ambas del mismo y no necesitan estar relacionadas de ningún modo. El profesor elegirá estas dos obras a estudiar.

Algunas propuestas serían:

Cuentos
- *Cuentos de Eva Luna*, Isabel Allende
- *Cuentos*, Leopoldo Alas Clarín
- *Pequeñas resistencias*, varios autores

Novelas cortas
- *Como agua para chocolate*, Laura Esquivel
- *Pedro Páramo*, Juan Rulfo
- *El coronel no tiene quien le escriba*, Gabriel García Márquez

Leyendas
- *Leyendas* de Gustavo Adolfo Bécquer

Obras de teatro
- *La Casa de Bernarda Alba*, Federico García Lorca

Tipos de textos

Es importante conocer bien las características de los siguientes tipos de textos.

Tipos de textos para la Prueba 1	Tipos de textos para la Prueba 2	Tipos de textos para el trabajo escrito
- Artículo - Blog - Conjunto de instrucciones, directrices - Correspondencia escrita (carta, correo electrónico) - Crónica de noticias - Ensayo - Entrevista - Folleto, hoja informativa, folleto informativo, panfleto, anuncio - Informe - Reseña	- Artículo - Blog/entrada en un diario personal - Conjunto de instrucciones, directrices - Correspondencia escrita - Crónica de noticias - Ensayo (NM únicamente) - Entrevista - Folleto, hoja informativa, folleto informativo, panfleto, anuncio - Informe oficial - Introducción a debates, discursos, charlas y presentaciones - Propuesta (NS únicamente) - Reseña	- Artículo - Blog/entrada en un diario personal - Conjunto de instrucciones, directrices - Correspondencia escrita (carta, correo electrónico) - Crónica de noticias - Editorial - Ensayo (NM únicamente) - Entrevista - Folleto, hoja informativa, folleto informativo, panfleto, anuncio - Informe oficial - Introducción a debates, discursos, charlas y presentaciones - Propuesta (NS únicamente) - Reseña

Evaluación: temas troncales y opciones

Es necesario saber en qué parte del examen aparece cada tema. Esta tabla muestra los componentes y sus porcentajes.

			Nivel Medio	Nivel Superior	
Evaluación Externa 70%	Prueba 1	25%	Temas troncales	Temas troncales	
	Prueba 2	25%	Opciones	Sección A	Opciones
				Sección B	Temas troncales
	Trabajo Escrito	20%	Temas troncales	Opción literaria	
Evaluación Interna 30%	Oral Individual	20%	Opciones	Opciones	
	Oral Interactivo	10%	Temas troncales	Temas troncales	

Componentes de evaluación

Nivel Medio

Evaluación externa: 70%

Prueba 1 (1 hora 30) Destrezas receptivas
- Consta de cuatro textos
- Basada en los temas troncales

Prueba 2 (1 hora 30) Destrezas productivas escritas
- Ejercicio escrito de 250 a 400 palabras
- A elegir entre cinco preguntas
- Basada en las opciones

Trabajo escrito: Destrezas receptivas y productivas escritas
- Lectura intertextual de tres fuentes
- Basado en los temas troncales
- Ejercicio escrito de 300 a 400 palabras
- Fundamentación de 100 palabras
- Duración de 3 a 4 horas

Evaluación interna: 30%

Evaluación oral: Destrezas receptivas, productivas e interactivas
Oral individual (basado en las opciones):
- Presentación de una foto:
  15 minutos de preparación
  8–10 minutos de presentación y de discusión con el profesor
- Basado en las opciones

Actividades orales interactivas
- Tres actividades en clase evaluadas por el profesor
- Basado en los temas troncales

Nivel Superior

Evaluación externa: 70%

Prueba 1 (1 hora 30) Destrezas receptivas
- Consta de cinco textos
- Basada en los temas troncales

Prueba 2 (1 hora 30) Destrezas productivas escritas

Dos redacciones obligatorias

Sección A
- Redacción de 250 a 400 palabras
- A elegir entre cinco preguntas
- Basada en las opciones

Sección B
- Texto argumentativo sobre un estímulo textual de 150 a 250 palabras
- Basada en los temas troncales

Trabajo escrito: Destrezas receptivas y productivas escritas
- Ejercicio escrito de 500 a 600 palabras
- Fundamentación de 150 palabras
- Basado en una de las dos obras literarias leídas en clase
- Duración de 3 a 4 horas

Evaluación interna: 30%	**Evaluación oral: Destrezas receptivas, productivas e interactivas**
	Oral individual (basado en las opciones):
	• Presentación de una fotografía:
	15 minutos de preparación
	8–10 minutos de presentación y de discusión con el profesor
	• Basado en las opciones
	Actividades orales interactivas
	• Tres actividades en clase evaluadas por el profesor
	• Basado en los temas troncales

Ejercicio práctico 0.1

Para comprender el perfil de la comunidad de aprendizaje, te presentamos las características del estudiante ideal y sus definiciones según la descripción del BI. Después de leerlas todas, une cada característica (1–10) con su definición correcta (A–J).

Las características:

1 Equilibrados
2 Indagadores
3 Pensadores
4 Buenos comunicadores
5 Informados e instruidos
6 Solidarios
7 Íntegros
8 Audaces
9 De mentalidad abierta
10 Reflexivos

Los miembros de la comunidad de aprendizaje del BI se esfuerzan por:

A Explorar conceptos, ideas y cuestiones de importancia local y mundial y, al hacerlo, adquirir conocimientos y profundizar su comprensión en una amplia y equilibrada gama de disciplinas.

B Comprender y expresar ideas e información con confianza y creatividad en diversas lenguas, lenguajes y formas de comunicación. Estar dispuestos a colaborar con otros y hacerlo de forma eficaz.

C Aplicar, por propia iniciativa, sus habilidades intelectuales de manera crítica y creativa para reconocer y abordar problemas complejos, y para tomar decisiones razonadas y éticas.

D Desarrollar su curiosidad natural. Adquirir las habilidades necesarias para indagar y realizar investigaciones, y demostrar autonomía en su aprendizaje. Disfrutar aprendiendo y mantener estas ansias de aprender durante el resto de su vida.

E Entender y apreciar su propia cultura e historia personal, y estar abiertos a las perspectivas, valores y tradiciones de otras personas y comunidades. Estar habituados a buscar y considerar distintos puntos de vista y dispuestos a aprender de la experiencia.

F Mostrar empatía, sensibilidad y respeto por las necesidades y sentimientos de los demás. Comprometerse personalmente a ayudar a los demás y actúan con el propósito de influir positivamente en la vida de las personas y el medio ambiente.

G Evaluar detenidamente su propio aprendizaje y experiencias. Ser capaces de reconocer y comprender sus cualidades y limitaciones para, de este modo, contribuir a su aprendizaje y desarrollo personal.

H Abordar situaciones desconocidas e inciertas con sensatez y determinación y su espíritu independiente les permite explorar nuevos roles, ideas y estrategias. Defender aquello en lo que creen con elocuencia y valor.

I Actuar con integridad y honradez, poseen un profundo sentido de la equidad, la justicia y el respeto por la dignidad de las personas, los grupos y las comunidades. Asumen la responsabilidad de sus propios actos y las consecuencias derivadas de ellos

J Entender la importancia del equilibrio físico, mental y emocional para lograr el bienestar personal propio y el de los demás.

Ejercicio práctico 0.2

Ahora te proponemos otro ejercicio para que unas las diferentes actividades que un estudiante debe realizar durante el aprendizaje de una lengua con las destrezas receptivas, productivas o interactivas que desarrolla con ellas.

Copia la tabla y escribe las letras de las actividades en el cuadro correspondiente. Puedes realizar esta actividad en parejas discutiendo las diferentes posibilidades. Algunas actividades pueden encajar en más de una categoría. Discute tus ideas con un(a) compañero(a). ¿Estás de acuerdo de las categorías para cada actividad? Si no, trata de justificar tus decisiones.

A Hablar español todo el tiempo en clase.

B Participar activamente en clase.

C Hacer listas de vocabulario con las definiciones en español.

D Aprender vocabulario nuevo y usarlo en diferentes contextos.

E Participar en los debates no sólo contestando preguntas sino también haciéndolas.

F Hacer preguntas para calificar conceptos o información.

G Intervenir espontáneamente.

H En trabajos en equipo colaborar con todos los componentes del grupo.

I Ser responsable del aprendizaje.

J Hacer las lecturas, deberes y trabajos requeridos.

K Memorizar las estructuras, el vocabulario …

L Asegurarse de comprender las explicaciones del profesor y los criterios de evaluación. Aprendo de mis errores.

M Seguir los consejos que da el profesor para mejorar.

N Aprender de los compañeros.

O Estar atento a lo que pasa en la clase.

P Interesarse por lo que dicen mis compañeros.

Q Esforzarse por usar español fuera de clase.

R Escuchar las noticias en español (radio, televisión, Internet, periódicos, revistas, etc.).

S Leer en español.

T Ver películas en español.

U Escuchar música en español.

V Hablar español con todas las personas de habla hispana conocidas.

Destrezas receptivas	Destrezas productivas	Destrezas interactivas

1 Prueba 1 Destrezas receptivas

1.1 Información fundamental sobre la Prueba 1

Prueba 1 …	… dura 1 hora y 30 minutos. … equivale a un 25% de la nota global de la evaluación. … se compone de un cuadernillo con los textos y un cuadernillo con las preguntas. Se deben leer los textos y responder a las preguntas en el cuadernillo correspondiente. No se puede usar ni diccionario ni material de referencia para esta parte del examen. Los textos se basan en los **temas troncales**.
Nivel Medio (NM)	El examen se compone de cuatro textos.
	El cuadernillo de preguntas y respuestas contiene 45 puntos.
Nivel Superior (NS)	El examen se compone de cinco textos, uno de ellos literario.
	El cuadernillo de preguntas y respuestas contiene 60 puntos.

Los temas de la Prueba 1

Los temas están basados en los temas troncales. Estos son:

- Comunicación y medios
- Cuestiones globales
- Relaciones sociales

Evaluación de la prueba

Para la Prueba 1 existe un esquema de evaluación que especifica cuál es la respuesta correcta para cada una de las preguntas.

Cada respuesta vale un punto a no ser que se indique lo contrario.

Tipos de textos en la Prueba 1

Los textos provienen de diferentes fuentes de los diversos países de habla hispana. Reflejan una variedad de aspectos de los temas troncales. El nivel de dificultad varía entre los textos: El primer texto es el más fácil y el último es el más difícil.

En Español B los tipos de textos que los estudiantes deben comprender y manejar son los siguientes:

Nivel Medio y Nivel Superior	Nivel Superior únicamente
Artículo	Relato corto
Blog	Extracto de novela
Conjunto de instrucciones o directrices	Poema
Correspondencia escrita (carta, correo electrónico)	
Crónica de noticias	
Ensayo	
Entrevista	
Folleto, hoja informativa, folleto informativo, panfleto, anuncio	
Informe	
Reseña de libros o películas, etc.	

Unidad 1 Prueba 1 Destrezas receptivas

1.2 Preparación para la Prueba 1 (Nivel Medio y Nivel Superior)

Con el fin de conseguir notas altas en la Prueba 1, es importante:

- A acercarse a la lectura de los textos de una manera metódica;
- B centrarse principalmente en la parte del texto mencionada en la pregunta;
- C familiarizarse con las diferentes categorías de preguntas;
- D conocer los obstáculos que hay que evitar con cada tipo de pregunta.

A La lectura de los textos

- Es útil estar familiarizado con los distintos tipos de textos.

Ejercicio práctico 1.2.1

Lee los cinco extractos y mira la tabla en la página 16. Decide de qué tipo de texto se trata cada extracto.

Extracto 1	*¿Se esperaba ser la mejor nadadora de los Mundiales? No: la verdad es que ha sido una sorpresa enorme.*
Extracto 2	*Comer en casa más a menudo o elegir un menú equilibrado cuando salimos, llenar la cesta de la compra de hortalizas y aceite de oliva, renunciar a picar entre horas …*
Extracto 3	*(1) Antes de iniciar un trámite, resulta útil saber de antemano qué papeles y documentación se pedirán de forma obligatoria.*
Extracto 4	*[3] Pasamos corriendo delante una fila de taxis parados, huyendo de la tentación.*
Extracto 5	*Bienvenido a la cueva de Altamira. Descubierta en 1879, es una de las principales cuevas con pinturas del hombre del Paleolítico a nivel mundial.*

Lee el texto rápidamente para entender el sentido general. No eches demasiado tiempo en la lectura inicial – hay aproximadamente 20 minutos para dedicar a cada texto.

Decide a cuál de los tres temas troncales se refiere.

Anota el tema general del texto (el título puede ayudar), los personajes principales y/o los principales eventos y acciones descritos.

B Centrarse en la parte pertinente del texto

Una pregunta puede referirse a:

- El texto entero
- Un párrafo
- Una o dos frases

No suele ser útil leer palabras aisladas. Normalmente se debe considerar el contexto y/o la gramática del resto de la frase o de un grupo de frases.

Si la pregunta está basada en una o dos frases específicas, es una buena idea buscar estas frases inmediatamente y concentrarse en ellas. Así se puede utilizar el tiempo disponible de la mejor manera posible.

Ejercicio práctico **1.2.2**

Lee las siguientes preguntas y decide si se debe leer el texto entero, un párrafo, o una frase (o algunas frases) únicamente.

Pregunta 1	En la frase: "se lo dijeron inmediatamente", ¿a qué se refiere la palabra "lo" (línea 24)?
Pregunta 2	El objetivo del texto es … A contar la experiencia de Ana y su hija. B advertir de los peligros del uso de las redes sociales. C dar consejos de cómo usar Internet de forma segura. D animar a los jóvenes a usar las redes sociales de forma colaborativa en sus estudios.
Pregunta 3	En el párrafo 5, ¿qué palabra significa "con esperanza"?
Pregunta 4	Decide cuál de las siguientes frases resume mejor el primer párrafo. A El principal problema de la ciudad es el tráfico. B Los turistas evitan los lugares de más tráfico durante el día. C El ayuntamiento está preparando un proyecto para regular el tráfico. D Se prohibirá la circulación de vehículos en ciertas zonas de la ciudad a partir de la próxima semana.
Pregunta 5	¿Qué expresión usa el autor para describir el estado de ánimo del personaje (línea 34)?
Pregunta 6	Según el párrafo 5, ¿dónde se realizarán las celebraciones de este festival?
Pregunta 7	La intención del texto es: A contar la historia de Alatriste. B presentar a Iñigo. C describir la relación entre Iñigo y Alatriste. D presentar a Alatriste y su relación con Iñigo.

C Familiarizarse con las diferentes categorías de preguntas

Las diferentes categorías de preguntas evalúan diversas destrezas receptivas. Es importante familiarizarse con cada categoría de pregunta y recordar que la Prueba 1 requiere no solamente respuestas, pero también el manejo de textos. Aquí hay una lista de las categorías principales:

a) Comprender el sentido general del texto entero

b) Comprender el sentido general de un párrafo

c) Deducir el objetivo o el mensaje principal del texto entero

d) Deducir el objetivo o el mensaje principal de un párrafo

e) Responder a una pregunta dando datos específicos

f) Mostrar comprensión del significado de palabras o expresiones en su contexto

g) Mostrar comprensión de aspectos de gramática en su contexto

h) Mostrar comprensión del estilo literario (Nivel Superior únicamente)

Ejercicio práctico **1.2.3**

Lee otra vez las siete preguntas del ejercicio práctico 1.2.2 y decide, en cada caso, de qué categoría de pregunta se trata.

D Conocer los obstáculos que hay que evitar en cada tipo de pregunta

Es esencial familiarizarse con los diferentes tipos de preguntas que se presentan en la Prueba 1, y aprender a evitar los posibles obstáculos.

Unidad 1 Prueba 1 Destrezas receptivas

A continuación hay una lista de preguntas frecuentes, con ejemplos, y unos puntos en los que hay que fijarse. A medida que se trabaja en las 'Pruebas para practicar' (Sección 1.4, páginas 22–62) es una buena idea consultar esta lista con frecuencia y aprender de memoria los varios tipos de preguntas, y cómo se debe abordar cada uno de ellos.

1 Preguntas de respuesta múltiple

Basándote en el texto, elige la respuesta adecuada entre las opciones dadas. Escribe la letra correspondiente en la casilla de la derecha.

- Es importante leer todas las opciones dadas antes de tomar una decisión.
- Si hay dos posibilidades, se debe elegir la mejor opción.
- Hay que verificar el número de opciones que se piden (normalmente una o dos, según el número de casillas).

2 Verdadero o falso

Basándote en los párrafos 5 a 9, indica si las afirmaciones siguientes son verdaderas o falsas. Justifica tu respuesta con las palabras correspondientes del texto. Las dos respuestas son necesarias para obtener un punto.

- Una respuesta sin justificación es una respuesta sin puntos.
- Hay que extraer la justificación del texto – no hay que hacer una justificación personal.
- La justificación debe ser clara y completa.

3 Afirmaciones correctas

Sólo tres de las afirmaciones siguientes son correctas. Basándote en las líneas 24–38, indica cuáles, escribiendo las letras adecuadas en las casillas.

- Es importante verificar que se ha escrito el número correcto de letras.
- ¡Se puede perder puntos si se escriben más letras de las necesarias!

4 Respuesta a una pregunta que pide información específica

¿En qué lugar se desarrolló la celebración de la ceremonia?

- No es necesario escribir oraciones completas – hay que limitarse a proporcionar la información con claridad.
- Sólo hay que proporcionar información que se puede encontrar en el texto.

5 Palabras que faltan

Basándote en los párrafos 5 y 6 del texto, llena cada espacio en blanco con una de las palabras que vienen a continuación.

- Algunos de los espacios en blanco serán conectores (entonces, pero, a pesar de). Hay que aprenderlos.
- Es necesario pensar en el sentido y la estructura gramatical de la frase para elegir las palabras correctas.
- No hay que olvidar que hay más palabras que espacios en blanco. Es importante considerar todas las palabras.

6 Relacionar dos elementos de una frase

Basándote en el párrafo 4, relaciona cada elemento de la primera columna con un elemento de la segunda para hacer frases completas.

- Es importante pensar en el tiempo y en la persona de los verbos.
- Sustantivos, adjetivos y artículos deben concordar en género y número.
- Las dos partes de la frase deben unirse para tener sentido lógico.

7 Buscar palabras o expresiones sinónimas

¿Qué palabra se usa en el párrafo 1 para designar un tipo de bosque?
¿Qué dos palabras en el párrafo 3 significan lo mismo que "normas"?

- No es necesario escribir una frase completa, si la pregunta especifica una sola palabra.

- La pregunta especifica siempre si falta una palabra, dos palabras o una expresión.
- Es importante buscar en el párrafo correcto (siempre indicado).
- Si la pregunta se refiere a un verbo (un sustantivo, un adjetivo, etc.) la respuesta debe pertenecer a la misma categoría gramatical.
- Es posible encontrar la palabra o expresión correcta aunque que no se conociera antes – hay que fijarse en el contexto.

8 El uso de los pronombres

¿A quién o a qué se refiere "le" en "Le perdonamos todo"?

- Es importante conocer el uso de los diferentes tipos de pronombres (Sección gramática – 5 y 6).
- Hay que decidir si el pronombre se refiere a una persona (quien) o un objeto/un lugar (que).
- Hay que pensar en el género y el número del sustantivo al que se refiere el pronombre – si no coinciden, hay un error.

9 Entrevista sin preguntas

Se han eliminado las preguntas de la entrevista. Busca en la columna de la derecha la pregunta correspondiente a cada respuesta (nombre del entrevistado). Indica las letras correspondientes en las casillas.

- Hay siempre más preguntas de las necesarias.
- Es importante pensar en el sentido y en las consideraciones gramaticales mientras que se comparan las preguntas y las respuestas ofrecidas.

10 Relacionar elementos para demostrar la comprensión de la idea general de un texto

Algunas de las afirmaciones de la columna de la derecha retoman una idea expresada por uno de los cuatro jóvenes encuestados. Relaciona cada joven con su idea. Indica las letras correspondientes en las casillas.

Entre las propuestas de la columna de la derecha, elige la que mejor resume cada parte del texto. Indica las letras correspondientes en las casillas.

- Siempre hay más elementos de los necesarios en la columna de la derecha.
- Una expresión puede tener dos sentidos. Es importante verificar que la propuesta elegida se corresponde con la idea general del texto.

11 Títulos del texto que faltan

Entre las propuestas de la columna de la derecha, selecciona la que corresponde a cada uno de los títulos que faltan en el texto. Indica las letras correspondientes en las casillas.

- Normalmente hay más propuestas de las necesarias en la columna de la derecha.
- Para elegir el mejor título, se debe leer un párrafo o una sección completo y deducir la idea general.

12 Palabras del texto que faltan

Las preguntas 29–33 se refieren a los espacios en blanco en los párrafos 1 y 2 del texto. A partir de la siguiente lista, elige las palabras más apropiadas para completar el texto.

- Siempre hay más palabras de las necesarias en la lista.
- Es importante considerar el contexto y el sentido de la oración en la que se encuentra.
- A menudo es posible determinar la función gramatical de la palabra que falta; esto puede ayudar mucho a encontrar la palabra correcta.

1.3 Cosas importantes para el día del examen

- Recuerda que tienes 90 minutos para leer todos los textos y contestar todas las preguntas, organízate y divide el tiempo bien para poder contestar a todas las preguntas. Ten en cuenta que los textos van aumentando poco a poco su dificultad por lo que necesitarás más tiempo para el último texto que para el primero.
- Toda la información que aparece en el texto es importante: el título, las anotaciones, las fotos y las descripciones de las fotos. Ten esto en cuenta ya que todo puede ayudarte a comprender el texto con mayor exactitud.
- Lee texto por texto y acto seguido haz las actividades correspondientes al texto que acabas de leer, tendrás la información fresca en tu mente y no perderás tiempo.
- Haz una lectura "activa" de los textos usando lápices de color, subrayando las palabras claves, los conectores lógicos, las frases importantes, etc.
- Fíjate bien en las instrucciones, en muchas ocasiones te dicen exactamente en qué parte del texto debes buscar la respuesta.
- Lee los ejemplos que te proporcionan para asegurarte de que entiendes exactamente lo que tienes que hacer.
- Las preguntas aparecen en orden, es decir la respuesta a la pregunta número tres aparecerá antes que la respuesta a la pregunta número cuatro. Esto te ayudará a localizar más fácilmente la información en el texto.
- Lee las instrucciones con cuidado ya que explican con exactitud lo que tienes que hacer para conseguir el punto, por ejemplo decidir si es verdadero o falso **y justificarlo**.
- Recuerda que las respuestas no tienen que estar escritas en frases completas, si no que puedes limitarte a proporcionar la información que se te pide.
- Presta atención a la gramática porque te ayudará a poder decidir cuál es la opción correcta. Piensa si lo que necesitas es un verbo, si es así qué tiempo necesitas, un adjetivo, un sustantivo, etc.
- No debes copiar párrafos enteros sin saber con exactitud qué dicen allí. Los examinadores esperan que tú proporciones la información concreta y no simplemente una respuesta extensa en la que en alguna parte se encuentra la respuesta a la pregunta.
- En las actividades en las que la respuesta es una sola letra, asegúrate de que escribes con claridad las letras en las casillas. A veces las *aes* resultan difíciles de distinguir de las *des*, las *íes* de las *efes*, y las *ces* se confunden con las *ges* o las *eles*.
- En las respuestas de respuesta múltiple, asegúrate de que eliges el número exacto de respuestas que se te piden.
- Asegúrate de que has contestado **todas** las preguntas, vuelve a leer el examen cuando lo hayas terminado.

1.4 Pruebas para practicar

En esta parte de la unidad tienes:

- 2 pruebas de Nivel Medio
- 2 pruebas de Nivel Superior.

En el sitio Web de este libro hay otra prueba de Nivel Medio.

Prueba 1 Nivel Medio: Muestra 1

Los textos

TEXTO A

Todo por amor al tango

(1) Tres prestigiosos invitados al festival de Cambalache[1] hablan de la creatividad que impulsa la música de Buenos Aires: **Quebrada**, de Marina Carranza (Francia) y **Armonía**, de Blaz Bertoncelj y Andrea Podlogar (Eslovenia). Las oposiciones, pero también las similitudes, entre estos artistas y sus obras se reflejan en esta entrevista conjunta sobre una perspectiva del tango. Pero, antes que nada, las presentaciones: Marina Carranza nació en Buenos Aires, estudió aquí teatro y danza y, como bailarina de tango, se radicó en Francia diez años atrás. Creó su propia compañía en Aviñón y luego, ya viviendo en Toulouse, comenzó a investigar el camino que la llevó a **Quebrada**. Blaz y Andrea son marido y mujer y compañeros de baile desde hace mucho tiempo. Comenzaron profesionalmente en el baile de salón y en la danza internacional de competencia, y posteriormente descubrieron el tango en Europa. En 1998 llegaron por primera vez a Buenos Aires. Guiados en aquellos inicios por Jorge Firpo y Aurora Lúbiz se adentraron intensamente en el mundo del tango. Tienen su escuela en Liublana y presentan una pieza propia por primera vez en Buenos Aires.

[Pregunta X]
-**Marina**: "Mi propósito desde el principio fue trabajar con el material del tango para expresar otras cosas. Puse mis quince años de experiencia de tango, danza contemporánea y ballet para llevar a **Quebrada** la idea del quiebre y la fracturación. El tema es la identidad: cómo la gente nos ve, qué mostramos a cada quién de esas varias personalidades que todos tenemos dentro nuestro y no siempre bien conjugadas entre sí".

[Pregunta 1]
-**Marina:** "Al principio por motivos económicos; en Toulouse comencé sola y era más fácil trabajar así. No sabía qué difícil es un "solo" y que nunca se hace realmente sin la colaboración de mucha gente, en todos los aspectos de la obra".

[Pregunta 2]
-**Andrea**: "Al terminar nuestro primer viaje a Buenos Aires – faltaban tres horas para que saliera nuestro vuelo – nos recuerdo llorando en un café del centro; no queríamos irnos, queríamos seguir yendo a las milongas[2], explorar más el tango".

[Pregunta 3]
-**Blaz:** "Hace cuatro años, pero fue el desarrollo de una pieza anterior con más bailarines, músicos y un cantante, todos eslovenos".

-**Andrea**: "Es una obra multimedia en la que se oponen y complementan la danza en vivo y una proyección de nosotros en la pantalla. Pero son las mismas emociones en uno y otro, en las que nos esforzamos por eludir los clichés del tango".

Laura Falcoff
Fuente: Adaptado de *Clarín*

[1] Festival de Tango, Danza y Teatro que promueve el desarrollo del tango en Argentina y en el resto del mundo.
[2] La milonga es un lugar donde se baila el tango.

TEXTO B

¿Peaje en el bosque?

(1) La llegada masiva de personas a espacios naturales de alto valor biológico obliga a restricciones e, incluso, a cobrar por entrar en ellos. El turismo rural está sometiendo a nuestros bosques más emblemáticos a una presión humana difícil de soportar: senderismo, recogida de setas ... son actividades que, a gran escala, pueden alterar de forma irreversible alguna de nuestras arboledas más sensibles. En vista del problema, gestores de terrenos, públicos y privados, han decidido cobrar por acceder a algunos de ellos. Es el caso del castañar de El Tiemblo (Ávila), en el que, desde el pasado noviembre, cada vehículo y cada persona debe pagar una tasa por visitarlo. Muchos consideran la tasa abusiva y poco eficaz.

(2) REDUCIR LAS VISITAS

La mayoría de los naturalistas y especialistas en el tema creen que la medida impuesta por el alcalde de El Tiemblo para conservar el castañar más importante de Europa no es la solución. Existen ejemplos de magnífica conservación, como es el bosque de Muniellos (Asturias), en el que no pueden entrar más de veinte personas al día, pero de forma gratuita. Esta medida no discrimina por poder adquisitivo y ayuda a preservar el ecosistema.

(3) PAUTAS DE USO

Todos y cada uno de nosotros somos responsables del patrimonio natural heredado, lo que quiere decir que cuando acudimos a un bosque debemos tener en cuenta una serie de pautas. La regla de oro es no dejar huella, que no quede constancia de nuestro paso. Para ello, tendríamos que visitar estos santuarios naturales siempre a pie, evitando por completo el acercamiento en vehículo motorizados. Tampoco tendríamos nunca que recolectar material vegetal, incluida tierra o madera caída. Se trata de acercarse a los árboles o bosques con respeto, como si de una obra de arte se tratara: a nadie se le ocurre llevarse una piedra de una catedral.

Fuente: Adaptado de *Mía*, no. 1180, 20–26 abril 2009, www.miapractica.es

TEXTO C

25 años de cine junto a "Gabo"

(1) El 32º Festival Internacional de Cine de La Habana ha rendido homenaje al escritor Gabriel García Márquez al celebrarse el 25º aniversario de la creación de la Fundación del Nuevo Cine Latinoamericano (FNCL), institución que preside desde sus inicios. El Premio Nobel colombiano asistió al acto de conmemoración, realizado en la sede de la Fundación, la fabulosa Quinta de Santa Bárbara, donde Tomás Gutiérrez Alea filmó su película *Los sobrevivientes*, y allí, en su presencia, se recordó la historia "desmesurada" del sueño que planteó entonces Gabo, nada más y nada menos que lograr la integración del cine latinoamericano.

(2) Eran otros tiempos. Y como demostró el discurso inaugural de Guevara, las realidades hoy son bien distintas. La mentada integración no se consiguió pero la Fundación sí fue la semilla y el sostén de la Escuela Internacional de Cine y Televisión (EICTV) de San Antonio de los Baños, nacida en 1986 y que ya cuenta con 700 titulados, 3.000 talleristas graduados y sobrado prestigio internacional. Desde sus inicios y hasta hace un par de años, García Márquez ofreció en la EICTV un famoso taller de guión bautizado *Cómo se cuenta un cuento*, del que han salido unas cuantas películas latinoamericanas.

(3) No es casualidad que este año una de las graduadas de la EICTV, la costarricense Hilda Hidalgo, concurse en el festival con *Del amor y otros demonios*, una adaptación de la novela del escritor colombiano. Hidalgo participa en la categoría de ópera prima que, con 24 filmes en concurso, es una de las más aplaudidas en este festival y una buena muestra de lo que están haciendo los jóvenes cineastas latinoamericanos.

(4) En largometrajes de ficción hay 21 filmes en competición. *Carancho*, coproducción entre Argentina, Francia y Chile, con dirección de Pablo Trapero y con Ricardo Darín como protagonista, está entre las favoritas. *Casa Vieja*, segunda película del cubano Lester Hamlet, basada en una obra de teatro de Abelardo Estorino, también ha recibido buenas críticas del público. El presidente del jurado de ficción es el español Manuel Pérez Estremera, un veterano de los festivales de La Habana y profesor fundador de la EICTV. El cine español está ampliamente representado. Uno de los momentos más esperados es la presentación de *Chico & Rita*, el filme animado de Fernando Trueba, Mariscal y Tono Herrando, con un argumento cubano y música interpretada por figuras de la isla, tanto de dentro como de afuera, empezando por Bebo Valdés.

Mauricio Vicent
Fuente: Adaptado de *El País*

Unidad 1 Prueba 1 Destrezas receptivas

TEXTO D

Las nuevas entrevistas de trabajo

(1) Los tiempos en los que la entrega de un currículo y una breve entrevista personal eran suficientes [-X-] optar a un puesto de trabajo parecen haber pasado a la historia. Las denominadas "pruebas situacionales" están imponiéndose en los departamentos de selección de personal de las empresas para evaluar [-29-] los candidatos a futuros trabajadores en las mismas.

(2) Este tipo de pruebas se denominan así porque simulan situaciones reales en las que el trabajador se encontrará si logra superar [-30-] éxito el proceso de selección. El personal técnico encargado de la evaluación puede conocer de este modo la competencia real del trabajador, sus habilidades más destacadas y prever los aspectos [-31-] necesita mejorar para desarrollar su potencial. Es decir, una vez realizada la selección final contará con un trabajador del que [-32-] tiene unos conocimientos y un perfil profesional ajustado. Por su parte, para el candidato ofrecen la ventaja de que puede conocer [-33-] forma anticipada las características reales del puesto por el que está optando.

(3) Existen diferentes tipos de pruebas, que se pueden clasificar en tres categorías: toma de contacto (para romper el hielo entre los candidatos), individuales (para valorar las capacidades técnicas del trabajador al margen del grupo) y de grupo (para evaluar cómo se interactúa). A menudo se recrea una situación laboral concreta ante la que los aspirantes deben exponer las formas de actuación que considerarían más adecuadas. Los casos prácticos pueden ser tan variados como organizar un equipo de trabajo o tomar decisiones para solucionar un problema de bajo rendimiento. También es muy común formar un grupo con diversos participantes para exponerles una situación que deben intentar resolver buscando y aceptando una solución final común.

(4) Si bien es cierto que no existe una fórmula mágica ni un patrón de conducta que pueda funcionar en todos los casos, sí se pueden seguir una serie de pautas que pueden ayudar a resolver los casos:

- Estar informados: conocer de antemano la naturaleza y el objetivo de este tipo de pruebas reducirá el nerviosismo y la ansiedad.
- Comportarse con naturalidad: fingir ser quienes no somos o intentar disfrazar nuestras capacidades siempre resulta contraproducente, ya que se trata de personal evaluador muy experimentado al que no es fácil engañar.
- Confiar en nuestra competencia: hay que evitar compararse con nuestros competidores, ya que es fácil sentirse cohibido ante otros candidatos en los que observemos dotes de líder, pero hay que tener en cuenta que la empresa puede valorar más positivamente, por ejemplo, la capacidad de organizar y comunicar.
- Mostrar una actitud abierta: no intervenir y mostrarse pasivo y cohibido al primer contratiempo es una mala estrategia. Por el contrario, pretender destacar elevando el tono de voz o mostrándose inflexible es uno de los peores errores que se pueden cometer.

Victoria González
Fuente: Adaptado de clara@rba.es no. 202

Las preguntas

TEXTO A – TODO POR AMOR AL TANGO

1 Basándote en el párrafo (1), sólo **dos** de las siguientes afirmaciones son correctas. Escribe las letras adecuadas en las casillas de la derecha. ☐ ☐ *[2 puntos]*

   A Los artistas visitan el festival de Cambalache en busca de la fama.
   B Los entrevistados muestran tanto semejanzas como desacuerdos sobre el tango.
   C Marina dejó Francia hace diez años, tras vivir en Aviñón y Toulouse.
   D Los integrantes de Armonía son un matrimonio.
   E Blaz y Andrea conocieron el tango en su visita a Buenos Aires en 1998.
   F El grupo Liublana va a interpretar su obra en Buenos Aires.

Los espacios 1, 2 y 3 del texto corresponden a las preguntas del periodista. Relaciona cada número con una de las preguntas que vienen a continuación. **Cuidado**: *Hay más preguntas de las necesarias.*

Ejemplo: *[- Pregunta X -]*	A ¿Cuál es la filosofía del proyecto?
A	B ¿Cuánto tiempo pasaron en Buenos Aires?
2 [-Pregunta 1-]	C ¿Por qué vinieron a Buenos Aires?
3 [-Pregunta 2-]	D ¿Cuándo nace Armonía?
4 [-Pregunta 3-]	E ¿Por qué el formato "solo"?
	F ¿Cómo surgió el interés por el tango?
	G ¿Quién le aconsejó ir a Toulouse?

Contesta a la pregunta siguiente.

5 ¿Con qué palabra indica Andrea que el tango a veces consiste en fórmulas demasiado repetidas?

....

TEXTO B – ¿PEAJE EN EL BOSQUE?

Basándote en el párrafo (1) indica la opción correcta (A, B, C ó D) en la casilla de la derecha.

6 La intensa afluencia de gente a los bosques ha llevado a establecer ☐

   A obstáculos para entrar en los bosques
   B permisos para entrar en los bosques
   C limitaciones para entrar en los bosques
   D licencias para entrar en los bosques

Unidad 1 Prueba 1 Destrezas receptivas

7 La presencia humana ha provocado una influencia ☐

   A positiva a nivel biológico para los bosques
   B negativa para los deportistas rurales
   C urbanizadora en los bosques más representativos
   D imposible de resistir para los bosques más delicados

8 Los administradores de bosques han determinado ☐

   A pagar dinero para entrar en los bosques
   B cobrar dinero para entrar en todos los bosques
   C pedir dinero para entrar en los bosques privados
   D pedir dinero para entrar en determinados bosques

9 En el castañar de El Tiemblo deberá pagar una tarifa ☐

   A toda persona que entre con coche
   B toda persona y coche que entren
   C toda persona que lo visite cada mes de noviembre
   D voluntaria la gente que lo quiera visitar en coche

Contesta a las preguntas siguientes.

10 ¿Qué palabra se usa en el párrafo (1) para designar un tipo de bosque?

....

11 ¿Qué deporte se nombra en el párrafo (1)?

....

Relaciona los elementos de las dos columnas basándote en la información de los párrafos (2) y (3). **Cuidado:** *Hay más opciones de las necesarias en la columna de la derecha.*

Ejemplo: **Los científicos creen que**	C	A permitir la entrada gratuita a todos los visitantes
		B respetar las obras de arte de las catedrales
12 La norma esencial en el bosque es	☐	C *la decisión tomada no arreglará el problema*
		D considerar la hora del día para visitarlos
13 En algunos bosques se ha decidido	☐	E acudir a los bosques caminando
		F de conservar los bienes naturales
14 Se recomienda a los visitantes	☐	G la estrategia acordada ayudará a proteger el bosque
		H limitar la entrada de visitantes
15 La gente tiene la obligación	☐	I para heredar los espacios naturales
		J nunca dejar señales de la presencia humana

Contesta a las preguntas siguientes.

16 ¿Qué palabra del párrafo (2) se usa para designar al gobernador de una ciudad?

....

17 ¿Qué dos palabras en el párrafo (3) significan lo mismo que "normas"? *[2 puntos]*

(a) ....

(b) ....

TEXTO C – 25 AÑOS DE CINE JUNTO A "GABO"

*Basándote en el párrafo (1), contesta a las siguientes preguntas **con palabras tomadas del texto.***

18 ¿A quién se festeja en el Festival Internacional de Cine de La Habana?

....

19 ¿Cuándo comenzó Márquez a dirigir la Fundación del Nuevo Cine Latinoamericano?

....

20 ¿En qué lugar se desarrolló la celebración de la ceremonia?

....

21 ¿Qué quería conseguir Gabo cuando se creó la Fundación?

....

Basándote en el párrafo (2) indica la opción correcta (A, B, C ó D) en la casilla de la derecha.

22 La expresión "la Fundación sí fue la semilla y sostén de la Escuela Internacional de Cine y Televisión" sugiere que

A la Fundación fue creada por la Escuela de Cine
B la Fundación fue el origen de la Escuela de Cine
C la Fundación fue integrada en la Escuela de Cine
D la Fundación se creó en 1986

23 La expresión "sobrado prestigio internacional" sugiere

A escaso renombre mundial
B limitado renombre mundial
C amplio renombre mundial
D repentino renombre mundial

Contesta a las preguntas siguientes.

24 ¿Qué dos palabras en el párrafo (2) significan lo mismo que "diplomado"? *[2 puntos]*

(a) ....

(b) ....

25 ¿Qué dos palabras en el párrafo (3) significan lo mismo que "competir"? *[2 puntos]*

   (a) ....

   (b) ....

26 ¿Qué palabra en el párrafo (3) significa lo mismo que "aclamado"?

   ....

27 ¿Qué dos palabras en el párrafo (4) significan lo mismo que "película"? *[2 puntos]*

   (a) ....

   (b) ....

28 Según la información contenida en el párrafo (4), ¿cómo se titula la película española que se mostrará en el Festival?

   ....

TEXTO D – LAS NUEVAS ENTREVISTAS DE TRABAJO

Las preguntas 29 a 33 se refieren a los espacios en blanco en los párrafos (1) y (2) del texto. A partir de la siguiente lista, elige las palabras más apropiadas para completar el texto, como en el ejemplo.

A	EN	QUÉ
AÚN	**PARA**	QUIEN
CON	POR	SOBRE
DE	QUE	YA

Ejemplo: [- X -] .... *para* ....

29 ....   32 ....

30 ....   33 ....

31 ....

En los párrafos (2) y (3), ¿a qué se refieren las siguientes palabras o expresiones marcadas en el cuadro?

En la frase ...	la palabra ...	en el texto se refiere a ...
Ejemplo: ... sus habilidades más destacadas... (línea 7)	"sus"	*trabajador*
34 ... del puesto por el que está optando. (línea 11)	"el"	
35 ... ante la que los aspirantes deben ... (línea 15)	"la"	
36 ... para exponerles una situación ... (línea 18)	"les"	

Basándote en el párrafo (4), las siguientes frases son verdaderas o falsas. Indica con ✔ la opción correcta en la casilla de la derecha y **escribe las palabras del texto** *que justifican su respuesta. Ambas respuestas son necesarias para obtener un punto. Se facilita un ejemplo.*

	V	F
Ejemplo: No hay normas de comportamiento comunes válidas.	✔	☐

Justificación: ......no existe una fórmula mágica ni un patrón de conducta que pueda funcionar en todos los casos......

37 Documentarse previamente provoca angustia. ☐ ☐

   Justificación: ....

38 Es desfavorable falsear la habilidad. ☐ ☐

   Justificación: ....

39 Es aconsejable participar activamente ante las dificultades. ☐ ☐

   Justificación: ....

40 Se debe mostrar firmeza en todo momento. ☐ ☐

   Justificación: ....

Prueba 1 Nivel Medio: Muestra 2

Los textos

TEXTO A

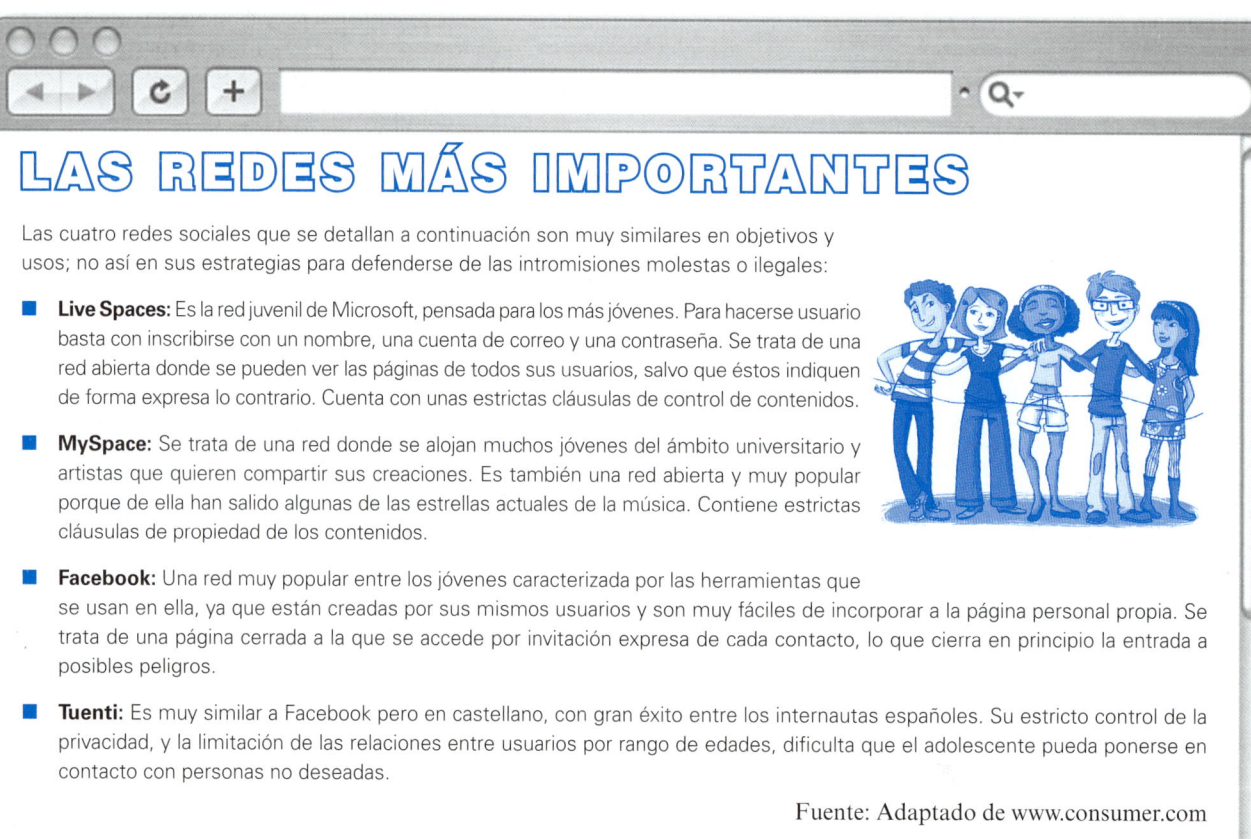

LAS REDES MÁS IMPORTANTES

Las cuatro redes sociales que se detallan a continuación son muy similares en objetivos y usos; no así en sus estrategias para defenderse de las intromisiones molestas o ilegales:

- **Live Spaces:** Es la red juvenil de Microsoft, pensada para los más jóvenes. Para hacerse usuario basta con inscribirse con un nombre, una cuenta de correo y una contraseña. Se trata de una red abierta donde se pueden ver las páginas de todos sus usuarios, salvo que éstos indiquen de forma expresa lo contrario. Cuenta con unas estrictas cláusulas de control de contenidos.

- **MySpace:** Se trata de una red donde se alojan muchos jóvenes del ámbito universitario y artistas que quieren compartir sus creaciones. Es también una red abierta y muy popular porque de ella han salido algunas de las estrellas actuales de la música. Contiene estrictas cláusulas de propiedad de los contenidos.

- **Facebook:** Una red muy popular entre los jóvenes caracterizada por las herramientas que se usan en ella, ya que están creadas por sus mismos usuarios y son muy fáciles de incorporar a la página personal propia. Se trata de una página cerrada a la que se accede por invitación expresa de cada contacto, lo que cierra en principio la entrada a posibles peligros.

- **Tuenti:** Es muy similar a Facebook pero en castellano, con gran éxito entre los internautas españoles. Su estricto control de la privacidad, y la limitación de las relaciones entre usuarios por rango de edades, dificulta que el adolescente pueda ponerse en contacto con personas no deseadas.

Fuente: Adaptado de www.consumer.com

TEXTO B

Entrevista a Shakira

(1) Para nada es una diva esta carismática estrella internacional, que tan bien ha sabido compaginar la música hispana y anglosajona, y su introspección en nuestro encuentro se convierte en pura energía cuando actúa. Siempre afectuosa, positiva y soñadora, Shakira (nombre que significa en árabe "llena eres de gracia") ha vivido un año cargado de éxitos, entre los que destaca su participación en la Copa Mundial de la FIFA, en Sudáfrica.

[-Pregunta X-]

Shakira: Soy una persona muy cariñosa y con mucho sentido del humor. La música me hace sentir importante y creo que es lo que voy a hacer toda mi vida. Cuando compruebo que con mi capacidad de entrega en el trabajo soy capaz de componer una canción optimista que reparte alegría entre la gente, en ese momento siento que mi tiempo ha sido bien empleado.

[-Pregunta 1-]

Shakira: La verdad es que se puede ser padre de cosas muy diferentes, y no sólo de niños. Quiero decir que, como seres humanos, siempre sentimos la necesidad de defender algo en la vida, y ya sólo por eso somos un poco padres de nuestros proyectos e ideas. Pero, por supuesto que me encantaría tener o adoptar un hijo algún día, porque todos necesitamos cuidar y amar a alguien.

[-Pregunta 2-]

Shakira: Sí, le dedico muchísimo tiempo, y me gusta comprobarlo todo con la gente que trabaja allí. Me llena de satisfacción saber que, gracias al cuidado y atención que reciben, todos estos niños prosperan y florecen para convertirse en sus propios sueños. Es maravilloso sentirse parte de la educación de un niño.

[-Pregunta 3-]

Shakira: ¡Qué va! Desde los cuatro años empecé a bailar y me sentí muy atraída por los movimientos de cadera de los ritmos árabes. Todos los viernes practicaba en el colegio y a los siete años me apunté a un grupo de danza del vientre. Y ya me gustó tanto que no pude parar nunca...

[-Pregunta 4-]

Shakira: He llegado a comprender que hasta el sentimiento de culpa es caduco, así que al final del balance sólo pienso en lo que he obtenido y aprendido, en las metas logradas. Por supuesto que en la vida tienes que sacrificar muchas cosas, pero lo importante es pensar que la cuenta es positiva por todo lo ganado.

Organización de Naciones Unidas

TEXTO C

Cueva de Altamira

(1) Descubierta en 1879, es una de las principales cuevas con pinturas del hombre del Paleolítico a nivel mundial y su entrada había permanecido oculta hasta su descubrimiento por un derrumbe natural producido hace 13.000 años. La cueva de Altamira es relativamente pequeña, mide unos 270 metros de longitud y se pueden distinguir básicamente tres zonas: un vestíbulo amplio, con iluminación natural, que era la parte más habitable de la cueva, la gran sala de pinturas conocida como la "Capilla Sixtina del arte cuaternario" y, por último, pequeñas salas y corredores que también tienen pinturas, aunque más discretas que las de la sala principal.

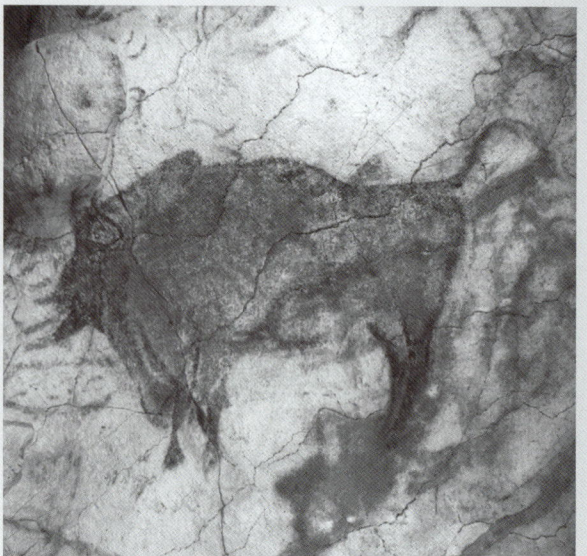

(2) Casi un centenar de signos y animales [-X-] representan de forma muy realista en la bóveda, [-18-] ellos bisontes en diferentes posturas, caballos y ciervos, [-19-] de manos y figuras humanas. El artista aprovechó el relieve o abultamiento de la roca para integrarlo en la pintura, mientras las superficies interiores las rellenaba con colores vivos, ofreciendo así un gran realismo. Como pintura se utilizó ocre natural de color sangriento y carbón vegetal [-20-] el contorno de las figuras y líneas negras. El bisonte encogido es probablemente la pintura [-21-] conocida y admirada del conjunto, está pintado sobre un abultamiento de la cúpula [-22-] el que el artista ha sabido encajar perfectamente la figura del bisonte, encogiéndolo, plegando sus patas y forzando la posición de la cabeza hacia abajo.

(3) Se estima que las pinturas datan de hace 14.000–20.000 años, es decir, pertenecen al Paleolítico superior. Por la exquisitez y genialidad de sus obras, la cueva de Altamira ha sido declarada Patrimonio de la Humanidad por la Unesco. Actualmente, desde septiembre de 2002, la cueva de Altamira está cerrada al público, pero existe un museo adyacente a la cueva que contiene una réplica de los grabados y pinturas más importantes. La cueva está situada en la región de Cantabria, a unos 2 kilómetros de Santillana del Mar, en una de las colinas que la circundan.

Texto adaptado de: www.verdernorte.com

TEXTO D

Fóbicos a los exámenes

(1) Hace una semana que Leo no duerme y está tenso, tiene cólicos y un nudo en la garganta y le falta el aire. Leo es uno de los tantos estudiantes fóbicos a los exámenes, jóvenes de entre 16 y 32 años que padecen el trastorno de ansiedad social que bloquea sus cometidos. Se da igual en hombres y en mujeres. En general, el pánico aparece cuando el examen es oral, pero no se descarta si es escrito. Lo sufren universitarios y también alumnos secundarios, y los síntomas físicos y emocionales son iguales en ambos grupos. Pero existe un estilo de personalidad que tiene cierta predisposición a este tipo de fobia.

(2) Explica el psicólogo Gustavo Bustamente, director general de la Fundación Fobia Club: "Se trata de sujetos perfeccionistas, con altos niveles de autoexigencia, casi sin habilidades sociales para mostrarle al otro, en este caso el profesor, sus conocimientos. Y es habitual que siempre se adelanten negativamente al resultado". En época de exámenes la mayoría de los estudiantes debe preparar materias y el Fobia Club registra un aumento de las consultas del 10%.

(3) El caso del alumnado de la Universidad Nacional de Córdoba, en Argentina, viene bien para ilustrar esta problemática. Durante el año pasado, hicieron una investigación que determinó la necesidad de contratar psicólogos y abrir talleres y programas de contención para los estudiantes. "Es que uno de cada 10 alumnos tiene niveles de ansiedad potencialmente problemáticos con respecto a los exámenes", dijo el psicólogo y docente Luis Furlán, quien dirige el Equipo de Ansiedad en los Exámenes, una prueba piloto lanzada por la UNC para tratar este problema.

(4) Para los estudiantes la situación es angustiosa: el miedo se presenta antes, durante y después de la prueba. "Primero aparecen las palpitaciones, la diarrea y el insomnio, por ejemplo", avisa Bustamante. "Y mientras da el examen, son frecuentes las lagunas mentales, el sudor y el tartamudeo. Sobre todo si está cara a cara con el docente, porque está pendiente de los gestos del profesor y preocupado por que no se dé cuenta de que está nervioso", agrega el psicólogo

Guillermo Del Valle, coordinador de la Red de Ansiedad. Y no termina ahí. "El post examen consiste en una revaluación del episodio angustiante. El alumno se pregunta si lo hizo mal o se lamenta porque podría haberlo hecho mejor", apunta Cascardo.

(5) CONSEJOS:
- Llegar descansado. Dormir como mínimo ocho horas y ocupar la noche anterior en actividades para dispersarse.
- Buscar la manera de relajarse. Los especialistas sugieren que se practique todo el año: puede ser yoga o técnicas de respiración.
- Evitar una actitud negativa. "Me va a ir mal" o "Estudié pero no me quedó nada" son premisas que sobreestiman la posibilidad de que salga mal.
- No dejar todo para el último momento. Encarar el examen como un proceso: todos los días, leer los apuntes para tener frescos los contenidos.
- Darse tiempo para pensar. Si es un oral, detenerse en la pregunta antes de arrancar para organizar el discurso. Si es escrito, leer con detenimiento las preguntas y empezar por las que creemos más fáciles.
- Se puede hacer un repaso en el último momento. Después, hay que evitar el "pasilleo" con otros estudiantes: confunde y hace perder la confianza.

Victoria de Masi
Texto adaptado de *Clarín*

Las preguntas

TEXTO A – LAS REDES MÁS IMPORTANTES

Basándote en la información contenida en el Texto A, indica la red social más adecuada para cada uno de estos jóvenes.

Ejemplo: Me gustaría inscribirme en una red social con acceso reducido a jóvenes de mi misma edad.	D	A Live Spaces
1 Soy un joven español de 19 años y me encanta compartir la música en mi lengua con otros jóvenes de mi país.		B MySpace
2 Soy aficionado a pintar retratos y me gustaría compartirlos en Internet pero me da miedo que puedan plagiarme.		C Facebook
		D *Tuenti*
3 Me gustaría hacer amigos de todo el mundo y renovar mi perfil de presentación a menudo porque soy muy creativo.		
4 Estoy estudiando en el instituto y me gustaría registrarme en una red social sencilla para hacer nuevos amigos de mi edad y practicar inglés con nativos.		

Contesta a las preguntas siguientes.

5   ¿Qué palabra en la sección **Live Spaces** significa lo mismo que "excepto"?

....

6   ¿Qué palabra en la sección **MySpace** significa lo mismo que "materia"?

....

7   ¿Qué palabra en la sección **Facebook** significa lo mismo que "instrumento"?

....

8   ¿Qué palabra en la sección **Tuenti** se usa para designar a los usuarios de Internet?

....

TEXTO B – ENTREVISTA A SHAKIRA

Basándote en el párrafo (1) indica la opción correcta (A, B, C ó D) en la casilla de la derecha.

9   A   Shakira se muestra como una diva arrogante en todo momento.
    B   Ha sido muy difícil contactar con esta cantante tan internacional.
    C   Su tranquilidad en la entrevista contrasta con su vigor en el escenario.
    D   Shakira se ha trasladado a vivir a Sudáfrica este año.

Unidad 1 Prueba 1 Destrezas receptivas

Los espacios 1, 2, 3 y 4 del texto corresponden a las preguntas de la entrevista. Relaciona cada número con una de las preguntas que vienen a continuación. **Cuidado**: *Hay más preguntas de las necesarias.*

Ejemplo:	A	A	¿Cómo te definirías?
[- Pregunta X -]			
		B	¿Tienes tiempo para tu compromiso con la fundación Pies descalzos?
10 [-Pregunta 1-]			
		C	Lograr el éxito, ¿ha significado renunciar a más de lo que esperabas?
11 [-Pregunta 2-]			
		D	¿Ha sido difícil conseguir tu dominio de caderas en el escenario?
12 [-Pregunta 3-]			
13 [-Pregunta 4-]			
		E	¿Cuántos niños tienes?
		F	¿Es parte de tu éxito cantar en los dos idiomas?
		G	¿En qué nuevos proyectos estás comprometida ahora?
		H	¿Crees que, como mujer, se necesita ser madre para ser feliz?

Contesta a las preguntas siguientes.

14 ¿Qué dos palabras de la respuesta a la pregunta (2) significan lo mismo que "progresar"? *[2 puntos]*

 (a) ....

 (b) ....

15 ¿Qué dos palabras de la respuesta a la pregunta (3) designan dos partes del cuerpo? *[2 puntos]*

 (a) ....

 (b) ....

16 ¿Qué dos palabras de la respuesta a la pregunta (4) significan lo mismo que "cálculo"? *[2 puntos]*

 (a) ....

 (b) ....

TEXTO C – CUEVA DE ALTAMIRA

Basándote en el párrafo (1) indica la opción correcta (A, B, C ó D) en la casilla de la derecha.

17 La cueva de Altamira
    A se derrumbó en 1897
    B se construyó hace 13.000 años
    C se usa como galería de exposiciones de pintura
    D posee pinturas de desigual calidad

Las preguntas 18 a 22 se refieren a los espacios en blanco en los párrafos (1) y (2) del texto. A partir de la siguiente lista, elige las palabras más apropiadas para completar el texto, como en el ejemplo.

A	ENTRE	POR
ADEMÁS	MAS	*SE*
DE	MÁS	SIN
EN	PARA	SIN EMBARGO

Ejemplo: [- X -] .... se ....

18 ....   21 ....

19 ....   22 ....

20 ....

Contesta a las preguntas siguientes.

23 ¿Qué dos palabras en el párrafo (2) significan lo mismo que "techo"?   *[2 puntos]*

    (a) ....

    (b) ....

24 ¿Qué tres animales se mencionan en el párrafo (2)?   *[3 puntos]*

    (a) ....

    (b) ....

    (c) ....

25 Basándote en el párrafo (3), sólo **dos** de las siguientes afirmaciones son correctas. Escribe las letras adecuadas en las casillas de la derecha.   *[2 puntos]*
    A Las pinturas se crearon hace más de 20.000 años.
    B La originalidad de las pinturas tiene reconocimiento mundial.
    C La cueva recibe visitantes de nuevo desde 2002.
    D En el cercano museo se pueden ver copias de las pinturas.
    E La cueva se encuentra en un valle cerca de Santillana del Mar.

Unidad 1 Prueba 1 Destrezas receptivas

TEXTO D – FÓBICOS A LOS EXÁMENES

Basándote en el párrafo (1) indica la opción correcta (A, B, C ó D) en la casilla de la derecha.

26   La expresión "un nudo en la garganta" quiere decir ☐

    A   llevar un collar en el cuello

    B   no poder respirar bien

    C   tener dolor de garganta

    D   hablar con dificultad

En los párrafos (1) y (2), ¿a qué se refieren las siguientes palabras o expresiones marcadas en el cuadro?

En la frase …	la palabra …	en el texto se refiere a …
Ejemplo: … le falta el aire. (línea 3)	"le"	Leo
27 … ansiedad social que bloquea sus cometidos. (línea 6)	"sus"	
28 Lo sufren universitarios … (línea 10)	"lo"	
29 … sus conocimientos. (línea 19)	"sus"	

Contesta a la pregunta siguiente.

30   ¿Qué palabra en el párrafo (2) significa lo mismo que "anticipar"?

……………………………………………………………………………………………………

*Basándote en los párrafos (3) y (4), las siguientes frases son verdaderas o falsas. Indica con ✔ la opción correcta en la casilla de la derecha y **escribe las palabras del texto** que justifican su respuesta. Ambas respuestas son necesarias para obtener un punto. Se facilita un ejemplo.*

                                                                                               V   F

Ejemplo: La situación de los universitarios de Córdoba sirve para explicar esta cuestión.   ✔   ☐

Justificación: ……*El caso del alumnado de la Universidad Nacional de Córdoba, en Argentina, viene bien para ilustrar esta problemática*…….

31   El año pasado decidieron contratar a psicólogos para llevar a cabo un estudio de la situación.   ☐   ☐

    Justificación: ……………………………………………………………………………

32   El Equipo de Ansiedad en los Exámenes es un grupo consolidado en el estudio de esta problemática.   ☐   ☐

    Justificación: ……………………………………………………………………………

33   Durante el examen es común olvidar los contenidos.   ☐   ☐

    Justificación: ……………………………………………………………………………

34 La principal preocupación del alumno es esconder su inquietud delante del profesor. ☐ ☐

Justificación: ....

Basándote en el párrafo (5), identifica las palabras de la columna de la derecha que equivalen a las palabras de la columna de la izquierda. **Cuidado**: *Hay más equivalencias de las necesarias.*

Ejemplo: descansado *(línea 57)*	**A**	A *reposado*
		B *iniciar*
35 premisas (línea 66)	☐	
		C *desorientar*
36 encarar (línea 69)	☐	
		D *demorar*
37 arrancar (línea 73)	☐	
		E *afrontar*
38 repaso (línea 77)	☐	
		F *revisión*
		G *promesas*
		H *disertación*
		I *ideas*

Unidad 1 Prueba 1 Destrezas receptivas

Prueba 1 Nivel Superior: Muestra 1

Los textos

TEXTO A

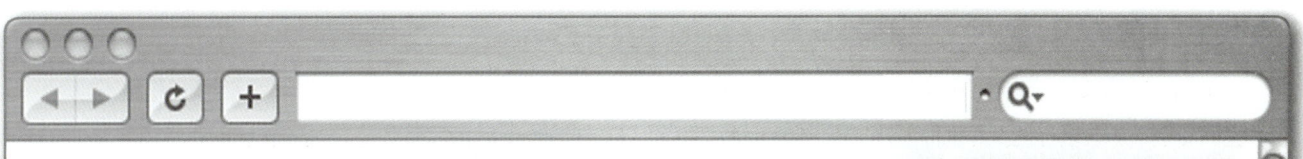

"Importa más el Twitter de un futbolista que nuestras medallas"

(1) Mireia Belmonte (Badalona, 1990) se enfadó mucho un día cuando tenía seis años. Había quedado segunda en los Campeonatos de Cataluña y no le gustó. Desde entonces intenta ser la primera. En los Mundiales de piscina corta (25 metros) de Dubái consiguió tocar la pared antes que las demás tres
5 veces y en su debut en los 800 metros libre fue segunda. Niña prodigio de la natación, vive desde los 12 años en un centro de alto rendimiento (CAR) y su ambición llega tan lejos como sus afiladas uñas de porcelana.

Pregunta. ¿Se esperaba ser la mejor nadadora de los Mundiales?

Respuesta. No; la verdad es que ha sido una sorpresa enorme. En los
10 Campeonatos de España, hace dos semanas, empecé a tener buenas sensaciones, pero en Dubái me he encontrado muy bien.

P. ¿En qué ha cambiado desde agosto? En apenas seis meses ha pasado de perder su título europeo en Budapest a ser la mejor del mundo en tres disciplinas.

15 **R.** He cambiado de entrenador. Mi mentalidad creo que es la misma, pero quizá he adquirido más confianza en mí.

P. [-Pregunta X-]

R. Sí. Ahora he estado mucho más tranquila. Eso se ha notado dentro del agua. No sé cuál es la razón porque con mi nuevo entrenador aún no he trabajado el aspecto psicológico.

P. ¿Era la tensión lo que le bloqueaba en las grandes citas?

20 **R.** Puede ser. Todavía no lo tengo claro.

P. ¿Cuándo empezó a plantearse competir en distancias más largas, como los 800 metros?

R. Siempre he intentado nadar todo lo que podía y últimamente he empezado a hacer los 800 en buenos tiempos. Sin embargo, no me gustan mucho. Si tengo que nadarlos, los nado, pero no me siento muy cómoda. Prefiero mis pruebas de estilos.

25 **P.** [-Pregunta 1-]

R. Al revés, me motiva más.

P. [-Pregunta 2-]

R. Sí, y a muchos niveles. A mi familia la veo una vez a la semana y en los estudios no puedo seguir el ritmo de la gente de mi edad. También se nota con los amigos. Pero nunca he pensado en tirar la toalla.

30 **P.** ¿Le han dado mucha confianza sus cuatro medallas en estos Mundiales?

R. Desde luego. En Dubái he empezado a despuntar y esto me sirve para decir "aquí estoy yo".

P. [-Pregunta 3-]

R. Me levanto a las cinco de la mañana. Después me entreno de seis a ocho y media en el agua y luego voy a la Universidad (Administración y Dirección de Empresas) de nueve a doce. Cuando acabo, como, descanso un poco y a
35 las cuatro retomo los entrenamientos. Entonces hago una hora de pesas y después, de cinco a siete y media, me entreno en el agua. Al final de la tarde llego al CAR, donde vivo, ceno, estudio un poco y me acuesto sobre las diez y media.

P. [-Pregunta 4-]

R. Bueno, en el CAR llevo ya ocho años. Así que estoy acostumbrada.

40 **P.** ¿Es fácil vivir de la natación en España?

R. Creo que tenemos unas instalaciones buenísimas, pero a nivel mediático, como se está viendo estos días, es más importante lo que escriben los jugadores de fútbol en su Twitter que nuestras medallas.

Rosa Sulleiro
Texto adaptado de *El País*

TEXTO B

Primer Premio Iberoamericano de Poesía Hermanos Machado

(1) En la ciudad de Sevilla, de donde proceden Manuel y Antonio Machado, el Instituto de la Cultura y las Artes del Ayuntamiento de Sevilla (ICAS) y la Fundación Caja Rural del Sur, en colaboración con la Fundación José Manuel Lara, convocan este Premio Iberoamericano de Poesía.

(2) El galardón nace este año con el objetivo de promocionar la creación poética en el ámbito iberoamericano, en el que la ciudad de Sevilla reconoce un nudo central de su historia y su presente. A su vez, rinde homenaje a dos de sus más insignes hijos, los poetas Antonio y Manuel Machado, cuando la ciudad asume la presidencia de la Red de Ciudades Machadianas, abre sus puertas al mundo la Casa de los Poetas de Sevilla, y se organiza la correspondiente edición del Otoño Cultural Iberoamericano promovido por la Fundación Caja Rural del Sur.

(3) Podrán concurrir quienes reúnan los siguientes requisitos:
- Las obras deberán ser inéditas; no habiendo sido premiadas previamente ni que concursen de forma simultánea a otro premio.
- Los poemas se presentarán con tema y técnica libres, en lengua española.
- Su extensión deberá estar comprendida entre los 500 y 1.000 versos.
- Se entregarán en papel, por quintuplicado, en formato DIN A-4, a doble espacio y por una sola cara, con numeración de las páginas, debidamente cosidas o grapadas.

(4) Se adjudicará un único premio, de entre las obras presentadas, con una dotación económica de 12.000 €. El premio tendrá el carácter de indivisible, podrá declararse desierto, y no podrá otorgarse a título póstumo. Las solicitudes podrán presentarse, conforme al modelo del anexo I de la presente convocatoria, en el plazo comprendido desde el día siguiente a la publicación de esta convocatoria y hasta el día 15 de diciembre del presente año.

(5) El Jurado deberá formular la propuesta de la obra seleccionada, pudiendo declarar desierto el premio convocado. La convocatoria será resuelta por la Vicepresidenta del ICAS a propuesta razonada del Jurado. El plazo máximo de resolución del presente procedimiento será de cuatro meses, contados a partir del día siguiente al de la finalización del plazo para la presentación de las solicitudes.

(6) La obra será editada en la colección Vandalia, de la editorial Fundación José Manuel Lara, con una tirada inicial de 2.000 ejemplares. El ganador o la ganadora recibirá 25 ejemplares de dicha edición. La concesión del premio tendrá lugar durante el próximo mes de febrero, en acto público al que será invitado el autor o la autora premiado/a. Puedes consultar las bases completas en la página web del ICAS: www.icas-sevilla.org.

Adaptado de *Revista Mercurio* Num. 125, November 2010

TEXTO C

Comemos fuera, y cada vez peor

(1) Comer en casa más a menudo o elegir un menú equilibrado cuando salimos, llenar la cesta de la compra de hortalizas y aceite de oliva, renunciar a picar entre horas … En definitiva, reflexionar antes de realizar cada una de las decenas de acciones cotidianas relacionadas con la alimentación. Se trata de unas pautas más que nunca necesarias, en opinión de los expertos, ante las malas prácticas y el suspenso de los españoles en consumo alimentario.

(2) Las alarmas de nutricionistas e instituciones ya han saltado. España se está alejando peligrosamente del patrón tradicional de la dieta mediterránea y encabeza las listas de países europeos donde más se incrementa el consumo fuera de casa. Más del 20% de nuestras salidas incluyen al menos una etapa en un bar o "una tapa", de acuerdo a los últimos datos del panel de consumo alimentario que publica el Ministerio de Medio Ambiente. Este observatorio, el más actualizado y cabal, calcula que el año pasado "una tercera parte del gasto total en alimentación de los españoles", unos 90.000 millones de euros, se realizó fuera del hogar.

(3) Lejos de considerar el consumo extradoméstico como una costumbre nociva de por sí (se puede comer mejor en un restaurante que en casa, por supuesto), los analistas señalan más bien los hábitos y los inconvenientes que a menudo acompañan este consumo: las prisas, la irreflexión a la hora de pedir o la baja calidad de los productos.

(4) Si entre las causas más frecuentes influye el trabajar lejos de casa, las consecuencias para la salud ya son más que evidentes y, a este ritmo, no auspician nada positivo. "Estos cambios ya nos han pasado factura. Sólo hace falta ver los índices de obesidad (más del 17%, según el INE*) en la población", recuerda Susana del Pozo, directora de Análisis de la Fundación Española de Nutrición (FEN).

(5) Se trata de datos preocupantes que se deben, entre otras cosas, a una falsa creencia radicada en la sociedad. "Los españoles creemos comer mejor de lo que en realidad comemos, lo que se convierte en un problema a la hora de convencer a la gente de que tiene que mudar sus hábitos", apunta Geles Duch, nutricionista y responsable del Grupo de Apoyo Nutricional, entidad barcelonesa que organiza cursos de educación alimentaria, una disciplina que parece cada vez más necesaria si consideramos las conclusiones de la FEN en una valoración del comportamiento alimentario. "La dieta de los españoles se ha modificado notablemente en los últimos 40 años, alejándose del modelo tradicional de la dieta mediterránea, por lo que se deben diseñar estrategias que fomenten la alimentación saludable, comercialización y distribución", señala la investigación. "Todo ello sin olvidar el componente de placer de los manjares, que se considera clave para mantener o recuperar los hábitos alimentarios".

Francesco Manetto
*INE: Instituto Nacional de Estadística
Texto adaptado de *El País*

TEXTO D

San Ernesto: la última leyenda del Che Guevara

(1) En el camino que une La Higuera [-X-] Vallegrande, en Bolivia, el lugar que lo vio morir, el Che Guevara se ha convertido en "San Ernesto": le rezan en las calles y en la Iglesia, le dedican altares y [-28-] dicen que ha concedido milagros. "Hay misas, se le reza y nos hace milagros", dice Susana Osinaga mientras camina por las polvorientas calles de Vallegrande, un pueblo que parece suspendido en el tiempo. Pero ella no habla de Jesús [-29-] de algún santo, habla de Ernesto "Che" Guevara, el guerrillero argentino que fue ejecutado a 60 kilómetros de aquí, en La Higuera, por el Ejército de Bolivia, después de su fallida hazaña revolucionaria en la selva.

(2) Bajo un epígrafe en el que se lee "nadie muere mientras se lo recuerde", Osinaga dice, conmovida: "Era como Cristo". Exactamente cuarenta años atrás, ella fue la enfermera encargada [-30-] lavar el cuerpo de Guevara. Hoy, en el mismo lugar donde fue limpiado y expuesto, con los ojos abiertos y la barba tupida en la lavandería del Hospital Nuestro Señor de Malta, ella cuenta con emoción que desde aquel día [-31-] hizo devota de "San Ernesto" y le reza en un pequeño altar, entre una imagen de Jesús y otra de la Virgen María, en su humilde casa-quiosco en Vallegrande, la ciudad en la que, desde 1967 hasta hace 30 años, permanecieron enterrados de forma oculta en una fosa común los restos del Che Guevara.

(3) Desde aquel día, muchos de los lugareños, como Osinaga, han "beatificado" sin necesidad de trámites a este personaje que aquí se ha vuelto sempiterno. Para los pobladores está siempre presente, pero presente de un modo distinto [-32-] que se observa en el resto del mundo, en donde ha permanecido, o bien como inspiración política, o bien como icono de consumo en la industria del entretenimiento. Aquí, como en La Higuera, la imaginación popular ha hecho de él presencia santa.

(4) En el camino de 60 kilómetros que une Vallegrande con La Higuera, el Che es simplemente "milagroso". Es allí donde nació el mito de "San Ernesto", ése que, aquí por lo menos, está por encima de cualquier controversia ideológica. Si para muchos de sus seguidores alrededor del mundo, el Che representa un icono progresista y revolucionario y para sus críticos "una máquina de matar", para los lugareños de este rincón boliviano es completamente otra cosa. Para ellos es una "fuerza que protege y provee".

(5) La devoción por los dos, el "andar con los dos", Jesús y el Che, se repite una y otra vez en el camino que va de Vallegrande a La Higuera. Entre las curvas sinuosas, la veneración por Guevara se ve en las estrellas rojas pintadas sobre las piedras, marcas de "La Ruta del Che" que parecen emular el Camino de Santiago*, donde la ruta que va desde Roncesvalles a Santiago de Compostela está marcada con conchas, símbolo del santo patrono de España.

(6) En La Higuera, un pequeño pueblito de no más de 100 habitantes, reina un silencio sepulcral, casi de convento, sólo interrumpido por los cerdos y las gallinas. Las paredes de las escasas construcciones están empapeladas con imágenes del Che en diferentes formatos y colores y los epígrafes dicen "Ernesto, tu lucha es el camino", o "Tú vives por siempre Che, Comandante amigo". Sentado bajo uno de ellos, Melanio Moscoso cuenta que él le reza, y que "es milagroso: todo lo que le pedimos siempre se cumple, el Che es una fuerza presente en La Higuera que nos da salud para seguir". Para ellos, "San Ernesto nació en La Higuera", y hoy, en el pueblo rebautizado como La Higuera del Che, el espacio central es ocupado por un altar donde una cruz cristiana y una gruta con una Virgen comparten escenario con un gris busto del Che y banderas argentinas, bolivianas, cubanas y venezolanas flamean junto a la inscripción: "Tu ejemplo alumbra un nuevo amanecer".

Andrés Schipani

*Famosa ruta de peregrinación en el norte de España

Texto adaptado de *La Nación*

TEXTO E

LAS RUINAS CIRCULARES

(1) Nadie lo vio desembarcar en la unánime noche, nadie vio la canoa de bambú sumiéndose en el fango sagrado, pero a los pocos días nadie ignoraba que el hombre taciturno venía del Sur y que su patria era una de las infinitas aldeas que están aguas arriba, en el flanco violento de la montaña, donde el idioma zend no está contaminado de griego y donde es infrecuente la lepra. Lo cierto es que el hombre gris besó el fango, repechó
5 la ribera sin apartar (probablemente, sin sentir) las cortaderas que le dilaceraban las carnes y se arrastró, mareado y ensangrentado, hasta el recinto circular que corona un tigre o caballo de piedra, que tuvo alguna vez el color del fuego y ahora el de la ceniza. Ese redondel es un templo que devoraron los incendios antiguos, que la selva palúdica ha profanado y cuyo dios no recibe honor de los hombres. El forastero se tendió bajo el pedestal. Lo despertó el sol alto. Comprobó sin asombro que las heridas habían cicatrizado; cerró los ojos
10 pálidos y durmió, no por flaqueza de la carne sino por determinación de la voluntad. Sabía que ese templo era el lugar que requería su invencible propósito; sabía que los árboles incesantes no habían logrado estrangular, río abajo, las ruinas de otro templo propicio, también de dioses incendiados y muertos; sabía que su inmediata obligación era el sueño. Hacia la medianoche lo despertó el grito inconsolable de un pájaro. Rastros de pies descalzos, unos higos y un cántaro le advirtieron que los hombres de la región habían espiado con respeto su
15 sueño y solicitaban su amparo o temían su magia. Sintió el frío del miedo y buscó en la muralla dilapidada un nicho sepulcral y se tapó con hojas desconocidas.

(2) El propósito que lo guiaba no era imposible, aunque sí sobrenatural. Quería soñar un hombre: quería soñarlo con integridad minuciosa e imponerlo a la realidad. Ese proyecto mágico había agotado el espacio entero de su alma; si alguien le hubiera preguntado su propio nombre o cualquier rasgo de su vida anterior,
20 no habría acertado a responder. Le convenía el templo inhabitado y despedazado, porque era un mínimo de mundo visible; la cercanía de los leñadores también, porque éstos se encargaban de subvenir a sus necesidades frugales. El arroz y las frutas de su tributo eran pábulo suficiente para su cuerpo, consagrado a la única tarea de dormir y soñar.

(3) Al principio, los sueños eran caóticos; poco después, fueron de naturaleza dialéctica. El forastero se soñaba
25 en el centro de un anfiteatro circular que era de algún modo el templo incendiado: nubes de alumnos taciturnos fatigaban las gradas; las caras de los últimos pendían a muchos siglos de distancia y a una altura estelar, pero eran del todo precisas. El hombre les dictaba lecciones de anatomía, de cosmografía, de magia: los rostros escuchaban con ansiedad y procuraban responder con entendimiento, como si adivinaran la importancia de aquel examen, que redimiría a uno de ellos de su condición de vana apariencia y lo interpolaría en el mundo
30 real. El hombre, en el sueño y en la vigilia, consideraba las respuestas de sus fantasmas, no se dejaba embaucar por los impostores, adivinaba en ciertas perplejidades una inteligencia creciente. Buscaba un alma que mereciera participar en el universo.

(4) A las nueve o diez noches comprendió con alguna amargura que nada podía esperar de aquellos alumnos que aceptaban con pasividad su doctrina y sí de aquellos que arriesgaban, a veces, una contradicción razonable.
35 Los primeros, aunque dignos de amor y de buen afecto, no podían ascender a individuos; los últimos preexistían un poco más. Una tarde (ahora también las tardes eran tributarias del sueño, ahora no velaba sino un par de horas en el amanecer) licenció para siempre el vasto colegio ilusorio y se quedó con un solo alumno. Era un muchacho taciturno, cetrino, díscolo a veces, de rasgos afilados que repetían los de su soñador. No lo desconcertó por mucho tiempo la brusca eliminación de los condiscípulos; su progreso, al cabo de unas pocas lecciones
40 particulares, pudo maravillar al maestro. Sin embargo, la catástrofe sobrevino.

Jorge Luis Borges, *Ficciones* (1944)

Las preguntas

TEXTO A – "IMPORTA MÁS EL TWITTER DE UN FUTBOLISTA QUE NUESTRAS MEDALLAS"

1. Basándote en el párrafo (1), sólo **dos** de las siguientes afirmaciones son correctas. Escribe las letras adecuadas en las casillas de la derecha. ☐ ☐ *[2 puntos]*

   A Mireia Belmonte nació en la ciudad de Barcelona.
   B Con sólo seis años ganó dos veces los Campeonatos de Cataluña.
   C En Dubái superó a sus rivales en varias ocasiones en una modalidad.
   D Fue subcampeona en su primera competición de 800 metros.
   E Lleva doce años viviendo en un centro de alto rendimiento.
   F Su aspiración es dedicarse al negocio de la porcelana.

*Los espacios 1, 2, 3 y 4 del texto corresponden a las preguntas del periodista. Relaciona cada número con una de las preguntas que vienen a continuación. **Cuidado:** Hay más preguntas de las necesarias.*

Ejemplo: [- *Pregunta X* -]	**A**	A ¿Ha aprendido a manejar los nervios en las competiciones?
2 [-Pregunta 1-]	☐	B ¿Ha tenido que sacrificar muchas cosas por la natación?
3 [-Pregunta 2-]	☐	C ¿Tiene muchos admiradores?
4 [-Pregunta 3-]	☐	D ¿Es dura esa vida?
5 [-Pregunta 4-]	☐	E ¿Qué hace los fines de semana?
		F ¿Le presiona saber que la gente espera resultados de usted?
		G ¿Ha tenido el apoyo de sus padres?
		H ¿Cómo es un día normal suyo?
		I ¿Cuánto tiempo hace que empezó a nadar en competiciones?

Basándote en el texto indica la opción correcta (A, B, C ó D) en la casilla de la derecha.

6. La expresión "Pero nunca he pensado en tirar la toalla" en la línea 29 sugiere que ☐

   A nunca ha dejado la toalla en el suelo después de nadar
   B nunca ha pensado en abandonar su profesión
   C nunca se ha sacrificado demasiado
   D nunca se ha sentido satisfecha con su esfuerzo

Unidad 1 Prueba 1 Destrezas receptivas

Basándote en el texto, identifica las palabras de la columna de la derecha que equivalen a las palabras de la columna de la izquierda. **Cuidado:** *Hay más equivalencias de las necesarias.*

Ejemplo: prodigio (línea 5)	A	A portento
7 apenas (línea 12)		B problema
8 disciplinas (línea 14)		C destacar
9 revés (línea 26)		D totalmente
10 despuntar (línea 31)		E especialidad
		F fracaso
		G sólo
		H ocultar
		I procurar
		J contrario

TEXTO B – PRIMER PREMIO IBEROAMERICANO DE POESÍA HERMANOS MACHADO

11 Basándote en los párrafos (1) y (2), sólo **dos** de las siguientes afirmaciones son correctas. Escribe las letras adecuadas en las casillas de la derecha. *[2 puntos]*

  A Los hermanos Machado nacieron en Sevilla.
  B José Manuel Lara entregará este Premio de Poesía.
  C Este premio intenta promover la ciudad de Sevilla.
  D Se trata de una manera de honrar a los hijos de Antonio y Manuel Machado.
  E También se va a elegir a la presidenta de la Red de Ciudades Machadianas.
  F La Casa de los Poetas de Sevilla se inaugura este año.

Basándote en el párrafo (3), indica con ✔ *en la casilla si las siguientes personas cumplen con las condiciones necesarias para participar en el concurso y* **escribe las palabras del texto** *que justifican tu respuesta. Ambas respuestas son necesarias para obtener un punto. Se facilita un ejemplo.*

                                                                                                        V   F

Ejemplo: "Mi obra es totalmente desconocida"   ✔

Justificación: ……Las obras deberán ser inéditas…….

12 "Voy a enviar mis poemas a otro concurso a la vez, a ver si gano uno de los dos"

  Justificación: ………………………………………………………………………………………

13 "Mi novela trata de los problemas de los inmigrantes"

  Justificación: ………………………………………………………………………………………

14 "Vivo en Madrid y escribo poesías en vasco"

   Justificación: ....

   Contesta a la pregunta siguiente.

15 ¿Qué dos palabras en el párrafo (4) significan lo mismo que "conceder"? *[2 puntos]*

   (a) ....

   (b) ....

Relaciona los números de la columna de la izquierda con la información de la columna de la derecha, basándote en la información de los párrafos (4), (5) y (6).

Ejemplo: *doce mil*	C	A	día en que se conocerá el premio
		B	número de copias que se publicará
16 quince			
		C	*valor en euros del premio*
17 cuatro			
		D	día límite para presentar la obra
18 dos mil			
		E	número de libros publicados en la colección Vandalia
19 veinticinco			
		F	número de obras presentadas al concurso
		G	número límite de meses en el que se decidirá el ganador
		H	período de meses para enviar la obra
		I	número de copias que se enviará al ganador

Unidad 1 Prueba 1 Destrezas receptivas

TEXTO C – COMEMOS FUERA, Y CADA VEZ PEOR

Relaciona los elementos de las dos columnas basándote en la información de los párrafos (1) y (2). **Cuidado:** *Hay más opciones de las necesarias en la columna de la derecha.*

Ejemplo: *Al ir al supermercado*	C	A	se debería renunciar a ir a restaurantes
		B	comiendo cada hora
20 Según los entendidos en alimentación		C	*es recomendable comprar verduras*
21 No es una buena idea		D	tiene alarmas en las instituciones
22 Según los expertos, España		E	es importante pedir un menú proporcionado si comemos fuera
23 La dieta mediterránea		F	ha divulgado información sobre las costumbres alimentarias de los ciudadanos
24 El Ministerio de Medio Ambiente		G	cada vez se distancia más de la tradición española
		H	consumir comida continuamente
		I	lidera la relación de países europeos peligrosos
		J	podría mejorar las costumbres alimentarias
		K	se ha modernizado con 90.000 millones de euros

Contesta a las preguntas siguientes.

25 ¿Qué palabra en el párrafo (3) significa lo mismo que "insano"?

....

26 La expresión "Estos cambios ya nos han pasado factura" en la línea 4 del párrafo (4) se refiere a
   A   El dinero ganado al trabajar fuera de casa
   B   La disminución de la obesidad en la población
   C   El salario de Susana del Pozo en FEN
   D   Los efectos negativos sufridos por los nuevos hábitos

27 Basándote en el párrafo (5), **dos** de las siguientes afirmaciones son **falsas**. Escribe las letras adecuadas en las casillas de la derecha.   *[2 puntos]*
   A   La gente muestra convicciones muy inexactas sobre la alimentación.
   B   Los españoles se han persuadido de la necesidad de mudar sus costumbres.
   C   La nutricionista Geles Duch es la encargada de FEN.
   D   La educación alimentaria es una materia estudiada en el Grupo de Apoyo Nutricional.
   E   La población española se ha apartado de la típica dieta mediterránea.
   F   El gusto que la comida produce es importante para conservar las buenas costumbres.

TEXTO D – SAN ERNESTO: LA ÚLTIMA LEYENDA DEL CHE GUEVARA

Las preguntas 28 a 32 se refieren a los espacios en blanco en los párrafos (1), (2) y (3) del texto. A partir de la siguiente lista, elige las palabras más apropiadas para completar el texto, como en el ejemplo.

A	DE	ME
AL	EN	NI
CON	ENTRE	NO
CONTRA	HASTA	SE

Ejemplo: [- X -] ………… con …………..

28 …………………………………………………

29 …………………………………………………

30 …………………………………………………

31 …………………………………………………

32 …………………………………………………

33 La expresión "las polvorientas calles de Vallegrande" en la línea 6 del párrafo (1) sugiere que

    A hay mucha gente en las calles

    B las calles están vacías

    C las calles están vigiladas

    D las calles están sucias

Contesta a las preguntas siguientes.

34 ¿Qué palabra en el párrafo (3) significa lo mismo que "inmortal"?

………

35 ¿Qué dos palabras en el párrafo (3) significan lo mismo que "habitantes"?   *[2 puntos]*

   (a) ……

   (b) ……

*Basándote en los párrafos (4), (5) y (6) completa las siguientes frases **con palabras tomadas del texto**.*

36 Sus admiradores, a diferencia de sus detractores, consideran al Che un símbolo …

………

37 De la misma manera que el Camino de Santiago está señalizado con conchas, el del Che lo está con …

………

38 Los muros de La Higuera exhiben diferentes grabados del Che y se pueden leer breves …

………

39 Además de algunos elementos cristianos, en La Higuera es objeto de veneración …

………

48

Unidad 1 Prueba 1 Destrezas receptivas

TEXTO E – LAS RUINAS CIRCULARES

Basándote en el párrafo (1), contesta a las preguntas siguientes.

40 El carácter del hombre se define como ☐

    A alegre

    B reservado

    C solidario

    D cariñoso

41 ¿Qué enfermedad procedente del país del hombre se menciona?

....

42 ¿Qué **tres** palabras significan lo mismo que "intención"? *[3 puntos]*

    (a) ....

    (b) ....

    (c) ....

Basándote en el párrafo (2), contesta a las preguntas siguientes.

43 ¿Qué dos palabras significan lo mismo que "extraordinario"? *[2 puntos]*

    (a) ....

    (b) ....

44 ¿Qué profesión se nombra?

....

Basándote en los párrafos (3) y (4), las siguientes frases son verdaderas o falsas. Indica con ✔ la opción correcta en la casilla de la derecha y **escribe las palabras del texto** *que justifican tu respuesta. Ambas respuestas son necesarias para obtener un punto. Se facilita un ejemplo.*

	V	F
Ejemplo: Los sueños pasaron de anárquicos a lógicos.	✔	☐

Justificación: ......Al principio, los sueños eran caóticos; poco después, fueron de naturaleza dialéctica.......

45 Una multitud de estudiantes se congregó en los escalones. ☐ ☐

    Justificación: ....

46 Los estudiantes mostraban una expresión tranquila en las clases. ☐ ☐

    Justificación: ....

49

47 Los estudiantes mentirosos lograban engañar al maestro. ☐ ☐

   Justificación: ....

48 Tan sólo un alumno logró graduarse por la tarde. ☐ ☐

   Justificación: ....

49 El alumno apenas se sorprendió de la ausencia de sus compañeros. ☐ ☐

   Justificación: ....

Basándote en el texto, ¿a qué se refieren las siguientes palabras o expresiones marcadas en el cuadro?

En la frase ...	la palabra ...	en el texto se refiere a ...
***Ejemplo:** ... quería soñarlo con integridad ... (líneas 17 a 18)*	*"soñarlo"*	***un hombre***
50 ... subvenir a sus necesidades ... (línea 21)	"sus"	
51 El hombre les dictaba las lecciones ... (línea 27)	"les"	
52 No lo desconcertó por mucho tiempo ... (líneas 38 a 39)	"lo"	

Unidad 1 Prueba 1 Destrezas receptivas

Prueba 1 Nivel Superior: Muestra 2

Los textos

TEXTO A

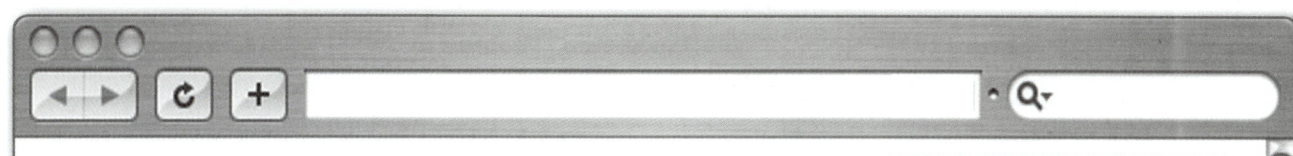

Icíar Bollaín: "Toda película se posiciona"

Cada nueva película suya remueve conciencias y *También la lluvia* no es una excepción. La historia de un rodaje sirve para reflexionar sobre errores pasados y presentes.

Pregunta Con *También la lluvia* te alejas de tu universo femenino …

5 **Respuesta** Sí, pero trata de un tema universal, el de la explotación y la injusticia. No creo que por tener protagonistas masculinos vaya a ser una película menos interesante para las mujeres. Y algunos de los momentos más impactantes los protagonizan ellas, como cuando unas indígenas se niegan a hacer ver que ahogan a sus hijos.

10 **P** [-Pregunta X-]

R Que no todo es blanco o negro, hay muchos matices y hemos conseguido plasmarlos, y que se sigan con interés.

P [-Pregunta 1-]

R No sé cómo la habría rodado un hombre. Quizá he cuidado especialmente algún detalle, como la música, para dar
15 un toque más emotivo.

P [-Pregunta 2-]

R Eso ya viene en el guión de Paul Laverty, y al ser escocés lo ha hecho sin prejuicios.

P [-Pregunta 3-]

R. Que la historia es subjetiva, depende de cómo la miramos. No es lo mismo la conquista explicada por Colón o por
20 los niños que estaban allí viéndolo llegar.

P [-Pregunta 4-]

R De momento estoy tranquila porque ya sé que ha gustado y tiene carrera por delante.

P [-Pregunta 5-]

R Todo el cine se posiciona. Las películas de acción, las que más. Fíjate en las de la CIA, en todo caso hay una
25 manzana podrida, pero la institución siempre sale bien. Hasta las películas infantiles tienen su miga.

P ¿Y un musical? Tienes buena voz.

R La que tiene buena voz es mi hermana Marina, que lleva veinte años en eso. Yo sólo canto a mis hijos; eso sí, todas las noches cuatro o cinco canciones.

SECRETOS CONFESABLES

30 - **Una afición:** correr, leer y estar con la familia.
- **Dije "Tierra, trágame…":** soy despistada, un poco bocazas y confundo a la gente con facilidad, así que meto la gamba con mucha alegría. Pero tengo memoria selectiva e intento olvidarlo.

EN TRES RASGOS

- **Origen:** Madrileña de 1976. Actriz, como su tío y su hermana gemela. Debutó con quince años en *El sur.*
35 - **Fama:** Recibió premios y elogios al dirigir su primera película, *Hola, ¿estás sola?*, y tuvo un gran éxito cuando estrenó *Te doy mis ojos.*
- **Lo último:** *También la lluvia*, con Luis Tosar.

Pablo Cubí
Texto adaptado de *Revista Clara*, no. 220, www.clara@rba.es

TEXTO B

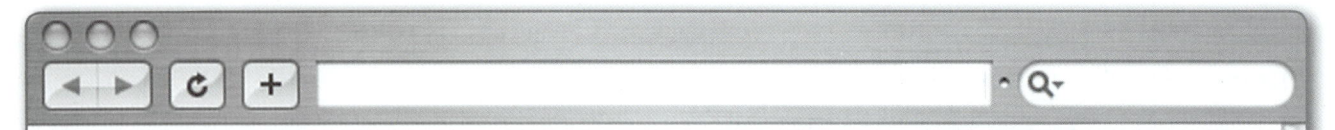

El tabaquismo pasivo causa una de cada cien muertes

(1) Ahora que España estrena nueva ley antitabaco y con el ruido de fondo de los hosteleros en contra, las cifras de los cigarrillos golpean con más fuerza que nunca: 600.000 personas mueren al año en todo el mundo víctimas del tabaquismo pasivo. Mujeres y niños son los más afectados, según denuncia la Organización Mundial de la Salud (OMS) en el estudio más amplio llevado a cabo hasta la fecha. Una de cada cien muertes en el mundo tiene que ver con la exposición secundaria a los cigarrillos de los demás, según advierte la OMS. En total, 600.000 personas, de las que el 47% son varones; seguidos de los niños, que representan el 28% de víctimas y las mujeres (un 25%). Para obtener este desolador escenario (a los que hay que sumar los otros 5,1 millones de muertes causadas por el cigarrillo de primera mano), un equipo encabezado por el español Armando Peruga revisó los datos del tabaquismo pasivo en 192 países.

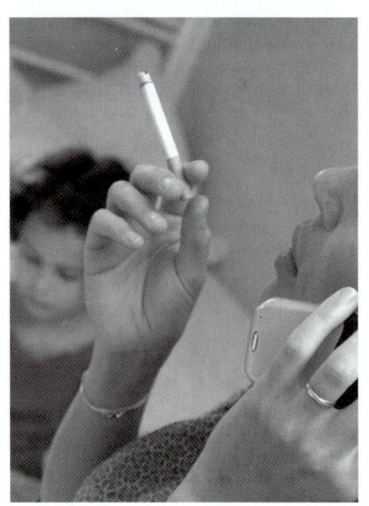

(2) El problema, advierten los autores, es que el hogar es el principal escenario de exposición de los fumadores pasivos; que en el caso de los niños, además, "no tienen la capacidad de evitar sus fuentes de contaminación, que suelen ser familiares cercanos". Nada menos que el 88% de los padres fumadores lo hace en su propia casa, y el 80% cerca de sus hijos. "Nosotros no somos partidarios de que se regule por ley el tabaquismo dentro del hogar, pero sí se deben reforzar las campañas de salud pública para prohibirlo en los espacios públicos", explica Armando Peruga, coordinador de la Iniciativa Libre de Humos de la OMS. Además, añade, "está demostrado que si se incentiva al fumador a que abandone su hábito en los bares o en el trabajo, esto se traslada también al hogar. Un 60%–70% desea dejar de fumar y la prohibición de hacerlo en lugares públicos repercute también para que no fume en casa".

(3) Sólo un 7,4% de la población mundial vive en un territorio con una legislación totalmente extenta de humo, denuncia la OMS. Ahora España ha ampliado este porcentaje con su nueva ley antitabaco. Además, el informe recuerda que la aplicación de estas normas no ha tenido hasta ahora ninguna consecuencia económica grave para el sector de la hostelería, mientras que la carga de patología isquémica (enfermedad coronaria) ha descendido un 10%–20% en el primer año de aplicación de la normativa antitabaco. Frente a las dudas de los hosteleros sobre posibles pérdidas en sus negocios, Peruga responde sin dudarlo: "En un país con una tasa de tabaquismo incluso superior a la nuestra, como Turquía, a los seis meses de prohibición los beneficios de este sector se habían incrementado un 5%. La evidencia que tenemos es que este tipo de leyes restrictivas no tienen ningún efecto negativo sobre la economía de este sector; al contrario. La industria tabaquera está intentando asustar a este sector con argumentos falaces, cuando los únicos que van a perder con la nueva ley antitabaco son ellos". Lo único cierto es que los más de 1.000 millones de fumadores que hay en el mundo están poniendo en riesgo a otros miles de personas a causa del humo del tabaco, el contaminante de interior más importante, cuyas consecuencias para la salud se conocen nada menos que desde el año 1928.

María Valerio
Texto adaptado de: *El Mundo*

TEXTO C

Diez consejos para tramitar el nuevo DNI[1]

(1) Antes de iniciar un trámite, resulta útil saber de antemano qué papeles y documentación se pedirán de forma obligatoria y cuáles son las vías disponibles para concretar con éxito la gestión. Todas estas previsiones agilizan el proceso y ayudan a ahorrar tiempo, así que es importante responder a algunas de las dudas más frecuentes vinculadas al nuevo DNI, que expide el Registro Nacional de las Personas (Renaper) en Argentina, con el objetivo de que no haya imprevistos a la hora de solicitarlo.

(2) ¿Cómo es el nuevo DNI?
Es un documento que consta de dos partes y uso diferenciado: libreta y tarjeta. La primera conserva el formato del antiguo Documento Nacional de Identidad, pero el actual diseño incluye tapas de color celeste. Es el único válido para poder votar, así que de nuevo incorpora medidas de seguridad que lo suponen inviolable. La tarjeta, en tanto, contiene los mismos datos de identificación que la libreta y puede ser usada para presentar en actos públicos y privados, como trámites bancarios, migratorios, gestiones ante entidades financieras, comerciales y de seguridad social.

(3) ¿Dónde se solicita?
Los interesados en gestionar el trámite en la ciudad de Buenos Aires deben solicitar un turno llamando al 0800-999-9364 y concurrir en la fecha asignada a la oficina de toma de trámites digitales, ubicada en Paseo Colón, 1093. Quienes residan en la provincia de Buenos Aires, pueden hacerlo en los centros de documentación rápida y las delegaciones del Registro Civil de sus respectivos barrios o ciudades. En el resto del país, los ciudadanos deben dirigirse al Registro Civil que les corresponda de acuerdo al domicilio que tengan declarado y figure en su actual DNI. El Registro Nacional de las Personas, además, instrumentó en algunos centros comerciales (Abasto, Alto Avellaneda, Dot Buenos Aires, Paseo Alcorta y Buenos Aires Design) oficinas de esa dependencia para tramitarlo. Las personas que elijan hacerlo en centros comerciales deberán abonar el servicio con tarjeta de crédito o débito, ya que no se acepta dinero en efectivo. En todos los casos se debe presentar una fotografía, con fondo azul-celeste.

(4) ¿Cuál es el costo?
Los ejemplares cuestan 35 pesos para los argentinos mayores de 16 años. Para los menores, 25. Tener en cuenta que los aranceles varían de acuerdo al tipo de trámite que se quiera realizar. Por el contrario, si se decide iniciar el trámite en las oficinas habilitadas en los centros comerciales, habrá que abonar 85 pesos, es decir, 50 pesos más que en las oficinas del Renaper.

(5) ¿Dónde lo retiro?
El nuevo DNI se entrega directamente en el domicilio declarado por el titular, a quien se le exigirá presentar el comprobante de inicio del trámite. El servicio de correo visitará el domicilio en dos oportunidades. En caso de no poder concretarse la entrega, el DNI será remitido a la oficina en la que el ciudadano realizó la solicitud inicial y podrá presentarse en la misma para retirarlo.

(6) ¿Para qué trámites se puede utilizar?
El DNI Libreta y el DNI Tarjeta son instrumentos que acreditan identidad y podrán ser utilizados para todos los actos públicos o privados, gestiones ante autoridades nacionales, bancarias, migratorias y financieras, entre otras. Sin embargo, será obligatorio presentar el DNI Libreta para poder votar. Además, con el DNI Tarjeta se podrá viajar a los países limítrofes, del Mercosur[2] y asociados, al igual que con el DNI Libreta.

(7) ¿Tiene vencimiento?
Sí, los nuevos DNI de ciudadanos mayores de 16 años, argentinos o extranjeros, tienen una validez de 15 años a partir de la fecha de su expedición, por lo que vencido dicho plazo, deberán actualizarse. Con respecto al documento actual, todos los DNI expedidos por el Renaper hasta la entrada en vigencia del nuevo sistema mantienen su validez, así que no es obligatorio reemplazar el DNI por el nuevo, ya que si éste está en buenas condiciones y contiene las actualizaciones que establece la ley, no pierde validez. Sin embargo, toda nueva solicitud de DNI que, por razones de deterioro, extravío, robo o hurto, se inicie a partir de la entrada en vigencia del nuevo sistema de producción implicará la emisión del nuevo DNI.

Fuente: **Ministerio del Interior de la Nación (Argentina)**

[1] DNI: Documento Nacional de Identidad
[2] Mercado Común del Sur: unión comercial integrada por diversos países latinoamericanos

Texto adaptado de: *La Nación*

Las preguntas

TEXTO A – ICÍAR BOLLAÍN: "TODA PELÍCULA SE POSICIONA"

1. Basándote en la información contenida entre las líneas 1 y 9, sólo **una** de las siguientes afirmaciones es **falsa**. Escribe la letra adecuada en la casilla de la derecha.

   A La película ofrece una meditación sobre las equivocaciones.
   B Los abusos constituyen el asunto principal de la película.
   C La película interesará a hombres y mujeres.
   D En la película las mujeres nativas asfixian a sus hijos.

Los espacios 1, 2, 3, 4 y 5 del texto corresponden a las preguntas del periodista. Relaciona cada número con una de las preguntas que vienen a continuación. **Cuidado:** *Hay más preguntas de las necesarias.*

Ejemplo: [*- Pregunta X -*]	**A**	A ¿Qué es lo mejor de la película?
2 [-Pregunta 1-]		B ¿Y qué lección te enseña?
3 [-Pregunta 2-]		C ¿Quién se ha encargado del aspecto musical?
4 [-Pregunta 3-]		D Eres candidata al Oscar. ¿Nervios?
5 [-Pregunta 4-]		E ¿Qué planes tienes para tu próxima película?
6 [-Pregunta 5-]		F ¿Se nota que hay una directora?
		G ¿Concibes un cine simplemente de entretenimiento?
		H ¿Cuánto tiempo te llevó escribir el guión?
		I Revisas la conquista de América. ¿Tenías mala conciencia histórica?
		J ¿Qué tipo de cine prefieres para tu tiempo libre?

Basándote en la sección **Secretos confesables** *indica la opción correcta (A, B, C ó D) en la casilla de la derecha.*

7. La expresión "meto la gamba" significa

   A Me encanta comer gambas.
   B Soy inoportuna.
   C Colecciono mariscos.
   D Soy muy bromista.

Unidad 1 Prueba 1 Destrezas receptivas

Contesta a la pregunta siguiente.

8   ¿Qué **dos** palabras en la sección **En tres rasgos** significan lo mismo que "presentarse por primera vez en público"? *[2 puntos]*

(a) ....

(b) ....

TEXTO B – EL TABAQUISMO PASIVO CAUSA UNA DE CADA CIEN MUERTES

9   Basándote en el párrafo (1), sólo **dos** de las siguientes afirmaciones son correctas. Escribe las letras adecuadas en las casillas de la derecha. *[2 puntos]*

A   La industria hostelera se ha opuesto a las medidas antitabaco.
B   El tabaquismo pasivo provoca más de medio millón de muertes anuales en España.
C   Las mujeres y los niños perjudicados han denunciado a la OMS.
D   Cien personas mueren cada día a causa del tabaquismo pasivo, según la OMS.
E   Los hombres sobrepasan la mitad del porcentaje de afectados por el tabaquismo pasivo.
F   Entre los fumadores activos se producen más de cinco millones de muertes anuales.

Basándote en el párrafo (2), identifica las palabras de la columna de la derecha que equivalen a las palabras de la columna de la izquierda. **Cuidado:** *Hay más equivalencias de las necesarias.*

Ejemplo: hogar (línea 14) **A**	A casa
10 escenario (línea 14)	B particular
11 fuentes (línea 15)	C impacto
12 propia (línea 16)	D consecuencia
13 campaña (línea 18)	E próximo
14 repercute (línea 21)	F ambiente
	G influir
	H causa
	I repetir
	J operación
	K período

57

*Relaciona los elementos de las dos columnas basándote en la información del párrafo (3). **Cuidado:** Hay más opciones de las necesarias en la columna de la derecha.*

Ejemplo: *Turquía ha aumentado*	C	A	sabemos el peligro que el tabaco representa
15 Con la nueva ley española		B	han aumentado las ganancias tras el nuevo reglamento
16 Ciertamente las nuevas leyes		C	*el porcentaje de su rentabilidad en su industria hostelera*
		D	pretende aterrorizar a los hosteleros mediante razones falsas
17 Algunos países incluso		E	han acrecentado la enfermedad coronaria
18 La industria del tabaco		F	intenta convencer de los beneficios de la nueva ley
19 Ya hace mucho tiempo que		G	se ha logrado aumentar la proporción de países libres de tabaco
		H	la OMS ha acusado a los países libres de humo
		I	no han dañado los negocios hosteleros
		J	llevan poniendo en práctica estas medidas desde 1928
		K	los fumadores son los contaminantes más peligrosos

TEXTO C – DIEZ CONSEJOS PARA TRAMITAR EL NUEVO DNI

20 Basándote en el párrafo (1) indica la opción correcta (A, B, C ó D) en la casilla de la derecha.

A Tras gestionar el DNI es importante conocer los documentos necesarios.

B También es conveniente averiguar las salidas disponibles en el edificio.

C Para acelerar la gestión es importante adelantarse a las posibles sorpresas.

D El nuevo DNI argentino caduca en el Renaper.

Basándote en el párrafo (2), contesta a las preguntas siguientes.

21 ¿Qué novedad aporta la libreta del nuevo DNI?

....

22 ¿Qué palabra significa lo mismo que "organismo"?

....

Unidad 1 Prueba 1 Destrezas receptivas

Basándote en los párrafos (3) y (4), identifica las palabras de la columna de la derecha que equivalen a las palabras de la columna de la izquierda. **Cuidado:** *Hay más equivalencias de las necesarias.*

Ejemplo: solicitar (línea 26)	A	A pedir
23 turno (línea 26)		B cobrar
24 ubicada (línea 28)		C oficina
25 domicilio (línea 35)		D vez
26 actual (línea 35)		E vigente
27 abonar (línea 41)		F copia
28 aranceles (línea 49)		G vuelta
		H situado
		I impuestos
		J pagar
		K dirección
		L real

Basándote en los párrafos (5) y (6) contesta a las preguntas siguientes.

29 ¿Qué documento es imprescindible mostrar para recoger el DNI?

....

30 ¿Para qué operación es imprescindible mostrar el DNI Libreta?

....

31 Basándote en el párrafo (7), sólo **una** de las siguientes afirmaciones es **falsa.** Escribe la letra adecuada en la casilla de la derecha.

   A   Los nuevos DNI deberán renovarse a los 15 años de su tramitación.
   B   Los viejos DNI siguen siendo útiles siempre que no estén dañados.
   C   El nuevo DNI no pierde su utilidad mientras se conserve en buen estado.
   D   Los viejos DNI perdidos serán sustituidos por el nuevo DNI.

TEXTO D – CIEN AÑOS COMIENDO LAS UVAS

Basándote en los párrafos (1) y (2) completa las siguientes frases **con palabras tomadas del texto.**

32 El hábito español de comer 12 uvas con las 12 campanadas del 31 de diciembre ya cuenta con …

....

33 Según la leyenda, los cultivadores de vid estimularon su consumo a comienzos del siglo XX debido a …

……

34 Ya que hacia 1909 las producciones eran menores y difíciles de mantener hasta el final del año, resulta muy atrevido …

……

Contesta a las preguntas siguientes.

35 ¿Qué dos palabras en el párrafo (3) significan lo mismo que "región"? *[2 puntos]*

(a) ……

(b) ……

36 ¿Qué palabra en el párrafo (3) significa lo mismo que "invitado"?

……

Basándote en el párrafo (3) indica la opción correcta (A, B, C ó D) en la casilla de la derecha.

37 La expresión "en el impulso al consumo masivo de uva en esa época tuvieron mucho que ver los cosecheros" sugiere que

   A los agricultores vivieron en un período consumista

   B los cosecheros comieron muchas uvas

   C los agricultores contribuyeron al intenso consumo de uvas

   D los cosecheros vendieron muchas uvas

38 Basándote en los párrafos (4) y (5), **dos** de las siguientes afirmaciones son **falsas.** Escribe las letras adecuadas en las casillas de la derecha. *[2 puntos]*

   A La tradición se propagó especialmente entre la gente de cuarenta años.

   B El paso del tiempo afianzó el uso de la uva en las celebraciones de fin de año.

   C El rey Juan Carlos se unió a los ciudadanos para celebrar la Nochevieja.

   D En los años sesenta empezó a verse en televisión la tradición de las uvas.

   E En algunos países latinoamericanos se introduce dinero en el calzado el día de fin de año para atraer prosperidad.

   F Otra costumbre de fin de año consiste en vestir ropa interior de colores vivos.

Basándote en el párrafo (6) indica la opción correcta (A, B, C ó D) en la casilla de la derecha.

39 La expresión "nos van a dar las uvas" sugiere que

   A ya falta poco para las 12 de la noche del 31 de diciembre

   B queda mucho tiempo por delante

   C están repartiendo uvas

   D se acerca la Navidad

Unidad 1 Prueba 1 Destrezas receptivas

Las preguntas 40 a 43 se refieren a los espacios en blanco del texto. A partir de la siguiente lista, elige las palabras más apropiadas para completar el texto, como en el ejemplo.

A	ENTRE	SIN
COMO	PARA	YA
DE	POR	
EN	SEGÚN	

Ejemplo: [- X -] .... de ....

40 ....   42 ....

41 ....   43 ....

TEXTO E – AL COLEGIO

Basándote en el párrafo (1) indica la opción correcta (A, B, C ó D) en la casilla de la derecha.

44 La expresión "con el rabillo de los ojos me sonríe" significa ☐

   A   sonreír mirando abiertamente a los ojos

   B   sonreír mirando de lado

   C   sonreír mirando a otro lado

   D   sonreír cerrando los ojos

Basándote en el párrafo (1) contesta a la pregunta siguiente.

45 ¿Con qué expresión se indica que estamos en el otoño?

   ....

Contesta a las preguntas siguientes.

46 ¿Qué dos palabras en el párrafo (2) significan lo mismo que "reflexionar"?   *[2 puntos]*

   (a) ....

   (b) ....

47 ¿Qué dos palabras en los párrafos (1) y (3) se refieren a una prenda para cubrir la mano?   *[2 puntos]*

   (a) ....

   (b) ....

*Basándote en los párrafos (2) y (3), las siguientes frases son verdaderas o falsas. Indica con ✔ la opción correcta en la casilla de la derecha y **escribe las palabras del texto** que justifican tu respuesta. Ambas respuestas son necesarias para obtener un punto. Se facilita un ejemplo.*

	V	F
Ejemplo: A menudo viajo en taxi.	✔	☐

Justificación: ......Casi nunca dejo de coger un taxi.......

48 La niña es hija única.   ☐ ☐

   Justificación: ....

61

49 La madre y su hija disfrutan comiendo caramelos. ☐ ☐

   Justificación: ....

50 La niña ha desayunado leche condensada. ☐ ☐

   Justificación: ....

51 La niña hace demasiadas preguntas. ☐ ☐

   Justificación: ....

Basándote en el texto, ¿a qué se refieren las siguientes palabras o expresiones marcadas en el cuadro?

En la frase ...	la palabra ...	en el texto se refiere a ...
Ejemplo : ... la estrecho un poquito emocionada ... (línea 4)	"la"	**La mano de la niña**
52 ... no es por alegrarla por lo que lo hago ... (línea 13)	"lo"	
53 ... y cambiarle el traje ... (línea 22)	"le"	

54 Basándote en los párrafos (3) y (4) indica la opción correcta ☐
    (A, B, C ó D) en la casilla de la derecha.

   A La madre coge un taxi porque tiene prisa y están cansadas.

   B La madre y la niña van a clases de ciencias naturales.

   C La niña le pide a la madre que vayan a visitar a las abuelas.

   D La madre, agotada por la niña, decide llevarla a ver a las abuelas.

Autoevaluación (Nivel Medio y Nivel Superior)

- Sé en qué consiste la Prueba 1 (Nivel Medio o Nivel Superior).
- Conozco la duración de esta prueba.
- Sé cómo analizar la pregunta para contestar de la forma más completa.
- He practicado mucho.

2 Prueba 2 Destrezas productivas

2.1 Prueba 2: características

Prueba 2 …	… dura 1 hora y 30 minutos (una pregunta para NM y dos preguntas para NS).
	… equivale a un 25% de la nota global de la evaluación.
	… se valora el conocimiento general (no el específico) de los temas de las preguntas.
Nivel Medio (NM) y Nivel Superior (NS) Sección A	Hay cinco preguntas que exigen distintos tipos de textos.
	El estudiante tiene que elegir una de estas cinco preguntas.
	Las preguntas están basadas en los **temas opcionales**.
	El estudiante tiene que escribir un tipo de texto específico.
	Se debe escribir entre 250 y 400 palabras.
Nivel Superior (NS) Sección B	El estudiante tiene que escribir una respuesta sobre un estímulo textual.
	Las preguntas están basadas en los **temas troncales**.
	Se trata de un texto argumentativo.
	Se debe escribir entre 150 y 250 palabras.

Los temas de la Prueba 2

Temas opcionales (NM; NS, Sección A)

Los temas de las preguntas estarán basados en los **temas opcionales**:
- Diversidad cultural
- Costumbres y tradiciones
- Salud
- Ocio
- Ciencia y tecnología

Temas troncales (NS, Sección B)

Los temas de la Sección B estarán basados en los **temas troncales**:
- Comunicación y medios
- Cuestiones globales
- Relaciones sociales

Tipos de textos en la Prueba 2

En Español B los tipos de textos que los estudiantes deben identificar y producir son los siguientes:

NM únicamente	NM y NS, Sección A	NS, Sección B únicamente
Ensayo	Artículo	Propuesta
	Blog/entrada en un diario personal	
	Conjunto de instrucciones, directrices	
	Correspondencia escrita	
	Crónica de noticias	
	Entrevista	
	Folleto, hoja informativa, folleto informativo, panfleto, anuncio	
	Informe oficial	
	Introducción a debates, discursos, charlas y presentaciones	
	Reseña	

El enunciado de la Prueba 2

La rúbrica de la pregunta para el Nivel Medio y para el Nivel Superior, Sección A

La Sección A de la Prueba 2 tiene la siguiente rúbrica:
"Basándote en las opciones escogidas en clase, realiza una de las tareas siguientes. Escribe entre 250 y 400 palabras."

- Es importante recordar que sólo se debe realizar una pregunta de las cinco.
- Es necesario respetar el número mínimo de palabras: 250. De lo contrario habrá una penalización de un punto en el criterio A.

La rúbrica de la pregunta para el Nivel Superior, Sección B

La Sección B de la Prueba 2 tiene la siguiente rúbrica:
"A partir del fragmento siguiente expresa tu opinión personal y justifícala, eligiendo uno de los tipos de textos trabajados en clase. Escribe entre 150 y 250 palabras".

- Se debe respetar el número mínimo de palabras: 150. De lo contrario habrá una penalización de un punto en el criterio A.
- El candidato debe dar su opinión, su punto de vista respecto al tema de la rúbrica.
- Además de dar una opinión, esta se debe justificar, utilizando argumentos y ejemplos.
- El enfoque de la pregunta es libre, ya que no está basada en un tema concreto.

La evaluación de la Prueba 2 (Nivel Medio y Nivel Superior, Sección A): criterios de corrección

A la hora de valorar la Prueba 2 estos son los criterios que se tienen en cuenta para el Nivel Medio tanto como para el Nivel Superior, Sección A:

Criterio A	Lengua	10 puntos
Criterio B	Mensaje	10 puntos
Criterio C	Formato	5 puntos
	Total	**25 puntos**

Es importante para los candidatos:

- Utilizar la lengua de forma correcta y adecuada;
- Desarrollar y organizar ideas pertinentes a la tarea;
- Producir correctamente las características del tipo de texto requerido en la tarea.

Hay un análisis de los criterios de evaluación en la sección 2.2 de esta unidad.

La evaluación de la Prueba 2 (Nivel Superior, Sección B): criterios de corrección

A la hora de valorar la Prueba 2 Sección B, estos son los criterios que se tienen en cuenta:

Criterio A	Lengua	10 puntos
Criterio B	Argumentación	10 puntos
	Total	**20 puntos**

Es importante para los candidatos:

- Utilizar la lengua de forma correcta y adecuada;
- Desarrollar y organizar ideas pertinentes a la tarea;
- Argumentar y justificar las ideas propias.

Hay un análisis de los criterios de evaluación en la sección 2.2 de esta unidad.

Unidad 2 **Prueba 2 Destrezas productivas**

2.2 Los criterios de evaluación para la Prueba 2

Ejercicio práctico **2.2.1**

¿Sabes qué significa cada criterio? Lee la siguiente tabla. ¿Puedes relacionar la definición adecuada para cada criterio?

1	Lengua	A	El desarrollo de las ideas y su organización.
2	Mensaje	B	La forma de defender de una forma ordenada y clara una idea mediante distintas razones.
3	Formato	C	El vocabulario, las estructuras, las frases, la forma de escribir las palabras.
4	Argumentación (sólo Nivel Superior, Sección B)	D	El tipo de texto elegido (entrevista, ensayo, carta, etc.) y las características propias de este texto.

Análisis de los descriptores (Nivel Medio; Nivel Superior, Sección A y Sección B)

Para hacer un buen examen es muy importante estar familiarizado con los criterios que se van a aplicar. Para ello se trabajará con los criterios de la Prueba 2 para entenderlos mejor.

Criterio A: Lengua

El uso correcto de la lengua es muy importante para alcanzar una buena nota: no sólo la gramática es importante, sino también la ortografía, el estilo, el uso de un vocabulario variado, el uso de estructuras complejas para el nivel de estudio, los elementos discursivos como conectores; es decir, todo lo que tiene que ver con la forma de escribir.

También es muy importante escribir el número de palabras prescrito (entre 250 y 400 palabras en este caso). Sobre todo es esencial escribir por lo menos 250 palabras, porque si el estudiante no llega al número mínimo habrá un punto de penalización.

Esta es la tabla de descriptores o niveles de logro para **Lengua**, Nivel Medio y Nivel Superior (Sección A y Sección B).

Criterio A: Lengua

- ¿En qué medida el estudiante utiliza la lengua de forma correcta y eficaz?

Puntos	Descriptores de nivel	
	Nivel Medio	**Nivel Superior**
0	El trabajo no alcanza ninguno de los niveles especificados por los descriptores que figuran a continuación.	El trabajo no alcanza ninguno de los niveles especificados por los descriptores que figuran a continuación.
1–2	**El manejo de la lengua es, en general, inadecuado.** Se utiliza una variedad de vocabulario muy limitada, con muchos errores básicos. Las estructuras de las oraciones sencillas son muy pocas veces claras.	**El manejo de la lengua es limitado y, en general, ineficaz.** Se utiliza una variedad de vocabulario limitada, con muchos errores básicos. Las estructuras de las oraciones sencillas son a veces claras.

3–4	**El manejo de la lengua es limitado y, en general, ineficaz.** Se utiliza una variedad de vocabulario limitada, con muchos errores básicos. Las estructuras de las oraciones sencillas son a veces claras.	**El manejo de la lengua es, en general, adecuado, a pesar de observarse muchas incorrecciones.** Se utiliza una variedad de vocabulario un tanto limitada, con muchos errores. Las estructuras de las oraciones sencillas son en general claras.
5–6	**El manejo de la lengua es, en general, adecuado, a pesar de observarse muchas incorrecciones.** Se utiliza una variedad de vocabulario un tanto limitada, con muchos errores. Las estructuras de las oraciones sencillas son en general claras.	**El manejo de la lengua es eficaz, a pesar de observarse algunas incorrecciones.** Se utiliza una variedad de vocabulario de forma correcta, con algunos errores. Las estructuras de las oraciones sencillas son claras.
7–8	**El manejo de la lengua es eficaz, a pesar de observarse algunas incorrecciones.** Se utiliza una variedad de vocabulario de forma correcta, con algunos errores. Las estructuras de las oraciones sencillas son claras.	**El manejo de la lengua es bueno y eficaz.** Se utiliza una amplia variedad de vocabulario de forma correcta, con pocos errores de importancia. Las estructuras de algunas oraciones complejas son claras y eficaces.
9–10	**El manejo de la lengua es bueno y eficaz.** Se utiliza una amplia variedad de vocabulario de forma correcta, con pocos errores de importancia. Las estructuras de algunas oraciones complejas son claras y eficaces.	**El manejo de la lengua es muy bueno y muy eficaz.** Se utiliza una amplia variedad de vocabulario de forma correcta, con muy pocos errores de importancia. Las estructuras de las oraciones complejas son claras y eficaces.

Ejercicio práctico 2.2.2

Para conseguir una buena nota en este apartado es necesario utilizar la lengua de forma correcta y eficaz. ¿Qué significa esto?

Observando la tabla de descriptores para **Lengua**, ¿en qué banda pondrías cada una de estas frases sobre "el ocio y los jóvenes"? Comprueba con el resto de los compañeros para ver si coincides con ellos.

1 Muchos jóvenes hoy en día prefieren disfrutar de su tiempo libre utilizando las nuevas tecnologías, sobre todo videoconsolas y ordenadores.

2 Jovenes tienen muchos distracciones para fines de semana.

3 Algunos jóvenes están demasiado obsesionado para conseguir las últimas novedades tecnológica.

> Recuerda algunas cosas importantes:
> - buena ortografía
> - gramática correcta (revisa los puntos más importantes en este nivel de español – en la sección de gramática de este libro)
> - vocabulario variado y pertinente al tema
> - uso de conectores del discurso adecuados y sobre todo **mucha práctica**

Unidad 2 Prueba 2 Destrezas productivas

Ejercicio práctico 2.2.3

Elige las tres mejores opciones para conseguir una buena puntuación en **Lengua**.

1 El manejo de la lengua es limitado.

2 Aparecen muchos errores.

3 Las estructuras de las oraciones, tanto sencillas como complejas, son claras.

4 La variedad de vocabulario es amplia.

5 Hay pocos errores.

6 Las estructuras de las oraciones sencillas son claras.

7 Hay muy pocos errores.

8 La variedad de vocabulario es limitada.

Criterio B: Mensaje

Esta es la tabla de descriptores o niveles de logro para **Mensaje**, Nivel Medio y Nivel Superior (únicamente Sección A).

Criterio B: Mensaje

- ¿En qué medida es capaz el estudiante de desarrollar y organizar ideas pertinentes con claridad?

Puntos	Descriptores de nivel	
	Nivel Medio	**Nivel Superior**
0	El trabajo no alcanza ninguno de los niveles especificados por los descriptores que figuran a continuación.	El trabajo no alcanza ninguno de los niveles especificados por los descriptores que figuran a continuación.
1–2	**No se ha comunicado el mensaje.** Las ideas son repetitivas y/o no pertinentes. El desarrollo de las ideas no es claro; la información complementaria es muy limitada y/o no apropiada.	**No se ha comunicado el mensaje.** Las ideas son repetitivas y/o no pertinentes. El desarrollo de las ideas es confuso; la información complementaria es limitada y/o no apropiada.
3–4	**Apenas se ha comunicado el mensaje.** Las ideas son a veces repetitivas y/o no pertinentes. El desarrollo de las ideas es confuso; la información complementaria es limitada y/o no apropiada.	**El mensaje se ha comunicado en parte.** Las ideas son pertinentes en cierta medida. El desarrollo de las ideas es a veces evidente; la información complementaria es a veces apropiada.
5–6	**El mensaje se ha comunicado en parte.** Las ideas son pertinentes en cierta medida. El desarrollo de las ideas es a veces evidente; la información complementaria es a veces apropiada.	**El mensaje se ha comunicado relativamente bien.** Las ideas son en su mayor parte pertinentes. El desarrollo de las ideas es coherente; la información complementaria es en su mayor parte apropiada.

| 7–8 | **El mensaje se ha comunicado relativamente bien.** Las ideas son en su mayor parte pertinentes. El desarrollo de las ideas es coherente; la información complementaria es en su mayor parte apropiada. | **El mensaje se ha comunicado bien.** Las ideas son pertinentes. El desarrollo de las ideas es coherente y eficaz; la información complementaria es apropiada. |
| 9–10 | **El mensaje se ha comunicado bien.** Las ideas son pertinentes. El desarrollo de las ideas es coherente y eficaz; la información complementaria es apropiada. | **El mensaje se ha comunicado muy bien.** Las ideas son pertinentes y eficaces. El desarrollo de las ideas es coherente y minucioso; la información complementaria es muy apropiada. |

Ejercicio práctico 2.2.4

Para conseguir una buena nota en este apartado es importante "desarrollar y organizar ideas pertinentes con claridad". ¿Qué significa esta frase? Vuelve a leer los descriptores y decide qué frases (1–9) definen un buen trabajo para hacer una buena Prueba 2.

1 Las ideas son repetitivas.

2 El desarrollo de las ideas es coherente.

3 La información es pertinente y completa.

4 La información es limitada.

5 El desarrollo de las ideas no es del todo claro.

6 El mensaje se ha comunicado adecuadamente.

7 No todas las ideas son pertinentes.

8 Las ideas son casi siempre confusas.

9 La información complementaria es apropiada.

Citerio C: Formato

Esta es la tabla de descriptores o niveles de logro para **Formato**, Nivel Medio tanto como Nivel Superior (Sección A únicamente).

Criterio C: Formato
- ¿En qué medida produce el estudiante el tipo de texto requerido?
- ¿En qué medida las convenciones de tipología textual son apropiadas?

Puntos	Descriptores de nivel (Nivel Medio y Nivel Superior)
0	El trabajo no alcanza ninguno de los niveles especificados por los descriptores que figuran a continuación.
1	**El tipo de texto no se puede reconocer.** No se emplean convenciones apropiadas para el tipo de texto.
2	**El tipo de texto apenas se puede reconocer o no es apropiado.** Las convenciones apropiadas para el tipo de texto se emplean de manera muy limitada.
3	**A veces, el tipo de texto se puede reconocer y es apropiado.** Las convenciones apropiadas para el tipo de texto se emplean de manera limitada.

Unidad 2 Prueba 2 Destrezas productivas

	4	**En general, el tipo de texto se puede reconocer y es apropiado.**
		Las convenciones apropiadas para el tipo de texto se emplean de manera evidente.
	5	**El tipo de texto claramente se puede reconocer y es apropiado.**
		Las convenciones apropiadas para el tipo de texto se emplean de manera evidente y eficaz.

Ejercicio práctico **2.2.5**

Elige los elementos que caracterizan a cada uno de los siguientes textos:

1	Artículo	A	Un texto que valora e interpreta hechos con sus circunstancias y consecuencias.
2	Correspondencia escrita	B	Es un mensaje persuasivo que incita a adquirir un producto o servicio.
3	Ensayo	C	Es un texto de carácter formal en el que se informa de un hecho ocurrido.
4	Anuncio	D	Es un texto con una finalidad didáctica y en el que se habla de un tema concreto.
5	Informe policial	E	Es un texto con fines prácticos para relacionarnos con nuestros familiares, amigos o destinatarios menos cercanos.

En la sección 2.5 de esta unidad hay ejemplos comentados de los tipos de texto.

Criterio B: Argumentación

Esta es la tabla de descriptores o niveles de logro para la **Argumentación** (NS, Sección 2 únicamente).

Criterio B: Argumentación

- ¿En qué medida desarrolla el estudiante las ideas de forma eficaz?
- ¿En qué medida es clara y convincente la argumentación?
- ¿Hasta qué punto reacciona el estudiante ante el estímulo?

Puntos	Descriptores de nivel
0	El trabajo no alcanza ninguno de los niveles especificados por los descriptores que figuran a continuación.
1–2	**El desarrollo de las ideas es muy limitado y la argumentación no es clara ni convincente.** La estructura de la argumentación es vaga y confusa. Las ideas no son pertinentes.
3–4	**El desarrollo de las ideas es limitado y la argumentación es muy poca veces clara y convincente.** La estructura de la argumentación es a veces aparente. Las ideas son a veces pertinentes.
5–6	**El desarrollo de las ideas es a veces bueno, y la argumentación es muy pocas veces clara y convincente.** La estructura de la argumentación es aparente. Las ideas son en general pertinentes.
7–8	**El desarrollo de las ideas es bueno y metódico; la argumentación es clara y relativamente convincente.** La estructura de la argumentación es organizada y coherente. Las ideas se expresan bien y son pertinentes.
9–10	**El desarrollo de las ideas es muy bueno y metódico; la argumentación es convincente.** La estructura de la argumentación es organizada y coherente en todo momento. Las ideas se expresan bien y son muy pertinentes, con relevancia y interés.

| Ejercicio práctico 2.2.6 |

Elige las cinco frases que corresponden a una **buena** argumentación.

1 El desarrollo de las ideas es limitado.

2 La argumentación resulta convincente en ocasiones.

3 Las ideas se expresan muy bien.

4 Las ideas son en general pertinentes.

5 La argumentación es convincente.

6 La argumentación es muy pocas veces clara y convincente.

7 La estructura de la argumentación es a veces clara.

8 Las ideas son a veces pertinentes.

9 El desarrollo de las ideas es muy bueno y metódico.

10 La estructura de la argumentación está organizada y es coherente en todo momento.

11 Las ideas son pertinentes.

Para más consejos sobre los criterios de la Sección B y cómo prepararse para ese apartado de la Prueba 2, se puede estudiar la sección 2.7 de esta unidad, "Información fundamental sobre la respuesta personal (NS, Sección B)".

2.3 La elección de la pregunta y el tema (NM; NS, Sección A)

En el examen se debe elegir un tema de los cinco que se proponen. En el curso de Español B se han estudiado o se van a estudiar dos temas de los cinco temas opcionales: Diversidad cultural, Costumbres y tradiciones, Salud, Ocio y Ciencia y tecnología.

Para preparar un buen examen lo primero es leer atentamente todas las preguntas para poder elegir la que mejor se puede desarrollar. Después de leer las preguntas y analizarlas, se debe decidir una para realizar en el examen. Cada estudiante debe seleccionar la pregunta:

- que le parezca más interesante
- que conozca mejor, tenga más información y sepa más vocabulario.

A continuación se debe preparar muy bien esa pregunta seleccionada para poder hacer un buen examen.

Se puede empezar analizando los elementos más importantes de la pregunta.

- **El emisor**, es decir, ¿quién escribe?
- **El receptor**: ¿a quién escribe?
- **El tipo de texto**
- **El tema**
- **El registro**

Unidad 2 Prueba 2 Destrezas productivas

Ejercicio práctico 2.3.1

Diversidad cultural

Lee la siguiente pregunta de examen. ¿Puedes relacionar los elementos principales y sus definiciones?

> Como parte de las actividades de La Semana Intercultural en tu colegio, te han pedido que prepares un discurso para el resto de tus compañeros sobre los puntos positivos que tiene conocer otras culturas. Escribe el texto de tu discurso.

1	Emisor	A	La Semana Intercultural / La importancia de conocer otras culturas
2	Receptor	B	Un estudiante de tu colegio / tú
3	Tema	C	Anuncio / discurso
4	Tipo de texto	D	Formal / informal
5	Registro	E	Los compañeros del colegio / los vecinos de tu comunidad

Ejercicio práctico 2.3.2

Costumbres y tradiciones

1 Lee la siguiente pregunta de examen y completa el ejercicio con los elementos principales de la pregunta.

> Eres un estudiante de un colegio y estás de vacaciones en una ciudad de habla hispana. Escribe un correo electrónico a uno de tus amigos explicando qué has aprendido sobre la cultura y las tradiciones de esa parte del mundo.

Emisor	
Receptor	
Tema	
Tipo de texto	
Registro	

2 ¿Qué tipo de registro necesita este correo electrónico: formal o informal? ¿Por qué?

3 ¿Qué datos debemos incluir en un correo electrónico para que sea lo más real posible? Coloca en orden los que aparecen a continuación:

Despedida:

Asunto:

Para:

Texto:

De:

4 El tema del correo debe ser hablar sobre lo que has aprendido sobre la cultura y las tradiciones en tu estancia en una ciudad de habla hispana. Lee el texto de abajo sobre Valencia y las Fallas. Después, para preparar el vocabulario y las expresiones sobre este tema, copia y completa la tabla. Después piensa en alguna tradición interesante para prepararlo según el ejemplo y después intercambia lo que has realizado con el resto de la clase para ampliar tu vocabulario.

Vocabulario específico	Verbos utilizados	Expresiones
Las Fallas	Me encanta la ciudad	No tenía ni idea

Para: olga.perez@ole.es
De: javi567@autonet.com
Fecha: 21 de marzo de 2012
Asunto: ¡Qué increíble semana!

¡Hola, Olga!

¿Qué tal el verano? Yo ya estoy en Valencia. Llegué la semana pasada y me encanta la ciudad. Me vino a recoger Andrés, ¿te acuerdas? El que conocimos en el intercambio escolar de hace dos años.

Como llegué justo para Las Fallas no hemos parado ni un minuto. ¿Sabes qué son las Fallas? Yo no tenía ni idea …, ¡pero ahora soy un experto! Las Fallas se celebran del 15 al 19 de marzo y es una fiesta en honor a San José, el patrón de los carpinteros. Las fallas son las figuras, muy grandes, que se hacen de cartón y corcho y que representan temas de actualidad pero de forma satírica.

Andrés vive en el barrio del Pilar y todos los barrios tienen su propia falla. La de este año representaba a algunos políticos famosos en forma de caricaturas. ¡Ah! También hay fallas para los niños, las fallas infantiles, pero son mucho más pequeñas que las fallas normales.

No paro de ver cosas nuevas. Lo primero que me enseñó fue el Museo del Ninot. Los "ninots" son las únicas figuras que no se queman y cada año sólo una puede salvarse de la hoguera. Después me llevó a su Casal Fallero, donde se reúnen los falleros de su barrio para programar las actividades de Las Fallas.

A los valencianos les encantan los fuegos artificiales y lo que más me impresionó fue "la nit del foc", un espectáculo genial de fuegos artificiales la noche del 18, pero también "la despertá" en la que los falleros del casal, yo incluido, salimos por la mañana muy temprano, a las 7, a despertar al resto de vecinos del barrio. ¿Sabes cómo lo hacíamos? Tirando petardos …

He sacado muchas fotos, así que las voy a subir a mi Facebook para que las puedas ver. ¡Es impresionante! Me ha encantado. De todo lo que más me gustó fue "la cremà", la noche del 19 cuando todas las fallas se queman a las 12 de la noche.

Bueno, te dejo, me voy al Casal Fallero a ayudar a Andrés.

Un beso,

Javi

Unidad 2 Prueba 2 Destrezas productivas

Ejercicio práctico 2.3.3

Salud

Lee la siguiente pregunta de examen y completa el ejercicio con los elementos principales de la pregunta.

> Muchos jóvenes de hoy en día no realizan suficientes actividades de carácter deportivo. El periódico de tu escuela quiere dedicar un artículo para animar a los jóvenes a ser menos sedentarios. Escribe ese artículo.

Emisor	
Receptor	
Tema	
Tipo de texto	
Registro	
Campo semántico: vocabulario y expresiones relacionadas con el tema	

Ejercicio práctico 2.3.4

Ocio

1. Lee la siguiente pregunta de examen y completa el ejercicio con los elementos principales de la pregunta.

> El ayuntamiento de tu ciudad está celebrando una campaña para fomentar los fines de semana sin alcohol. Necesita ideas de jóvenes de la ciudad y ha creado un concurso de folletos informativos sobre las distintas actividades que se pueden realizar durante el sábado y domingo. Escribe este folleto con una explicación de las actividades.

Emisor	
Receptor	
Tema	
Tipo de texto	
Registro	
Campo semántico: vocabulario y expresiones relacionadas con el tema	

2. Escribe un folleto informativo adecuado para esta pregunta e intercámbialo con el resto de tus compañeros. No olvides incluir:
   - Fotos;
   - Frases exclamativas;
   - Una frase que resuma la intención del folleto;
   - Una lista de actividades y una explicación de cada una de ellas;
   - Los días, las horas y el lugar donde se realizarán las actividades.

Ejercicio práctico 2.3.5

Ciencia y tecnología

Lee la siguiente pregunta de examen y completa el ejercicio con los elementos principales de la pregunta.

> Escribe una entrada a un blog sobre la tecnología en el que comentas qué beneficios aporta el uso de la tecnología en la vida cotidiana de los jóvenes.

Emisor	
Receptor	
Tema	
Tipo de texto	
Registro	
Campo semántico: vocabulario y expresiones relacionadas con el tema	

2.4 El cumplimiento de los criterios de evaluación (NM; NS, Sección A)

Criterio A: Lengua

Mejorar y ampliar el vocabulario y la expresión

En la Prueba 2 es muy importante además de reconocer y saber reproducir correctamente todos los tipos de textos que se piden, saber escribir bien para poder alcanzar una buena nota. Para conseguir el uso de un vocabulario variado y pertinente lo importante es practicar lo suficiente. De esa manera se conseguirá escribir un texto adecuado, eficaz e interesante.

En este apartado se revisarán algunos puntos que servirán para mejorar la expresión escrita.

La selección del vocabulario es muy importante, pero ¿cómo se puede mejorar el vocabulario? La utilización del vocabulario relacionado con el tema de cada pregunta es esencial. Para ello se puede:

- Hacer listas, mapas mentales o campos semánticos relacionados con los temas de las opciones.

Unidad 2 Prueba 2 Destrezas productivas

Ejercicio práctico 2.4.1

Revisa los siguientes subtemas, y mira la tabla de temas. Para cada subtema, decide a cuál o cuáles de los temas que aparecen en la tabla pertenece. Apunta los subtemas en la tabla.

el destino turístico / la contaminación / la correcta alimentación / el cuidado personal / el reciclaje tecnológico / los inventos / los nativos digitales / la lengua materna / las relaciones interculturales / el uso del argot / la herencia gastronómica / la medicina alternativa / los beneficios de una dieta sana / las necesidades de los emigrantes / las nuevas tecnologías / las ventajas de la tecnología de la información / el descubrimiento espacial / la cultura de los países / venta de medicamentos / la automedicación / la recuperación de las tradiciones / dejar de fumar / prohibir el consumo de alcohol / el uso de los teléfonos móviles / un partido de fútbol / una excursión a un lugar histórico / las fiestas patronales de un pueblo / el uso de gestos en la comunicación / la conservación de una tradición ancestral / el calentamiento global / el uso de las nuevas tecnologías en clase / los viajes de fin de curso / los cambios en las tradiciones / promover el uso de la bicicleta

Diversidad cultural	Costumbres y tradiciones	Salud	Ocio	Ciencia y tecnología

- Otra forma de ampliar ese vocabulario temático es hacer lecturas y seleccionar el vocabulario esencial.

Ejercicio práctico 2.4.2

Vamos a practicar con este pequeño fragmento sobre viajes (Tema opcional de Ocio). Lee el texto y elige las palabras más importantes.

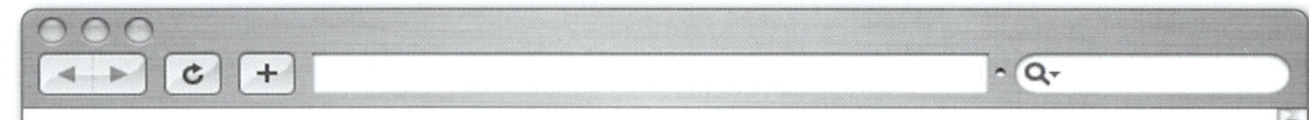

Consejos para viajar: reservar hotel

Cuando vamos de viaje, algunos prefieren hacer la reserva de hotel con antelación, para evitar así tener que buscar uno cuando llegan a la ciudad o al país que visitan.

Hoy en día, las dos formas más comunes de reservar una habitación en un hotel son: bien por Internet o bien por teléfono.

Por Internet, hay que tener mucho cuidado y leer muy bien la letra pequeña porque nos podemos encontrar con sorpresas en el precio final de la reserva.

También en los casos en que se reserva por Internet conviene hacerse con toda la información posible para que no llegues al hotel y te encuentres que no hay ninguna reserva hecha a tu nombre.

Un consejo que te damos es el siguiente: siempre que reserves por Internet, llama por teléfono al hotel con un plazo de 24–48 horas antes de emprender tu viaje, y cerciórate de que la reserva está hecha. En caso contrario, tendrás tiempo para ponerte en contacto con la empresa donde has hecho la reserva y que te den explicaciones de lo sucedido.

La otra forma de reservar hotel es la más tradicional, mediante el teléfono. Personalmente, para reservar una habitación en un hotel, creo que es mucho mejor porque sabrás perfectamente el precio final y, normalmente, no tienes que pagar hasta que llegas al hotel (hay un periodo para confirmar la reserva).

Este tipo de reserva es más personal y directa aunque nos podemos encontrar con que no se ha tramitado (y no tenemos nada con lo que verificar la tramitación).

- Se puede crear una libreta personal de vocabulario dividiéndola en distintos apartados según los temas opcionales y temas troncales.
- Hay que incluir en esas listas palabras que significan lo mismo (sinónimos) y palabras que significan lo contrario (antónimos), para aumentar el vocabulario para que en el examen se pueda utilizar **vocabulario variado y pertinente.**
- Se puede practicar con los temas generales de cada tema opcional y temas específicos.

Unidad 2 Prueba 2 Destrezas productivas

Ejercicio práctico 2.4.3

Piensa en una lista de cinco palabras o expresiones para cada uno de estos temas, como en el ejemplo.

1 **Diversidad cultural:**

   a Ejemplo: Aprender la cultura de un país: *vivir en un país, interesarse por las expresiones culturales, mejorar la lengua del país, disfrutar de la gastronomía, conocer algunos artistas representativos, aprender sobre la historia del país, convivir con una familia.*

   b La convivencia de culturas:

   c Emigración y adaptación:

2 **Costumbres y tradiciones:**

   a La moda:

   b Celebraciones religiosas:

   c Celebraciones familiares:

   d Comidas tradicionales:

   e Expresiones artísticas típicas:

3 **Salud:**

   a Comida y nutrición:

   b Ejercicio físico:

   c Uso de medicamentos:

   d El alcohol y otras adicciones:

   e Cirugía estética:

4 **Ocio:**

   a Museos y exposiciones:

   b Juegos:

   c Pasatiempos:

   d Viajar:

   e Practicar deportes:

5 **Ciencia y tecnología:**

   a Energías renovables:

   b La piratería:

   c Uso de las nuevas tecnologías:

   d La ciencia y sus ventajas:

   e El progreso científico:

Ejercicio práctico 2.4.4

Piensa en otros posibles temas recopilando distintos tipos de textos y clasificándolos en una de las cinco opciones.

Ejercicio práctico 2.4.5

1 Muchas veces un mismo tema puede tener aplicaciones en distintas opciones. Busca el mayor número de palabras relacionado con:

   ■ Comida:

   Diversidad cultural: *platos típicos de diferentes países, influencia en la cocina de otros países, …*

   Costumbres y tradiciones: *cambio en la cocina de un país, cocina típica y nueva cocina, promocionar un plato típico poco conocido u olvidado, …*

   Salud: *una dieta adecuada, una dieta saludable, menús específicos, los alimentos y sus propiedades curativas, el consumo de frutas y verduras, …*

   Ocio: *cocinar como pasatiempo, descubrir nuevos sabores de otros países, …*

   Ciencia y tecnología: *los nuevos alimentos inteligentes, el uso de transgénicos, …*

2 Piensa en otros campos semánticos que se puedan aplicar a más de un tema opcional: juegos, deportes, el medio ambiente, la forma de vestir, etc.

Ejercicio práctico 2.4.6

1 Lee las frases que tienes a continuación y reflexiona sobre su aplicación a cada tema opcional. Copia y rellénala la tabla con más vocabulario:

   a El equipo de la selección de fútbol asistió a la exposición de objetos encontrados en las ruinas mayas de San Javier con motivo de su partido de copa en esa ciudad.

   b Según los expertos la capa de ozono no dejará de aumentar a menos que intentemos reducir las emisiones de carbono en un 20% en los próximos diez años.

   c Los nativos digitales son los mayores consumidores de productos tecnológicos y cada vez son más exigentes con la calidad de los mismos.

	Frase a)	Frase b)	Frase c)
Tema opcional	Ocio		
Palabras temáticas	Equipo, selección de fútbol		

2 Prepara más ejemplos para practicar con tus compañeros.

Otros consejos para mejorar y ampliar el vocabulario

- Intentar leer y hacer ejercicios auditivos para mejorar el vocabulario y aumentar las listas de palabras sobre los temas, crear preguntas propias de examen con los cinco temas de los temas opcionales e intentar practicar con ellas todos los tipos de textos posibles.
- Preparar un cuaderno de práctica con listas de tus errores con correcciones, lista de preposiciones y sus usos, de frases hechas, de conectores útiles, etc.
- Distribuir las redacciones e información que se tenga por temas para hacer más fácil la revisión.
- Preparar estructuras y frases que sirvan para expresar opinión, argumentación y comparación de los aspectos de dos culturas, pues la pregunta del examen pide esto.
- Evitar el uso de palabras vulgares, demasiado coloquiales y la utilización de demasiados refranes y frases idiomáticas para que el texto parezca lo más real posible, porque de lo contrario parecerá un texto aprendido de memoria y se reflejará en la nota.

Corrección ortográfica

Para escribir bien hay que prestar atención a la correcta escritura. En español hay algunas diferencias con otros idiomas a la hora de escribir algunas cosas.

- Prestar atención a la diferencia entre: b/v, c/z/s, las palabras que llevan h.
- Revisar las reglas de acentuación para saber cuándo poner acentos a las palabras.
- Los números y las cifras: 1.000; 3,5. El uso del artículo con los porcentajes (**un** 8%, **el** 15%).
- Revisar el correcto uso de la puntuación: cuándo usar punto (.), punto y coma (;), exclamaciones y preguntas con símbolos al inicio y al final (¡!, ¿?).
- El uso sin mayúsculas de los adjetivos de nacionalidad: *un libro francés, un ciudadano belga.*

Unidad 2 Prueba 2 Destrezas productivas

Usar elementos gramaticales de forma correcta

Para escribir bien se debe utilizar una gramática correcta. En este nivel hay algunos aspectos gramaticales que se tienen que usar de forma fluida y coherente. Hay que revisar la parte de Gramática de este libro para practicar más esos elementos.

Aquí se proponen algunos puntos importantes para revisar.

1 El género y la concordancia de las palabras

- *El problema, la razón, el acuerdo* (una forma de aprender nuevo vocabulario es hacerlo con el artículo – *el, la* – para recordar si una palabra es masculina o femenina).
- También es importante que las palabras que van juntas tengan el mismo género (masculino, femenino) y número (singular, plural). Por ejemplo, *los pueblos pequeños, las tradiciones diversas.*
- Hay que conocer el orden de las palabras. Aunque en español se suele emplear el orden de sustantivo + adjetivo (*la casa blanca*), hay algunas estructuras que utilizan adjetivo + sustantivo, con lo que hay un cambio de sentido:

  la gran casa/la casa grande

  un viejo amigo/un amigo viejo

- Hay que conocer los cambios ortográficos en algunos adjetivos de orden:

  el primer/tercer coche

  la primera/tercera clase

2 Uso correcto de los verbos

Intentar revisar los siguientes tiempos verbales:

- Los verbos de presente: los más básicos (*cantar, bailar, escribir*) y los que son irregulares (*ser/estar, tener, haber, oír, sentir, querer, contar*, etc.).
- Los diferentes usos de *ser/estar: soy un estudiante, estoy en clase, estoy muy contento, …*
- Los verbos como *gustar, encantar,* etc. (hay que recordar que no son como los demás y tienen una estructura diferente): *A Juan le gusta el cine, y le encantan las motos.* Servirán para hablar de gustos y preferencias.
- Las formas de describir el futuro: *voy a hablar, hablaré …*
- Los imperativos (tanto con *tú, usted, vos, nosotros, vosotros, ustedes*). Se podrán utilizarlos a la hora de escribir recomendaciones, discursos, folletos. Hay que revisar tanto el afirmativo como el negativo: *habla, hable, hablemos, hablen, no hables, no hable,* etc.
- Los verbos condicionales (*hablaría, escribiría*). Podrán servir para hablar de deseos, planes de futuro, etc.
- Los verbos de pasado (sobre todo las diferencias entre pretérito indefinido *(hablé)*, pretérito imperfecto *(hablaba)* y pretérito perfecto *(he hablado)*). Serán muy útiles para describir y narrar situaciones que ocurrieron en el pasado: cuando estuviste de vacaciones, lo que hiciste el fin de semana, lo que viste en tu viaje, etc.
- Intentar practicar las construcciones de subjuntivo para poder tener más puntos en la parte de lengua: *No creo que sea importante; Piden que creen más puestos de trabajo …*

3 Los pronombres

- Es importante saber utilizar bien y distinguir los diferentes tipos de pronombres, así como la correcta posición: *voy con mis amigos, estoy contigo, se lo he comprado a mi madre, pásamela,* etc.

- Utilizar adecuadamente los pronombres relativos: *lo que dice este autor, la ciudad a la que viajamos*, etc.

4 Las preposiciones

Revisar el uso de las preposiciones en general y las que presentan más problemas:

- *Por/para: lo hago para mejorar, lo hago por él*, etc.
- *A personal: ver a María, ver un cuadro*, etc.
- El uso de preposiciones con verbos específicos: *soñar con, casarse con, hablar de/sobre*, etc.

5 Los falsos amigos

- Confeccionar una lista con aquellas palabras que aunque parecen ser iguales en dos o más idiomas, significan cosas diferentes: *to be sensible/ ser sensato*, etc.

6 La concordancia entre verbo y sujeto

- Revisar la concordancia entre sujeto y verbo en las oraciones: *la cantante quería expresar su agradecimiento …, los actores interpretaron la obra de forma excelente*, etc.

7 Estructuras complejas

"Estructuras complejas" quiere decir las frases con relativos, superlativos, con conectores, etc. El uso de estructuras complejas es un reto en este nivel, pero merece la pena, ya que es algo que se valora a la hora de puntuar y se reconoce.

Hay que practicar la construcción de frases complejas utilizando conectores. Aquí hay un ejemplo:

Muchos jóvenes están a favor de las nuevas tecnologías y además utilizan estas tecnologías en todos los aspectos de su vida, desde la parte social, como puede ser el uso de redes sociales, hasta en sus estudios, utilizando Internet asiduamente.

Criterio B: Mensaje

Para optar a una buena nota en la parte del **Mensaje** es muy importante:

- Nivel Medio: escribir un texto con **ideas coherentes, eficaces** y **pertinentes**, además de un mensaje bien transmitido.
- Nivel Superior: escribir un texto con **ideas coherentes** y **detalladas, eficaces** y **pertinentes**. Las ideas son planteadas de forma coherente y detallada y las ideas complementarias son muy apropiadas.

¿Cómo es posible conseguir un texto con ideas pertinentes, coherentes y eficaces?

- Elaborando un plan para organizar las ideas del texto;
- Ordenando el texto de una forma lógica;
- Utilizando palabras y estructuras para conectar las ideas.

La elaboración de un guión

- Normalmente un texto suele tener:

    a una **introducción**

    b un **desarrollo**

    c una **conclusión.**

- A continuación hay ejercicios para practicar con algunos temas opcionales.

Unidad 2 Prueba 2 Destrezas productivas

Ejercicio práctico 2.4.7

Salud

Lee la siguiente pregunta y relaciona las secciones de la tabla correctamente.

> Como periodista para la revista de tu colegio, has tenido la oportunidad de entrevistar a un cocinero muy conocido en tu comunidad y preocupado por los problemas de alimentación que se dan en la sociedad actual. Escribe la entrevista que aparecerá en la revista.

1	Introducción	A	Despedida y resumen de algo importante que el entrevistado haya expresado.
2	Desarrollo	B	Presentación del invitado, quién es, a qué se dedica, etc.
3	Conclusión	C	Serie de preguntas y respuestas relacionadas con la alimentación actual.

Ejercicio práctico 2.4.8

Ciencia y tecnología

Lee la siguiente pregunta y copia y completa la tabla.

> Como estudiante de último año te han pedido que escribas un folleto informativo para ayudar a otros estudiantes de otros años a utilizar las nuevas tecnologías de forma útil y segura. Escribe ese folleto informativo.

	¿Qué hay que incluir?
Introducción	
Desarrollo	
Conclusión	

Ejercicio práctico 2.4.9

Diversidad cultural

Lee la siguiente pregunta y copia y completa la tabla.

> Has pasado un verano como estudiante de español conviviendo con una familia en un país de habla hispana. Escribe una entrada en el blog de la clase explicando qué hiciste durante tu estancia y qué cosas nuevas aprendiste.

	¿Qué hay que incluir?
Introducción	
Desarrollo	
Conclusión	

Ejercicio práctico 2.4.10

Costumbres y tradiciones

Lee la siguiente pregunta y copia y completa la tabla.

> En tu colegio se acaba de celebrar una semana de festividades tradicionales de los países de habla hispana. Escribe una entrada en tu diario explicando en qué consistieron las actividades de esa semana, cómo contribuiste al desarrollo de las actividades y qué te gustó más.

	¿Qué hay que incluir?
Introducción	
Desarrollo	
Conclusión	

Ejercicio práctico 2.4.11

Ocio

Lee la siguiente pregunta y copia y completa la tabla.

> Escribe un ensayo en el que analices algunas de las formas que tienen los jóvenes de disfrutar de su tiempo libre comentando cuáles te parecen más interesantes.

Unidad 2 Prueba 2 Destrezas productivas

	¿Qué hay que incluir?
Introducción	
Desarrollo	
Conclusión	

Uso adecuado de conectores

- Utilizar un orden lógico y coherente a la hora de presentar un texto es esencial. Normalmente cada texto suele tener características propias, pero es muy importante que tenga una presentación cuidada y ordenada. No hay que olvidar utilizar conectores para ayudar a expresar las ideas de forma fluida.
- Los conectores del discurso, es decir, las palabras que ordenan las frases de un texto son muy importantes para que un texto tenga una estructura lógica.
- Se puede crear una lista con esas estructuras (*primero, más adelante, además, pero, ...*) para tenerla siempre a mano.

Los conectores son palabras que nos ayudan a estructurar un texto de una forma lógica y lineal.

Hay muchos conectores y no es necesario saberlos todos, aunque sí es importante disponer de un repertorio bastante amplio para poder dotar al texto de fluidez.

Los conectores pueden servir para hablar del orden de un texto: *primero, a continuación, para terminar,* etc. También hay otros conectores que sirven para otras partes del texto. Hay aquí una lista para reconocer los más importantes. Realiza el ejercicio práctico propuesto abajo para practicar estos elementos.

Introducción (inauguran el discurso)	*Empecemos indicando ..., El propósito de este escrito ..., Lo que se pretende con este artículo ...*
Correlación (indican las partes que presenta el texto y la relevancia de la información seleccionada)	*En primer lugar, en segundo lugar, por último, ...* *Para empezar ..., para finalizar ...* *Primeramente ..., seguidamente/a continuación ...* *Por un lado ..., por otro ...* *Por una parte ..., por otra ...* *Ante todo, principalmente, especialmente ...*
Continuación (introducen una información que forma parte de una enumeración sin ser esta el elemento inicial)	*A parte de esto, por otra parte, además, hay que añadir, incluso, ...* *Del mismo modo, en este sentido, asimismo, igualmente, también, ...*
Reanudación (retoman una idea o información)	*Como se ha dicho, volviendo a nuestro tema, volviendo al primer punto, como se comentaba anteriormente, ...*
Asunto nuevo (introducen una información nueva u otro punto de vista)	*Por lo que respecta a ..., respecto a ...* *Por/En lo que se refiere a ...* *En cuanto a ..., en relación con ...* *El siguiente (aspecto), la siguiente cuestión ...*

Explicación (introducen una aclaración o una reformulación)	*Esto es ..., es decir, en otras palabras, lo que es lo mismo, como, a saber, por ejemplo, así, en efecto, por citar algún caso, en particular, especialmente, ...*
Resumen-conclusión (señalan el fin de una serie discursiva)	*En síntesis, en conclusión, a modo de conclusión, concluyendo, podemos concluir que, brevemente, en pocas palabras, en definitiva, en suma, en fin, en resumen, recapitulando, para finalizar, para acabar, en conjunto ...*
Circunstancia de tiempo (marcan discursivamente la progresión temporal)	*Después (que), más tarde, luego, entonces, posteriormente, ...* *Apenas, inmediatamente, enseguida, de pronto, al momento, al instante, una vez que, tan pronto como, ...* *Antes (que), anteriormente, ...* *Al mismo tiempo, mientras, ...* *Durante un rato, ...*
Circunstancia de lugar (señalan relaciones espaciales)	*Arriba, abajo, sobre, frente a, encima, dentro (de), fuera (de), al lado de, junto a, delante, detrás, a la derecha, a la izquierda, ...*

Ejercicio práctico **2.4.12**

Selecciona la palabra o frase adecuada para completar el texto de manera lógica.

¿Para qué sirve la tecnología?

(Arriba / Para concluir / Empecemos diciendo que) (1)…………………… la tecnología ha permitido que el sentido de utilidad de los medios prácticos de ejecución que nos rodean se desarrollen a favor de la evolución del hombre, (en conclusión / además / para continuar) (2)…………………… ha contribuido a dotarle de la necesaria comodidad para seguir en este proceso. (Por ejemplo / Aparte de esto / Volviendo a nuestro tema) (3)…………………… cuando pensamos en tecnología inmediatamente nos vienen a la mente los conceptos de modernidad y educación, (por un lado / por otro lado / al mismo tiempo) (4)…………………… porque es la identidad de sociedad actual, ser moderno es comprender y manejar todo tipo de instrumentos de comunicación, (después / por otro lado / finalmente) (5)…………………… los términos "modernidad" y "tecnología" identifican los momentos históricos en que vivimos, (por ejemplo / por otra parte / seguidamente) (6)…………………… educación se asocia a la transmisión de tecnologías que respaldan a la pedagogía con sus innovaciones.

Complementar las ideas: el uso de ejemplos

Para dar coherencia y eficacia al mensaje y también para convencer a los lectores es necesario apoyar las ideas con ejemplos que ilustren esas ideas.

¿Cómo se puede hacerlo? En español hay estructuras que sirven para introducir ejemplos. Aquí hay una lista de palabras como ayuda:

- Por ejemplo, …
- Para ilustrar, …
- En otras palabras, …
- A saber, …
- Así pues, …
- A título de ejemplo, …
- Es decir, …

El uso de los elementos retóricos

Entre los tipos de textos que se deben manejar en Español B, hay muchos que tienen que persuadir, implicar, convencer o interesar al lector.

¿Cómo se puede conseguir eso?

- Utilizar apelativos directos al público (en discursos, por ejemplo): *Queridos compañeros, Estimados oyentes, …*
- Usar preguntas retóricas (en discursos, folletos, cartas): *¿No nos hemos sentido todos alguna vez defraudados …?, ¿Quién no ha tenido un problema como éste?*
- Hacer uso de frases exclamativas (en cartas, blogs, diarios): *¡Qué maravilla!, ¡Qué ocasión!, …*
- Preguntar directamente al lector o al oyente (en cartas, discursos, artículos, cartas al director): *¿Qué debemos hacer?, ¿Qué podemos aprender de esto?, …*
- Emplear las repeticiones (en reseñas, artículos, discursos, etc.): *Queremos construir un país solidario, queremos convertir nuestra comunidad …*
- Usar el imperativo (en folletos, anuncios, discursos, etc.): *Pensad en estas cosas, utilizad todos vuestros medios, …*
- Utilizar adjetivos que aumenten el valor de lo que se describe (en artículos, reseñas, entrevistas, diarios, blogs, etc.): *Esta maravillosa y única oportunidad, los momentos inolvidables y sinceros, …*
- Usar adverbios que sirvan para aumentar o exagerar lo que se describe (en artículos, reseñas, entrevistas, diarios, blogs, etc.): *Un problema gravemente complejo, una situación excepcionalmente única …*
- Emplear figuras de estilo como metáforas, comparaciones, invocaciones, hipérboles, etc. (en todo tipo de textos): *La ciudad sonreía mientras paseábamos por sus calles …, te llamé un millón de veces, …*

Criterio C: Formato

En la Prueba 2 es muy importante conocer y utilizar las características específicas de cada tipo de texto.

En esta sección se revisarán los elementos y características típicas de cada uno de los tipos de textos que se pueden encontrar en las preguntas de la Prueba 2.

Revisa la lista y comenta con un compañero qué tipos de textos reconoces y algunas de las características de cada uno. Comenta el tipo de vocabulario, cómo se estructura y si es un texto formal o informal.

- Artículo
- Blog/entrada en un diario personal
- Conjunto de instrucciones, directrices
- Correspondencia escrita
- Crónica de noticias
- Ensayo (NM únicamente)
- Entrevista
- Folleto, hoja informativa, folleto informativo, panfleto, anuncio
- Informe oficial
- Introducción a debates, discursos, charlas y presentaciones
- Propuesta (NS únicamente)
- Reseña

Esta sección va a tratar de los distintos tipos de textos que se deben reconocer y producir en Español B Nivel Medio. Realiza los ejercicios propuestos para practicar.

Ejercicio práctico 2.4.13

1 Busca un ejemplo de cada texto en estos extractos.

A
Un estudio reciente entre los estudiantes de distintos institutos de la ciudad ha demostrado cómo las actividades extra-escolares han servido no sólo para mejorar las relaciones entre los propios alumnos, sino también entre otros miembros de la comunidad. Las actividades relacionadas con los deportes o las artes son las más votadas …

B
Querido diario:

No puedo dormir pensando en el cumpleaños de Juan. Es la próxima semana … Hoy de camino al instituto volví a pasar por la tienda que tanto le gusta a Juan y vi en el escaparate el nuevo CD de "Los Silos", el grupo que más le gusta. Como dentro de poco va a ser su cumpleaños, se lo voy a regalar. Ahora sólo tengo que pensar en cómo conseguir el dinero …

C
¡Deje de fumar estas Navidades!

Pura Vida lo hará posible.

¿Ha querido dejar de fumar alguna vez? Esta es la oportunidad para dejar el tabaco de una vez por todas. Nuestro grupo de autoayuda lo hará posible.

¿Cómo funciona? Nuestro grupo se reúne una vez a la semana en el centro cívico (Todos los lunes de 18:00 a 20:00) …

D
¡Come con cabeza!

Los diez mandamientos para una alimentación sana:

1. Olvídate de las patatas fritas. Puedes consumirlas pero con cuidado: una vez a la semana es suficiente …

E
Querida Elena:

Qué alegría recibir tu carta! Me alegro mucho por ti, me parece fantástico que tu nueva casa te parezca genial. ¿Qué tal lo lleva Pipo? Sé que a veces es difícil para los gatos acostumbrarse a un nuevo espacio …

F

De:	sara467@yahoo.com
Para:	diego.juarez@comunitas.ar
Fecha:	15 de mayo de 2012
Asunto:	Solicitud de información

Estimado Señor Juárez:

Me gustaría recibir información sobre la posibilidad de realizar prácticas en su centro durante los meses de verano. Incluyo un currículo vitae actualizado …

Atentamente,

Sara Abad Martínez

Unidad 2 Prueba 2 Destrezas productivas

G

Martes 3 de julio de 2012

Muy Señores Míos:

Les escribo para informarles de lo que el pasado fin de semana pude ver en la plaza de mi barrio.

Alrededor de las 19.00 horas se empezaron a reunir un gran número de jóvenes que llevaban bebidas de diferentes tamaños. Uno de los miembros del grupo también portaba consigo un aparato de música …

H

Protesta de vecinos ante los planes para construir una fábrica de productos químicos.

El barrio del Sol, en las afueras de San Miguel, está en alerta roja. Desde que el ayuntamiento ha confirmado la nueva construcción de una fábrica de la multinacional Lesquim, los vecinos han empezado a movilizarse para intentar parar el proyecto.

El portavoz de la comunidad de vecinos presentó su preocupación por los problemas de salud …

I

El pasado domingo tuvo lugar la presentación ante los medios de comunicación de la última película de la joven directora mexicana Analisa Belloch. Numerosos representantes de los medios de comunicación más importantes del país se dieron cita en el cine Coliseum de la capital del país …

J

La defensa del Día de la Lengua Materna se hace cada vez más importante. Por todos es sabido que cada día desaparece una lengua en el mundo y como hablantes es nuestra misión cuidar y respetar la lengua o lenguas que hablamos.

K

Entrevistador – Buenos días, muchas gracias por aceptar la invitación de esta cadena.

Antonio Banderas – Muchas gracias por invitarme.

Siempre me alegra poder venir a presentar mi nueva película en la cadena televisiva que me vio crecer …

L

¡Buenos días! Queridos compañeros y compañeras:

Hoy vengo a hablar de la importancia del reciclaje. Vivimos en una sociedad que cada vez produce más, pero que no recicla todo lo que debería …

Ejemplo A: *una crónica de noticias*

2 Intenta traer ejemplos a clase de textos reales extraídos de Internet, periódicos o revistas y compáralos con los que tienen tus compañeros.

Ejercicio práctico 2.4.14

Completa la siguiente tabla con el nombre del tipo de texto adecuado que aparece en el recuadro.

> anuncio / reseña / correspondencia / artículo / folleto / entrada a un diario / blog

Tipo de texto	Lengua	Mensaje	Formato
Ejemplo: Artículo	Registro neutro o formal. Suelen aparecer verbos en pasado, cifras, comparaciones	Carácter informativo, o persuasivo. Se presentan los hechos de forma clara. El texto debe estar bien estructurado: título, introducción, párrafos divididos por ideas y conclusión final.	Se puede encontrar en un periódico o una revista. A veces lleva fotos o gráficos.
a)	Lenguaje informal e íntimo (dirigido al mismo diario o a otros lectores). A veces aparecen preguntas retóricas: ¿te acuerdas cuándo …?	Trata de temas muy importantes para el autor (problemas, sentimientos, opiniones, familia, amigos, etc.).	Tiene la fecha y el desarrollo es claro: con un principio, un desarrollo y un final.
Conjunto de instrucciones, directrices	Lenguaje neutro, formal o informal, según el público al que va dirigido. Aparecen imperativos, cifras, recomendaciones y frases con consejos.	Trata de temas importantes para la sociedad y se intentan dar consejos para ayudar a otras personas (comer de forma más sana, ser más solidario, seguridad en Internet, etc.).	Tiene normalmente una introducción y una lista de recomendaciones o ideas separadas entre sí. También solemos encontrar un eslogan y estadísticas.
b)	Puede ser de registro informal (carta o correo-e a amigos o familiares) o formal (cartas o correo-e a una empresa o servicio para solicitar información, quejarte, etc.).	Tiene un carácter práctico (informar de algo, pedir información, felicitar, expresar sentimientos, etc.). Es muy importante la adecuación de las fórmulas (saludo, despedida) según el destinatario.	Las cartas tienen siempre una serie de normas de estilo y presentación como son: lugar y fecha, el saludo, el cuerpo, la despedida y la firma.
Crónica de noticias	Se trata de una noticia ampliada en la que se informa de un suceso de manera detallada, con la inclusión de la opinión de quien escribe el texto. El lenguaje suele ser especializado, según el tema y también variado.	El mensaje de este tipo de textos es informar, formar opinión y entretener. Suelen ser acontecimientos de actualidad reciente.	Combinación de elementos informativos (fechas, datos objetivos) con elementos subjetivos.
c)	Lenguaje neutro, en el que se describen y definen ideas, presentando datos fiables, a veces con uso de citas y testimonios. Las ideas aparecen relacionadas con nexos apropiados, aparecen comparaciones y también interrogaciones retóricas.	El texto tiene una intención argumentativa, es decir, presenta y defiende ideas con subjetividad. Suelen ser temas relacionados con la actualidad y el autor defiende una idea presentando argumentos y razones. También tiene una función didáctica, pues se ofrecen ideas sobre un tema concreto.	Combinación de elementos informativos (datos, citas) con elementos justificativos (opinión personal y justificación).
Entrevista	Lenguaje formal o informal dependiendo del tipo de persona entrevistada.	El mensaje es de tipo informativo mediante una secuencia de preguntas y respuestas.	Pueden aparecer imágenes, fotos, o frases sacadas del texto para dar más relevancia a algunas partes del texto.

Tipo de texto	Lengua	Mensaje	Formato
d)	Lenguaje formal o informal, dependiendo del público al que va dirigido. Uso de registro apelativo (imperativos, cifras, recomendaciones, exclamaciones). Las frases suelen ser cortas y concisas.	El texto tiene una clara intención persuasiva, se intenta convencer al lector de los beneficios de lo que se anuncia.	Suelen aparecer imágenes junto al texto. También aparecen secciones en las que se explica qué es, para qué sirve, dónde se encuentra, cuánto cuesta, etc. Aparece un título y los detalles de contacto.
Informe policial	Lenguaje formal, pues se dirige a las autoridades. Se trata de un texto de carácter informativo y narrativo.	El texto tiene la intención de informar de hechos que el autor del texto ha visto, por lo que se trata de un testigo. Es muy importante la organización del texto de forma cronológica (explicando qué pasó al principio, después, etc.).	El texto suele tener el formato de una carta formal con una organización cuidada en la que explicamos qué, quién, cuándo y dónde ocurrieron los hechos narrados.
Introducción a debates, discursos, charlas y presentaciones	Lenguaje formal o informal dependiendo de la audiencia, pero elaborado.	Aunque tienen un carácter oral, estos textos transmiten sus conocimientos de una manera ordenada ante una audiencia que a veces puede intervenir con preguntas. Aparecen apelaciones a los oyentes para fomentar su atención.	El texto suele tener el formato de un ensayo o una entrevista, pero con un claro sentido oral, aunque se prepare por escrito.
e)	Lenguaje neutro e informativo con inclusión de valoraciones personales o de opinión.	Analiza acontecimientos culturales de actualidad, sobre todo obras literarias o cinematográficas, obras de teatro, etc. El autor aporta datos objetivos pero también una opinión personal. El autor quiere influir en la opinión del lector.	Se puede encontrar en periódicos, blogs, revistas y a veces incluye fotos.

Usar el registro adecuado

Aparte de decidir qué registro es el adecuado para un texto (formal, informal, neutro), es necesario ser consistente con ese registro durante la escritura de todo el texto.

Por ejemplo, si se utiliza el registro formal con *usted* o *ustedes*, el uso de *tú* o *vosotros* en el mismo texto no es adecuado, o al revés.

A continuación hay algunos temas y textos que se pueden analizar y decidir qué tipo de registro se necesita.

Ejercicio práctico 2.4.15

¿Sabes qué características tiene cada tipo de registro? Selecciona de la lista las que pertenecen a cada uno de los registros mencionados en la tabla:

a) Se utiliza un vocabulario más cotidiano y simple.

b) Se utiliza vocabulario amplio y preciso.

c) A veces se usan palabras coloquiales, diminutivos y/o también palabras acortadas (bici – bicicleta).

d) Las frases tienden a ser menos elaboradas: no suele haber muchas frases complejas.

e) Se utiliza en un contexto formal (una entrevista con alguien al que no conoces, un discurso, una carta a alguien que no conoces o que quieres mostrar respeto, etc.).

f) Las estructuras de las frases son más elaboradas. Aparecen frases complejas y conectores del discurso.

Registro formal	Registro informal

¿A qué registro pertenecen cada una de estas frases?

a) Estimados compañeros, nos hemos reunido todos aquí …

b) ¿Qué tal estás María?

c) Y ustedes se preguntarán …

d) En una situación así, es importante que todos juntos intentemos solucionar de la mejor manera esta problemática.

e) ¡Me encanta cómo ha quedado el jardín!

f) Por la presente me dirijo a Usted …

g) Las dificultades al enfrentarse a un examen de este tipo son varias.

h) Al hacer un examen como éste.

Registro formal	Registro informal

Unidad 2 **Prueba 2 Destrezas productivas**

Ejercicio práctico **2.4.16**

Lee los temas que aparecen a continuación y selecciona el registro o registros adecuados.

	Registro formal	**Registro neutro**	**Registro informal**
Ejemplo: *En una entrada en un diario*			✔
a) En un discurso a nuestros compañeros de clase			
b) En un ensayo			
c) En un artículo para la revista del colegio			
d) En una carta al director del colegio			
e) En una reseña sobre una obra de teatro			
f) En un blog			
g) En un correo electrónico a una empresa			
h) En una entrevista con un joven estudiante			
i) En un anuncio dirigido a un público joven			
j) En un discurso ante los representantes del ayuntamiento de tu ciudad			
k) En un folleto informativo para toda la comunidad			
l) En una carta al director de un periódico			

El registro y el estilo de las palabras

A la hora de escribir un texto coherente y adecuado, hay que pensar en la selección de vocabulario que se elige. Muchas palabras tienen un registro neutro, y muchas de estas tienen un registro coloquial o formal (*coche/carro, automóvil*, por ejemplo).

Lo mismo ocurre con algunas expresiones. No es lo mismo decir: *Me gustaría presentar …* que *Voy a presentar*, o *¡Cómo mola!* que *¡Me encanta!*

Para mejorar este aspecto de la lengua se puede utilizar el cuaderno de vocabulario en el que se añadirán todas estas palabras en la sección del tema al que pertenecen.

2.5 Las características de los tipos de textos (NM; NS, Sección A)

En esta sección se observará los tipos de textos que se van a tener que utilizar en la Prueba 2. Hay que fijarse en las distintas partes que caracterizan a cada uno de ellos para después utilizar la tipología correctamente.

Muestras de los tipos de textos

Artículo

Características
Aquí hay un análisis de las características de un artículo, ilustrado por un ejemplo con comentario. El comentario apunta algunas características específicas que se ven en este ejemplo.

- Se mencionan la fuente y la fecha. [Comentario 1]

- Aparece un título que resume el tema del artículo. [Comentario 2]

- La fotografía tiene relación con el tema del artículo (presenta a una persona reciclando el agua para regar las plantas). [Comentario 3]

- La introducción presenta las ideas de un experto en el tema (César Zela Fierro), por lo que el texto en general contiene las opiniones de este experto. [Comentario 4]

- El resto de la noticia recoge o cita las palabras del experto, y se utilizan cifras y porcentajes para apoyarlas. [Comentarios 5 y 6]

- Hay que fijarse en la forma de hacer referencia a las palabras del experto: *Según el experto…* También hay muchos sinónimos del verbo decir: *señaló, sostuvo, resaltó*.

- El registro es neutro y objetivo, con estilo divulgativo (dar a conocer algo) y finalidad didáctica (en este caso: la importancia de reciclar agua y cómo se puede hacer).

- Aparecen ejemplos que apoyan las ideas del experto, como la iniciativa de los vecinos de Villa el Salvador para regar el parque con agua reciclada.

- El uso del vocabulario es específico: *reciclaje, residuos, aguas grises, aguas residuales, cultura del reciclaje, alcantarillado, red de alcantarilla, plantas de tratamiento, consumo, fregadero, colapsar, carga orgánica, cuerpos de agua*, etc.

- El texto responde a las preguntas clave: *¿Qué?* (el reciclaje de agua), *¿Quién?* (César Zela Fierro), *¿Cuándo?* (En una entrevista en un programa de la cadena peruana RPP), *¿Cómo?* (El experto da una serie de consejos para mejorar el reciclaje), *¿Por qué?* (Porque menos de un 5% de la población del Perú recicla efectivamente el agua).

- Los dos últimos párrafos sirven de conclusión y muestran algunos de los consejos del experto: la responsabilidad de los ciudadanos y de las empresas a la hora de reciclar el agua. [Comentario 7]

Por Radio RPP, 15 de diciembre de 2010 **[1 Aparece la fuente y la fecha.]**

Sólo un 5% de la población hace buen uso del agua y desagüe. **[2 Titular]**

[3 Foto explicativa]

Experto en manejo de residuos sólidos propone generar una cultura de reciclaje del agua y de buen uso de la red de alcantarilla. **[4 Introducción: sumario de la noticia]**

La necesidad de generar en la población una cultura del reciclaje de aguas residuales y de mesura en el consumo, demandó el ingeniero César Zela Fierro, Gerente General de Perú Waste Innovation, empresa especializada en residuos sólidos.

Fue al señalar que los dos grandes problemas que tiene nuestro país en materia ambiental son la carencia de plantas de tratamiento de aguas residuales y de rellenos sanitarios donde disponer los residuos sólidos.

"En la actualidad compramos más de lo que consumimos y ello se refleja en las redes de alcantarilla, por ejemplo de lo que preparamos para cenar consumimos un 90% y el resto se arroja por el fregadero hacia el desagüe, lo que origina tal carga orgánica que llegan a colapsar los sistemas de alcantarilla en muchas partes del país" **[6 Utilización de citas]** sostuvo el especialista en el programa *De la noche a la mañana* de RPP Noticias.

Prácticas como el arrojar desechos orgánicos por los desagües son los que dañan al final los sistemas de alcantarillado, generando más costos para las escasas plantas de tratamiento que tenemos en el país.

"El problema es que apenas el 5% de la población **[5 Utilización de porcentajes y cifras]** peruana tiene conocimiento y hace buen uso de los servicios de agua y desagüe, hay una gran tarea de educación y sensibilización por hacer" resaltó Zela Fierro.

Según el experto, de todas las plantas de tratamientos que existen en el Perú sólo cinco operan adecuadamente, las demás terminan contaminando cuerpos de agua como ríos, lagos o mares.

En ese sentido señaló que la palabra clave es reciclar el agua, y no sólo a nivel de las industrias, sino también por parte de los propios usuarios.

"Deberíamos aprender a utilizar las aguas grises, las de la ducha, del fregadero, del lavado de manos y usarla para el riego de áreas verdes, hay buenas experiencias como las de Villa el Salvador donde un grupo de vecinos comenzó a reciclar agua de sus casas para el riego de un gran parque que sirve para la recreación de los niños," señaló.

Pero las grandes empresas también tienen una enorme responsabilidad social en el tema, pues muchas de ellas no tratan sus aguas residuales y terminan en los cuerpos de agua contaminando el medio ambiente y perjudicando la salud de las personas que se abastecen de ríos o lagos. **[7 Conclusión del artículo]**

Blog

Características

Aquí hay un análisis de las características de una entrada de un blog, ilustrado por un ejemplo con comentario. El comentario apunta algunas características específicas que se ven en este ejemplo. Las características de una entrada en un diario personal son parecidas.

- Aparece un título que resume el tema de la entrada. [Comentario 1]

- La fecha y quién lo escribe también aparecen. [Comentario 2]

- La fotografía tiene relación con el tema que se presenta en la entrada: el viaje de Teresa a Tulum. [Comentario 3]

- El registro es informal y familiar, ya que se trata de dar a conocer a sus lectores qué pasó en el viaje a Tulum, además de explicar algunas cosas interesantes sobre el lugar: habla de lo que hicieron en el viaje (*"Llegamos una mañana calurosa …"*). [Comentario 4]

- El texto explica qué hicieron en esa excursión.

- Al final aparece el enlace al blog. [Comentario 5]

TULUM, final de mi viaje en México ①

10 febrero, 2010 por loslibrosdeteresa ②

③

El Castillo, Tulum

Tulum, ciudad amurallada, llamada en la antigüedad Zamá que quiere decir en el idioma maya "amanecer". Parque Nacional desde el 23 de abril de 1981. Aunque hay anotaciones anteriores, parece que esta ciudad fue construida sobre el año 1200 al 1450.

Llegamos una mañana calurosa y muy húmeda, el cielo estaba azul y amenazaba tormenta con unos nubarrones blancos que hacían un contraste precioso en el azul intenso del cielo.

① La entrada de blog tiene un título.

② Aparecen la fecha y el blog al que pertenece.

③ A veces hay fotos que explican de forma gráfica lo que el autor quiere compartir o expresar.

Unidad 2 Prueba 2 Destrezas productivas

Acompañados de un guía maya, que se presentó como orgulloso de su raza, de su físico, de su idioma que hablan en familia y de una mancha que tienen en la piel como distintivo de ser mayas, así pasamos a ese recinto maravilloso que está formado por un montón de ruinas, excepto El Castillo que se mantiene más entero. Pero lo más espectacular de Tulum es dónde está ubicada, en un precioso acantilado con vistas al mar Caribe, la combinación de las ruinas con ese mar es lo más bonito que yo he visto. ❹

El Castillo es el edificio más importante de este recinto. Nuestro guía nos explicó que esa ventanita que tiene el castillo, servía para indicar el camino a barcos amigos, les indicaba por dónde tenían que entrar para no encallar en el arrecife que protegía naturalmente este recinto. Era como un faro, si era de noche iluminaban el camino con antorchas. Dicen que los españoles nunca pudieron llegar a estas costas por culpa de ese arrecife, que es uno de los más largos del mundo.

Fuente: http://loslibrosdeteresa.wordpress com/2010/02/10/tulum-final-de-mi-viaje-en-mexico/ ❺

❹ En la parte principal de la entrada del blog cuenta qué pasó y da su opinión personal.

❺ El enlace al blog

Conjunto de instrucciones o directrices

Características

Aquí hay un análisis de las características de un conjunto de instrucciones o directrices, ilustrado por un ejemplo con comentario. El comentario apunta algunas características específicas que se ven en este ejemplo.

- El registro es neutro y objetivo, con estilo divulgativo (dar a conocer algo) y finalidad didáctica (en este caso: dar consejos para conseguir reducir la contaminación).

- El título resume el objetivo principal del texto. [Comentario 1]

- La escritora presenta la lista de sus ideas. [Comentario 2]

- Aparecen en forma de lista los consejos. [Comentario 3]

- El uso del vocabulario es específico: *reciclaje, centro de acopio, basura,* etc. [Comentario 4]

- Hay que fijarse en el uso de imperativos: en afirmativo (*involúcrate*) y en negativo (*no consumas*). [Comentario 4]

- La imagen del final tiene relación directa con el mensaje general del texto: reducir la contaminación. [Comentario 5]

Un Blog Verde – Medio Ambiente y Calentamiento Global

Un blog ecológico, verde, de medio ambiente, reciclaje y calentamiento global

10 Consejos Para Reducir Los Factores De Contaminación [1]
por Val [2]

Siguiendo estos simples consejos y aplicándolos en tu vida diaria puedes ayudar a reducir considerablemente la contaminación.

1.- [3] Modifica tu medio de transporte. Reduce tu consumo de combustible si es que usas el automóvil, manteniendo afinado y en buenas condiciones tu auto. Claro, que siempre es mejor usar el transporte público, caminar o usar la bicicleta.

2.- Conserva la energía. Usa sólo la energía que sea indispensable, no dejes luces prendidas ni electrodomésticos conectados.

3.- Reduce tus desechos. Evita los productos que vengan con demasiados empaques, y separa la basura para que pueda reciclarse. [4]

4.- Elimina los productos químicos en el hogar. Prefiere los productos ecológicos y limpiadores orgánicos para tu hogar.

5.- No quemes basura. Aprovecha la basura para hacer dinero, los materiales reciclables llévalos a un centro de acopio, en donde puedes venderlos o donarlos, y con los desechos orgánicos puedes hacer composta para tus plantas.

6.- No utilices podadoras de césped que sean eléctricas o de gasolina, hazlo manualmente.

7.- Planta árboles y arbustos, en tu jardín y en las zonas desiertas.

8.- Limita el tamaño de tu familia. Este es un tema delicado, pero podemos ser conscientes sobre la densidad poblacional y los efectos que causa sobre el medio ambiente.

9.- No consumas agua y refrescos embotellados, prefiere el agua purificada y los jugos naturales y llévalos en botellas reutilizables.

10.- Involúcrate con las actividades relacionadas con la ecología en tu comunidad. Unidos podemos hacer una gran diferencia.

[5]

Fuente: *Un Blog Verde*

---

[1] El título resume el objetivo del texto.

[2] La escritora presenta la lista de sus ideas.

[3] Enumeración de los consejos

[4] Vocabulario específico, uso de imperativo

[5] Imagen que apoya el mensaje escrito

Unidad 2 Prueba 2 Destrezas productivas

Correspondencia escrita: formal

Características

Aquí hay un análisis de las características de una carta formal, ilustrado por un ejemplo con comentario. El comentario apunta algunas características específicas que se ven en este ejemplo.

- El registro es formal y se trata de *usted* al destinatario de la carta.

- Aparecen el lugar y la fecha. [Comentario 1]

- También aparece el remitente (persona u organismo). [Comentario 2]

- El encabezamiento y la despedida son formales. [Comentarios 3, 9, 10]

- Aparece el destinatario y su dirección. [Comentario 4]

- En el cuerpo de la carta se recogen los antecedentes de la carta y las peticiones que se realizan en la misma. [Comentarios 5–7]

- Hay referencia a documentos adjuntos. [Comentario 8]

- Las ideas están divididas en párrafos claros y bien ordenados.

- Se usan conectores del discurso para ordenar las frases e ideas: *pues bien, efectivamente, ante esta situación,* etc.

- El uso del vocabulario es específico y relacionado con la educación, la legislación de educación y la asignatura de filosofía.

---

http://plataformafilosofia.blogspot.com/ **2**   Madrid,
Excmo. Sr. Ministro de Educación. **3**   28 de noviembre de 2009. **1**
Don Ángel Gabilondo Pujol.
Alcalá, 32
28013 Madrid **4**

En primer lugar, queremos agradecerle su carta del día 2 de julio de 2009 en respuesta a la que le envió el día 2 de junio de 2009 la *Plataforma en defensa de la filosofía de Madrid y Castilla la Mancha*.

La presente carta se la enviamos en nombre de los grupos indicados anteriormente. Las organizaciones citadas, junto con el respaldo implícito de otros grupos similares surgidos en España, desean mostrarle su preocupación ante la lamentable situación académica de la Filosofía en la Educación Secundaria. **5**

En la carta que le fue enviada el pasado día 2 de junio de 2009 se ponía de manifiesto el perjuicio que ha supuesto para la enseñanza de la Filosofía – tanto por lo que se refiere a su denominación, a su dotación horaria y a sus contenidos – la Ley Orgánica de Educación (LOE), y su posterior desarrollo por las Comunidades Autónomas.

En la carta con la que usted respondió, nos recordaba que la LOE establece una dotación horaria mínima de una hora semanal para la materia *Educación Ético-Cívica* en 4º de la ESO; y dos horas semanales para la asignatura de *Filosofía y Ciudadanía*. Dicha ley establece, además, que las Comunidades Autónomas que poseen competencias en Educación tienen la responsabilidad de establecer la dotación horaria definitiva de estas materias. (Real Decreto 1631/2006, de 29 de diciembre. BOE nº 5 de 5 de enero de 2007. Artículo 6) **6**

1 Lugar y fecha

2 La persona u organismo que escribe, el remitente

3 Tratamiento formal

4 La persona a la que va dirigida la carta y su dirección

5 Introducción y presentación

6 Antecedentes

Enviado: lunes, 24 de enero de 2011 17:24:32 ②
De: Julian Sanchez (juliansanchez2009@yahoo.es) ①
Para: Clara Abad (claritita@yahoo.es); Elena Anaya (elena1967@hotmail.com) ③
Asunto: Las peripecias del Joven Julián por tierras mexicanas ④

Antes que nada lo de joven Julián, os lo explico y es que he ⑤ descubierto que ese es el título que me corresponde en México, es menos imponente que el de señor y desde luego mucho más agradecido para el ego ... Joven Julián ... ¡cómo mola! ⑥

Bueno, que le había estado dando vueltas para hacer una secuencia ⑦ en plan Tío Matt el viajero, pero he visto que, pues eso, que me faltaba la gracia para ello y me voy a limitar a ser una copia barata del Informe Semanal (menos serio, claro está).

Llevo ahora en México unos 10 días y de momento la sonrisa no se me quita de la cara y eso que no he hecho más que tomar cafés, conocer americanos y argentinos y pasearme por librerías ... bueno, eso y moverme por los alrededores y aprender palabras nuevas (mamey, chicozapote, elote, huachinango, etc.).

Intelectualmente/profesionalmente no he movido una sola neurona más de lo necesario ... lo que se traduce en volver a leer novela francesa sobre todo y claro está ... lado "nerdy", ponerme a crear un glosario de términos diferentes entre el español europeo y el español mexicano.

¡Es que me puede! ⑧

En cuestiones de visitas estuve en Teotihuacan (es la primera vez que lo digo de carrerilla y no me equivoco).

Son unas pirámides de una civilización que se cree anterior a la azteca, los mexicas, que están a unos 50 km del DF (como mola eso de decir vivo en el DF cual chilango) para los que estéis más ociosos. http://es.wikipedia.org/wiki/Teotihuacan

Son una pasada de guapas y la vista del lugar, rodeado de montañas, es espectacular y tiene algo de mágico.

Eso sí, cuando consigues obviar mentalmente a los cincuenta mil turistas alemanes, franceses, españoles, italianos y locales a tu alrededor y a los tres millones de vendedores ambulantes que no conciben que la vida pueda existir sin tener un silbato de rugidos de jaguar y una estatuilla del calendario azteca.

Ayer fui a otro lugar genial, Cuauhnáhuac que significa "rodeada de árboles", aunque el mundo la conoce mejor por la bien sabida improvisación española: Cuernavaca.

http://es.wikipedia.org/wiki/Cuernavaca

El sitio es fantástico desde un punto de vista natural, a unos 90 km del DF (que se traduce en una hora para salir de la ciudad un domingo sin tráfico, más otra hora de trayecto más o menos). Rodeada de volcanes en un valle frondoso que escapa a cualquier estereotipo que se tenga de México, la ciudad tiene un lado colonial y señorial bastante significativo y la gente pudiente del DF la tienen desde el siglo XIX como lugar de segunda residencia.

¡Genial!

Bueno, me voy a parar aquí, que quien se lo haya leído todo tiene premio. Os mantengo al corriente y en cuanto me pase alguna anécdota divertida os la cuento ...

---

① El emisor
② Fecha y hora de envío
③ Los destinatarios
④ Título con asunto del correo
⑤ El emisor se dirige directamente a los destinatarios.
⑥ Expresiones coloquiales
⑦ Anécdotas
⑧ Exclamaciones

> De momento quiero continuar disfrutando del tedio amoroso de este país, que buena falta me hacía.
> Un beso a todos y a todas. **9**
> Julián

9 Despedida

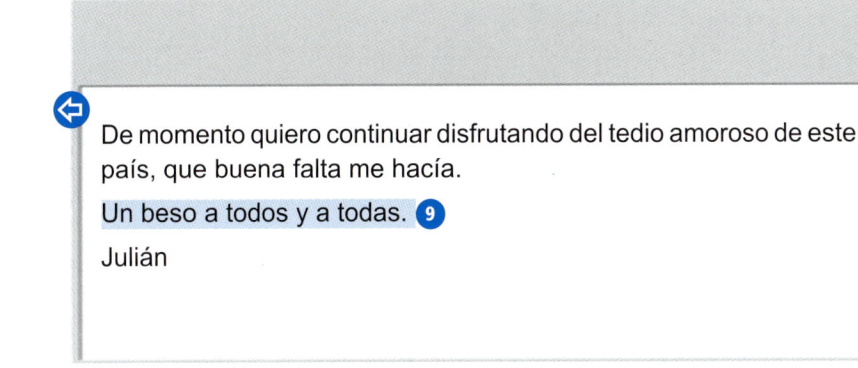

Crónica de noticias

Características

Aquí hay un análisis de las características de una crónica de noticias, ilustrado por un ejemplo con comentario. El comentario apunta algunas características específicas que se ven en este ejemplo.

- El autor de la crónica es un especialista en el tema, en este caso deporte.

- El título puede ser una cita de uno de los protagonistas de la historia. [Comentario 1]

- El subtítulo explica que la crónica es un acontecimiento de la actualidad reciente: en este caso una pelea entre dos jugadores durante un partido. [Comentario 2]

- Se reconoce la fuente de la noticia (el escritor o la agencia de noticias). [Comentario 3]

- A veces aparecen fotografías que tienen relación con la historia contada. [Comentario 4]

- Se combinan los elementos informativos objetivos con elementos subjetivos. (Aparecen declaraciones también.) [Comentarios 5 y 6]

- El lenguaje es especializado en general. Dos grupos de vocabulario temático aparecen relacionados con la crónica de sucesos: el lenguaje relacionado con el fútbol (*futbolistas, colegiado, terreno de juego, rival, sancionar, equipo*, etc.) y el vocabulario relacionado con el enfrentamiento (*batalla, encendido, actitud chulesca*, etc.).

- También aparece lenguaje literario para describir acciones o personajes: *el ariete, trazar una comparación, la estela del Barça, un gladiador del área*, etc.

- Hay una sucesión ordenada y lógica de párrafos que explican lo que ocurrió.

Pandiani: "A Cristiano Le Falta un Tornillo"

El uruguayo, que protagonizó una refriega con el luso en el Reyno, carga contra él: "Es quien genera problemas cada fin de semana y al que habría que sancionar", ha manifestado.

EL PAÍS 02/02/2011

Todavía colea la batalla que protagonizaron el pasado domingo Osasuna y el Real Madrid en el Reyno de Navarra. El equipo de Mourinho salió escaldado del estadio navarro, donde perdió tres valiosos puntos y se alejó un poco más de la estela del Barça tras un choque de alto voltaje en el que ambos equipos se emplearon al límite. Precisamente, de esa tensión nació una de las imágenes de la contienda. Cuando el colegiado Muñiz Fernández decretó el final del primer tiempo, camino del túnel de vestuarios, Cristiano se enzarzó con el osasunista Camuñas.

Cristiano Ronaldo se lamenta durante el encuentro frente a Osasuna en el Reyno de Navarra.- EFE

De inmediato, se formó un revuelo que ganó intensidad con la llegada de Walter Pandiani. El uruguayo, encendido, replicó al portugués, que se encaró con él hasta que el resto de futbolistas intercedieron. Hoy, tres días después del episodio, el ariete no se ha mordido la lengua en la sala de prensa de Tajonar. "A Cristiano le falta un tornillo. Debe ser más humilde", ha expresado sin contemplaciones.

La embestida no ha quedado ahí. Pandiani ha trazado una comparación entre CR7 y Messi, reciente ganador del Balón de Oro, de la que sale muy mal parado el luso. "Lo que debe hacer es aprender algo de Messi y dejar su actitud chulesca. Es quien genera todos los problemas cada fin de semana y al que habría que sancionar. Debería mirar al mejor del mundo y ver si es capaz de aprender alguna cosita más", ha manifestado.

Del mismo modo, ha elevado el paralelismo y no ha dudado en remarcar que "el Barcelona es el equipo del pueblo". En un tono elevado ha sentenciado: "Hay futbolistas del Madrid que no se merecen ese trato, pero lo pagan por las tonterías de otros. Al Barça, en cambio, le aplauden. El Madrid está pagando la actitud chulesca de Cristiano".

El uruguayo, combativo por naturaleza, un gladiador del área y fuera de ella, también ha recalcado que no le gustó que fuera a reprocharle cosas y empujar a Camuñas: "En nuestro campo nos hacemos respetar. Yo soy uno de los medio locos del equipo y esas cosas no me gustan. Por eso salté. En el túnel pasó algo más, pero todo queda en el campo".

No todo quedó sobre el terreno de juego. Nada más terminar el choque, la imagen de los dos futbolistas, nariz con nariz, fue objeto de interpretación en las redes sociales. La versión que cobró más fuerza apuntaba a que el luso le había preguntado a su rival por su salario. Pese a que después del encuentro el *rojillo* lo desmintiese, hoy ha declarado: "Es bastante acertado lo que se ha dicho que pasó. Cuando (Cristiano) gane la Copa del Rey, la Supercopa y los títulos que tengo yo aquí, a lo mejor le escucho"(…)

Unidad 2 Prueba 2 Destrezas productivas

Ensayo (Nivel Medio únicamente)

Características

Aquí hay un análisis de las características de un ensayo, ilustrado por un ejemplo con comentario. El comentario apunta algunas características específicas que se ven en este ejemplo.

- Aparece un título que resume el tema del ensayo y el nombre del autor. [Comentario 1]

- El ensayo se divide en las siguientes partes: introducción, desarrollo y conclusión. [Comentarios 2, 5, 6]

- A veces aparecen fotografías que tienen relación con el tema del ensayo. [Comentario 3]

- Se utilizan conectores del discurso para desarrollar estas ideas (por ejemplo: *Así; sin embargo*). [Comentario 4]

- El registro es neutro y objetivo, y en este caso científico y técnico, con términos relacionados con el planeta y el calentamiento global (*vida planetaria, agua superficial, el efecto invernadero, GEI,* etc.). Tiene un estilo divulgativo (dar a conocer algo).

- Aparecen ejemplos que apoyan las ideas expuestas, por ejemplo *"los gases invernadero retenían el calor del sol cerca de la superficie de la tierra, ayudando a la evaporación del agua superficial para formar las nubes, las cuales devuelven el agua a la Tierra, en un ciclo vital que se había mantenido en equilibrio".*

- Las ideas están divididas en párrafos claros y ordenados.

¿Qué es el Calentamiento Global? ①

Felipe Varelo

Un fenómeno preocupa al mundo: el calentamiento global y su efecto directo, el cambio climático, que ocupa buena parte de los esfuerzos de la comunidad científica internacional para estudiarlo y controlarlo, porque, afirman, pone en riesgo el futuro de la humanidad.

¿Por qué preocupa tanto? Destacados científicos coinciden en que el incremento de la concentración de gases efecto invernadero en la atmósfera terrestre está provocando alteraciones en el clima. Coinciden también en que las emisiones de gases efecto invernadero (GEI) han sido muy intensas a partir de la Revolución Industrial, momento a partir del cual la acción del hombre sobre la naturaleza se hizo intensa. ②

③

El efecto invernadero es un fenómeno natural que permite la vida en la Tierra. Es causado por una serie de gases que se encuentran en la atmósfera, provocando que parte del calor del sol que nuestro planeta refleja quede atrapado manteniendo la temperatura media global en +15° centígrados, favorable a la vida, en lugar de −18° centígrados, que resultarían nocivos.

Así, durante muchos millones de años, el efecto invernadero natural mantuvo el clima de la Tierra a una temperatura media relativamente estable y permitía que se desarrollase la vida. Los gases invernadero retenían el calor del sol cerca de la superficie de la tierra, ayudando a la evaporación del agua superficial para formar las nubes, las cuales devuelven el agua a la Tierra, en un ciclo vital que se había mantenido en equilibrio.

Durante unos 160 mil años, la Tierra tuvo dos periodos en los que las temperaturas medias globales fueron alrededor de 5° centígrados más bajas de las actuales. El cambio fue lento, transcurrieron varios miles de años para salir de la era glacial.

Ahora, sin embargo, ④ las concentraciones de gases invernadero en la atmósfera están creciendo rápidamente, como consecuencia de que el mundo quema cantidades cada vez mayores de combustibles fósiles y destruye los bosques y praderas, que de otro modo podrían absorber dióxido de carbono y favorecer el equilibrio de la temperatura. ⑤

Ante ello, la comunidad científica internacional ha alertado de que si el desarrollo mundial, el crecimiento demográfico y el consumo energético basado en los combustibles fósiles, siguen aumentando al ritmo actual, antes del año 2050 las concentraciones de dióxido de carbono se habrán duplicado con respecto a las que había antes de la Revolución Industrial. Esto podría acarrear consecuencias funestas para la vida planetaria. ⑥

Fuente: Adaptado de http://sepiensa.org.mx/contenidos/
2005/l_calenta/calentamiento_1.htm)

---

① Título del ensayo y nombre de la persona que lo escribe

② Introducción

③ A veces aparecen fotos que sirven para ilustrar el tema.

④ Uso de conectores

⑤ El desarrollo

⑥ La conclusión

Unidad 2 **Prueba 2 Destrezas productivas**

Entrevista

Características

Aquí hay un análisis de las características de una entrevista, ilustrado por un ejemplo con comentario. El comentario apunta algunas características específicas que se ven en este ejemplo.

- Aparece el nombre de la entrevistada (la escritora Ana María Matute) y una fotografía. [Comentario 1]

- También aparece el nombre de la entrevistadora y el del autor de la foto. [Comentario 2]

- Se presenta a la entrevistada haciendo una pequeña presentación. [Comentario 3]

- En el cuerpo de la entrevista se presentan preguntas y respuestas en las que se tratan temas cercanos a la entrevistada. [Comentario 4]

- El registro es formal y se trata de *usted* a la escritora (pero en otras entrevistas también puede haber un registro informal).

- El uso del vocabulario es específico, intimista y relacionado con el mundo de la entrevistada.

Ana María Matute ❶

Por Elena Pita. ❷ *Fotografía de Chema Conesa* ❷

❶ El nombre de la entrevistada y una foto

❷ Autora de la entrevista y autor de la foto

Tal día como hoy Ana María Matute iba a sentarse en la Academia. Asiento K, única mujer en la regia sala, con un discurso, claro, propio de su literatura: *En el bosque*. La cita se ha retrasado hasta después de Reyes. Mejor, así leerá tranquila. Anda la escritora fatigada y nerviosa después de un año encantador en periplo con su Rey Gudú. El último viaje, a Perú, le ha dejado baldada, "estoy hecha una ...". Fue en el avión, le dio uno de esos aires fríos que golpean al viajero en las vértebras adormecidas. Se queja Ana María, dolorida del trasiego, pero guarda en su tacto calor suficiente para una acogida más que buena, excelente. Es cálida su piel, tiene un roce extraordinario que contagia bienestar. Será algo aprendido en el subsuelo, tanto frecuentar gnomos y duendes, algo extraño que cura.

Ana María Matute, Barcelona, 1926, galardonada casi hasta lo más alto que las letras hispanas han concedido a una mujer, tiene el rostro

105

desdoblado entre lo que ella es y la orografía impuesta por la vida. Lo cuenta mientras Chema Conesa la fotografía. "El sufrimiento me ha marcado la cara, pero también la risa me ha dejado arrugas". La vida es para la escritora una equivocación maravillosa (también lo eran el vino y el amor para su Trasgo del Sur). Luego dirá al fotógrafo que recuerda a los cómicos de feria, llegando a los pueblos con sus telones, abarrotando con cachivaches: "¡Fíjate qué bien está este artilugio, qué bien!", mientras le ayuda a guardar el fondo plegable en su estuche.

Pregunta. - Ana María, ¿qué va a hacer una niña en la Academia?

Respuesta. - Más que nada escuchar a los doctos, yo estoy ahí por creadora. Pero intentaré hacer algo para que entren más mujeres. No soy partidaria de eso de la cuota, pero sí estoy convencida de que hay muchas mujeres fuera de la Academia que son más importantes que algunos señores que están dentro: no señalo a nadie, es del dominio público. ¿Cómo no entraron Rosa Chacel, María Zambrano, otras?

P. -Sorprende que sea un reducto machista cuando la literatura parece ser uno de los primeros bastiones femeninos.

R. -Sí, hay cosas en la vida ... Todos los días suceden cositas. Yo no me quejo, pero, en igualdad de condiciones, las cosas siempre se han decantado por el hombre. La gente lo hace incluso sin darse cuenta. Por ejemplo, yo no espero ningún premio, pero para que le den el Premio Cervantes a una mujer, ya tienen que caer chuzos, eh.

P. -Así las cosas, que le concedan a usted el único asiento femenino, ¿es un halago o más bien un agravio para la mujer?

R. -¿Un agravio? No, tampoco hay que tomarse las cosas así, sería una salida de tono. Está muy bien que se lo den a una mujer: quiere decir que hay alguien allí que piensa en nosotras.

P. -Suena como las ministras con carteras decorativas en gobiernos muy machos.

R. -Es como si dices que a mí me han puesto ahí por mujer.

P. -¿Lo ha pensado?

R. -Lo he comentado, y me han dicho todos que no, no. Bueno, pues será que no: creo que me han elegido por unos ciertos méritos que ellos han encontrado, al margen de que sea mujer.

P. -Tengo entendido que hará en su discurso una defensa de la fantasía.

R. -Cuando haces conversaciones con esto (señala la grabadora), puede que las cosas no queden tan ... Va por ese camino, pero no es eso. Se titula *En el bosque*.

P. -Ah, ¿y habrá trasgos y duendes?

R. -¿En mi discurso?, no. Ya los hay en la Academia (claro que lo dice en broma), pero a mí no me han hecho nada, eh, me han tratado muy bien. El discurso es una exposición de todo lo que me ha llevado hasta ese día, que al principio me asustaba tanto; qué ha sido y qué es para mí escribir. Aunque tampoco es eso, no sé: cuesta mucho expresarse, de ahí también la necesidad de la literatura.

---

3 Presentación de la persona que va a ser entrevistada

4 División en preguntas y respuestas

Unidad 2 Prueba 2 Destrezas productivas

> **P.** -Una mujer única. Ana María, usted misma ha señalado su diferencia respecto al común del género femenino.
>
> **R.** -Diferente de las mujeres y de los hombres. Yo cuando pienso, no los distingo: pienso en la gente.
>
> Fuente: El Mundo

Anuncio

Características

Aquí hay un análisis de las características de un anuncio, ilustrado por un ejemplo con comentario. El comentario apunta algunas características específicas que se ven en este ejemplo. Las características de **un folleto** u **hoja informativa** y de **un panfleto** son parecidas.

- El registro es informal (destinado a una audiencia juvenil), con estilo sencillo y uso de frases cortas.

- Aparecen distintos tipos de letra, colores y una imagen (una niña con la que se puede identificar la audiencia).

- Se puede ver el logo de la asociación y una explicación de los objetivos de la asociación. [Comentario 1]

- Aparecen mencionadas las diversas actividades que programa esta asociación. [Comentario 2]

- Hay que fijarse en el uso de imperativos y exclamaciones para invitar a los lectores a conocer esta asociación: *¡os esperamos!* [Comentario 3]

Si quieres conocer a más chicos como tú, puedes hacerlo a través de Menudos Corazones.

La Fundación Menudos Corazones se dedica a los niños que padecen cardiopatias congénitas y tiene algunos programas pensados especialmente para ti, como son:

[1] El logo de la asociación

Campamento de verano para niños con cardiopatias congénitas. [2]
Podrás venir con tu hermano, tu primo o un amigo, de 7 a 14 años.

[2] Menciona actividades propuestas.

Campamento de verano para adolescentes con cardiopatias congénitas.
Podrás venir con tu hermano, tu primo o un amigo, de 7 a 14 años.

Salidas, excursiones y actividades de ocio a lo largo de todo el curso.

... contacta con nosotros

Por correo:
Fundación Menudos Corazones
C/Valdesangil nº. 19, 4º izq.
28039 Madrid

Por teléfono:
Tel: 91 373 67 46 – 91 386 61 22

Si quieres tener más información ...

Por E-mail:
informacion@menudoscorazones.org
campamento@menudoscorazones.org

A través de nuestra web:
www.menudoscorazones.org

[3] Uso de imperativos y exclamaciones

¡Os esperamos! [3]

Fuente: Menudos Corazones

Unidad 2 Prueba 2 Destrezas productivas

Informe oficial

Características

Aquí hay un análisis de las características de un informe oficial, ilustrado por un ejemplo con comentario. El comentario apunta algunas características específicas que se ven en este ejemplo.

- Existen distintas formas de presentar un informe policial (se podría presentar también una carta formal a la policía declarando lo que ha ocurrido o visto, por ejemplo). En este caso el informe es un relato de hechos tal y como los vivió una brigada de policía del cuerpo de Seguridad Vial.

- El registro es formal y objetivo, con vocabulario específico del tema, en este caso la persecución policial y el lenguaje relacionado con ese tema: *consumar un hecho delictivo, actitud sospechosa, personal del cuerpo, se dio a la fuga, Fiscal de Turno,* etc.

- El texto está organizado en frases y párrafos claros y bien definidos. En el texto se responde a las preguntas más importantes: ¿quién?, ¿cuándo?, ¿cómo?, ¿dónde? [Comentarios 1–4]

- Aparece el autor del informe al final del texto. [Comentario 5]

← Es verdad que todos los gobiernos españoles desde el inicio de la transición encabezados por los presidentes Adolfo Suárez, Leopoldo Calvo Sotelo, Felipe González, José María Aznar y José Luis Rodríguez Zapatero permitieron y permiten las ventas de armas españolas a países con conflictos internos o guerras abiertas.

Es verdad que en la anterior legislatura se ha duplicado la venta de armas españolas al mismo tiempo que el presidente incidía en su mensaje contra la guerra y que hoy fabriquemos cuatro tipos distintos de bombas de racimo cuyo comportamiento en el terreno es similar al de las minas antipersonas.

Es verdad que me siento escandalizado cada vez que me topo con armas españolas en los olvidados campos de batalla del tercer mundo y que me avergüenzo de mis representantes políticos. ❹

❹ Desarrollo del tema con ejemplos concretos

Pero como Martin Luther King me quiero negar a creer que el banco de la justicia está en quiebra, y como él, yo también tengo un sueño: que, por fin, un presidente de un gobierno español tenga las agallas suficientes para poner fin al silencioso mercadeo de armas que convierte a nuestro país, nos guste o no, en un exportador de la muerte. ❺

❺ Conclusión

Muchas gracias. ❻

❻ Agradecimiento final

Gervasio Sánchez ❼

❼ Firma de la persona que realiza el discurso

Fuente: http://www.educarueca.org/spip.php?article689

Propuesta (Nivel Superior únicamente)

Características

Aquí hay un análisis de las características de una propuesta, ilustrado por un ejemplo con comentario. El comentario apunta algunas características específicas que se ven en este ejemplo.

- El registro es neutro y objetivo, y en este caso técnico, con términos relacionados con el espacio urbano y el parque: *usuarios, beneficio social y ambiental, trama urbana, carril bici, plazas de aparcamiento*, etc.

- Aparece un título que resume el tema de la propuesta. [Comentario 1]

- La propuesta se divide en las siguientes partes: introducción, desarrollo y conclusión. [Comentarios 2 y 6]

- Aparecen ejemplos que justifican las ideas expuestas, por ejemplo la referencia a la importancia de los parques: *"Los ejemplos abundan: El Retiro de Madrid, Central Park de Nueva York, el Parque de María Luisa de Sevilla, los parques Grant & Lincoln de Chicago (donde Obama dio su discurso la noche que ganó las elecciones de 2008) y también el Parque de la Alameda de Jaén. Muchos de estos parques se han convertido en símbolos de sus ciudades …"*. [Comentario 3]

Unidad 2 **Prueba 2 Destrezas productivas**

- Se utilizan tiempos del condicional para expresar lo que se podría conseguir: *"La incorporación de los espacios del Hípico a la Alameda **adecuaría** el tamaño del parque al uso que actualmente tiene y le **dotaría** de la escala e importancia que merecen Jaén y la entrada a su Casco Histórico. También daría la oportunidad de resolver algunos problemas prácticos …"* [Comentario 4]

- Presenta los objetivos en forma de una lista muy clara. [Comentario 5]

- Se utilizan conectores del discurso para desarrollar estas ideas.

- Las ideas están divididas en párrafos claros y ordenados.

Propuesta Para la Ampliación del Parque de la Alameda de Jaén ❶

❶ Título que resume el tema de la propuesta

INTRODUCCIÓN Y PROPUESTA

El desarrollo de una ciudad no depende solamente de su habilidad para el autocrecimiento, sino también de su capacidad para atraer negocios, gente e inversión desde fuera. O, en otras palabras, depende del atractivo de la ciudad. El atractivo de una ciudad está compuesto por muchos elementos. Algunos son cuantificables como, entre otros, las comunicaciones (autovías etc.), la disponibilidad y cualificación de sus trabajadores o los precios de las necesidades básicas (vivienda, comida, transporte público …). Otros elementos no son tangibles como, por ejemplo, el clima, el entorno natural, las actividades culturales y las actividades de ocio. En los últimos años Jaén ha avanzado mucho en su atractivo no tangible con actuaciones como la construcción del nuevo teatro Infanta Leonor. ❷

❷ Introducción

Hace años que los ciudadanos de Jaén nos hemos percatado de la oportunidad única que supondría la incorporación del Hípico al sistema de parques de Jaén para mejorar la vida e imagen de la ciudad. Esta actuación se concretaría en la ampliación de los espacios del Parque de la Alameda, la consolidación y mejora de la entrada verde por la Puerta del Ángel que actualmente tiene la localidad, así como la integración del complejo deportivo de La Salobreja, Felipe Arche, la calle de la Feria y la Alameda en un gran parque central. Permitiría, además, diseñar la visión de la ciudad desde fuera y aprovechar las vistas espectaculares que hay en esta zona del entorno de Jaén.

Entendemos que un elemento fundamental para una ciudad es un parque central donde la gente puede pasear, practicar deporte, disfrutar de la naturaleza, congregarse, tomar un refrigerio, etc. Los ejemplos abundan: El Retiro de Madrid, Central Park de Nueva York, el Parque de María Luisa de Sevilla, los parques Grant & Lincoln de Chicago (donde Obama dio su discurso la noche que ganó las elecciones de 2008) y también el Parque de la Alameda de Jaén. Muchos de estos parques se han convertido en símbolos de sus ciudades, han mejorado la percepción que se tiene de ellas y todos aportan un gran atractivo, tanto para los habitantes como para los visitantes. ❸

❸ Justificación, ejemplos

La Alameda ha sido el parque central de Jaén desde 1580. En principio era un espacio anejo a la ciudad, a la que se accedía por una pequeña puerta en la muralla, pero con el tiempo la Alameda ha sido ampliada, formalizada y adaptada a las distintas épocas. Poco después de su creación se convirtió en el principal centro de recreo y ocio de la ciudad. Con la ampliación de la puerta →

113

del acceso a la Puerta del Ángel, el parque pasó a ser el preámbulo de la entrada, o la "puerta verde", al Casco Histórico. Pero al dispararse el crecimiento de la población en los últimos 100 años, la Alameda ha quedado pequeña. Tal como se puede ver cualquier tarde, el parque está alborotado con padres paseando a sus hijos, niños jugando con el balón, gente haciendo footing, hablando, caminando y, en general, disfrutando de una gran variedad de actividades. La incorporación de los espacios del Hípico a la Alameda adecuaría ④ el tamaño del parque al uso que actualmente tiene y le dotaría de la escala e importancia que merecen Jaén y la entrada a su Casco Histórico.

④ Uso de tiempos del condicional para expresar lo que podría resultar

También daría la oportunidad de resolver algunos problemas prácticos, como mejorar la incorporación del Auditorio a su entorno, definir los accesos y adaptar el parque histórico a algunos usos modernos como footing y fútbol. (…)

En resumen, nuestra propuesta contempla un parque de más de 160.000 m² (aproximadamente el doble del Parque del Bulevar) y cuenta con:

- 3,2 km. de carril bici y paseo/pista de footing, contando solamente con las pistas dentro del parque. Dotación que facilitaría a los niños de Jaén una zona para jugar sin horario, mensualidad, monitor o tráfico.
- 13.000 m² de parque nuevo (considerando sólo el Hípico).
- La formalización de la calle Arrastradero, con 100 plazas nuevas de aparcamiento.
- La reforma de la calle de la Feria y la formalización de la entrada a la ciudad.
- La adaptación de la calle Ronda Sur, actualmente una de las zonas más usadas para hacer ejercicio en el centro de Jaén.
- La formación de una red de calles verdes que conecta las zonas de recreo dentro de la ciudad.
- La producción de oxígeno suficiente para el consumo anual de 2500 personas y la absorción de 28.000 kilos de dióxido de carbono al año (datos del servicio forestal de EEUU y calculado únicamente para los árboles proyectados en los 3,2 km. de pistas). ⑤

⑤ Objetivos en forma de lista

La propuesta incorpora dos modelos de parque. Uno es la Alameda, un parque tradicional abierto donde no hay un uso específico. El otro modelo es el de polideportivo, donde hay pistas para la práctica de deportes específicos dentro de edificios o fuera de ellos. En esta propuesta hacemos hincapié en el primer modelo porque es más flexible, está abierto a un abanico más amplio de usuarios, enriquece la trama urbana, y porque Jaén tiene una notable carencia de parques de este tipo. En otro orden de cosas, consideramos que el proyecto es, factible por estar planteado en cuatro fases relativamente económicas, especialmente si se tiene en cuenta el gran beneficio social y ambiental que aportaría al pueblo de Jaén. Entendemos, en fin, que este nuevo parque podría ser otro gran paso para aumentar el atractivo de la ciudad. ⑥

⑥ Justificación final y conclusión

Fuente: Adaptado de http://www.alamedajaen.webs.com/

Unidad 2 Prueba 2 Destrezas productivas

Reseña

Características

Aquí hay un análisis de las características de una reseña, ilustrado por un ejemplo con comentario. El comentario apunta algunas características específicas que se ven en este ejemplo.

- Aparece un título y un subtítulo que resumen el tema de la crítica. [Comentarios 1 y 2]

- Aparecen la fecha de la noticia y el autor. [Comentarios 3 y 4]

- Hay vocabulario específico y información técnica relacionados con el mundo del cine: *cinta, película, personajes, actuación*, etc. [Comentarios 5, 7, 8]

- Hay una puntuación y una valoración sobre la película. [Comentario 6]

- En la crítica hay espacio para la subjetividad: el autor comenta la película, pero también da su opinión personal sobre la misma. [Comentarios 8 y 9]

- En el texto se presenta vocabulario descriptivo, con abundancia de adjetivos y adverbios que sirven para presentar la película y su trama.

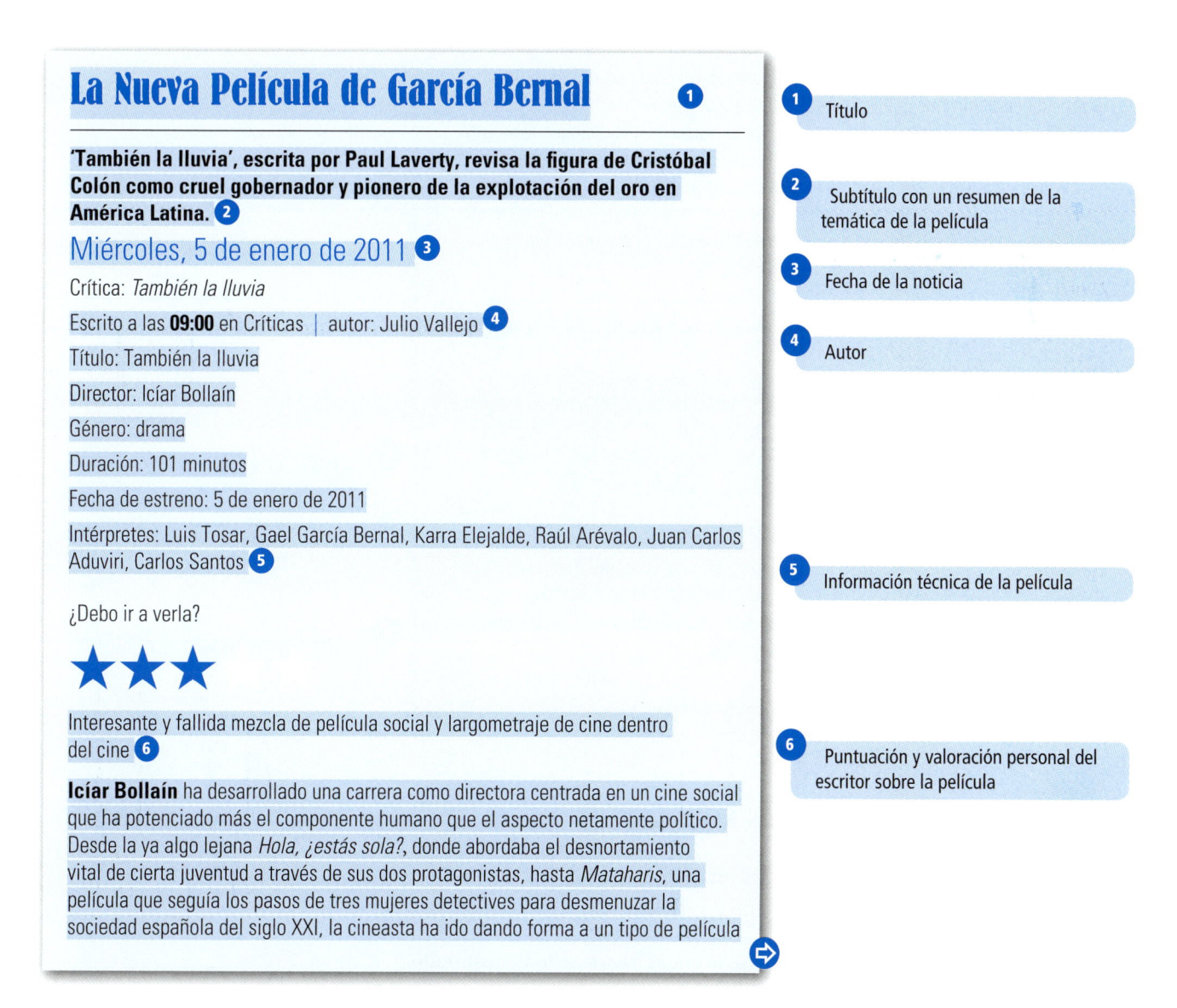

La Nueva Película de García Bernal ❶

'**También la lluvia**', escrita por Paul Laverty, revisa la figura de Cristóbal Colón como cruel gobernador y pionero de la explotación del oro en América Latina. ❷

Miércoles, 5 de enero de 2011 ❸

Crítica: *También la lluvia*

Escrito a las **09:00** en Críticas | autor: Julio Vallejo ❹

Título: También la lluvia
Director: Icíar Bollaín
Género: drama
Duración: 101 minutos
Fecha de estreno: 5 de enero de 2011
Intérpretes: Luis Tosar, Gael García Bernal, Karra Elejalde, Raúl Arévalo, Juan Carlos Aduviri, Carlos Santos ❺

¿Debo ir a verla?

★★★

Interesante y fallida mezcla de película social y largometraje de cine dentro del cine ❻

Icíar Bollaín ha desarrollado una carrera como directora centrada en un cine social que ha potenciado más el componente humano que el aspecto netamente político. Desde la ya algo lejana *Hola, ¿estás sola?*, donde abordaba el desnortamiento vital de cierta juventud a través de sus dos protagonistas, hasta *Mataharis*, una película que seguía los pasos de tres mujeres detectives para desmenuzar la sociedad española del siglo XXI, la cineasta ha ido dando forma a un tipo de película

➡

---

❶ Título

❷ Subtítulo con un resumen de la temática de la película

❸ Fecha de la noticia

❹ Autor

❺ Información técnica de la película

❻ Puntuación y valoración personal del escritor sobre la película

115

interesada en tratar temas candentes desde un punto más o menos intimista. *También la lluvia* sigue el camino trazado en anteriores largometrajes, aunque el guión de **Paul Laverty**, colaborador habitual de Ken Loach y pareja sentimental de la directora, intente dar una dimensión menos intrínsecamente española y más política al conjunto. ❼

❼ Información sobre la directora de la película

Como ya ocurriera en películas como *La mujer del teniente francés* o *El peso del agua*, **También la lluvia** intenta unir las peripecias de una serie de cineastas que ruedan un filme con la historia que aborda la cinta que está filmando ese equipo de rodaje. En el caso del largometraje de Bollaín, la denominada Guerra del agua, que tuvo lugar en Bolivia a comienzos de este segundo milenio, se entremezcla de manera peculiar con el guión que ruedan un grupo de cineastas en el país latinoamericano: una trama que gira alrededor de la conquista española de América.

Laverty y Bollaín nos vienen a insinuar que, pese al paso del tiempo, sigue existiendo colonialismo, aunque no sea exactamente igual al de hace unos siglos. En la época actual tendría un cariz fundamentalmente económico, presente en la película a través de los conflictos de la guerra del Agua, provocado por la subida del precio del esencial líquido después de que la gestión quedara en manos de una multinacional, y la propia picaresca del productor del filme, que rueda en el país hispanoamericano para reducir unos costes que serían mucho más altos si la cinta tuviera lugar en otro lugar más desarrollado. En ambos casos nos encontramos ante el expolio de un país, algo no muy diferente a lo que hicieron los españoles en su etapa colonial.

El nexo de unión entre ambos universos, el real y el recreado cinematográficamente, es un indígena boliviano que, a la vez, es el cabecilla de los responsables de la revuelta popular y el protagonista aborigen de la producción española que se está rodando en Bolivia. Sin embargo, pese a sus buenas intenciones, los responsables de *También la lluvia* no terminan de entrelazar bien ambas historias. Se observa que ése es el propósito, pero la trama del filme que rueda el equipo de cine de la película está presentada de una manera tan esquemática que termina resultando más anecdótica que verdaderamente representativa.

Por otra parte, la evolución de dos de los personajes principales está tratada con suma torpeza. No es demasiado creíble que el productor del filme, interpretado por estupendo **Luis Tosar**, pase de ser un verdadero cínico a implicarse con el drama social del país donde está rodando en apenas un par de planos. Lo mismo ocurre con el director, encarnado por **Gael García Bernal**, que se nos presenta en un principio como un realizador concienciado para, sin apenas explicación, transformarse en un cineasta al que sólo le importa salvar el culo. ❽

❽ Análisis del argumento y los personajes de la película

No obstante, pese a sus numerosos defectos, el filme de Bollaín se sigue con curiosidad gracias a un más que sólido reparto y a la habilidad de Bollaín como realizadora. Especialmente reseñable es la actuación de **Karra Elejalde**, simplemente magnífico como un actor descreído y borrachín de vuelta de todo y bastante crítico con el denominado cine social. ❾

❾ Opinión personal sobre la película

Fuente: Notas de Cine

Para preparar el examen se propone:

- Buscar ejemplos de todos los tipos de texto vistos.

- Practicar escribiendo cada uno de los textos teniendo en cuenta los elementos que caracterizan a cada uno de ellos.

- Compartir con el resto de los compañeros lo que se haya escrito y encontrado.

   De esta manera todos ampliaremos nuestros conocimientos.

2.6 Tareas de práctica para el examen (NM; NS, Sección A)

Se pueden realizar las tareas propuestas en esta sección para practicar más. En el sitio Web de este libro hay algunos consejos que se pueden consultar antes o después de realizar las tareas.

Hay que pensar en todos los elementos importantes vistos en estas secciones (uso de la lengua, estructura del texto, formato y tipo de texto, registro necesario, contenido apropiado) para preparar cada una de estas respuestas.

Nivel Medio

"Basándote en las opciones escogidas en clase, realiza una de las tareas siguientes. Escribe entre 250 y 400 palabras."

1 Diversidad cultural

   Has conocido recientemente a una familia de emigrantes de un país de habla hispana y has decidido hacer una entrevista a uno de sus miembros para el especial de la revista de tu colegio sobre "Culturas y Países" sobre las razones de su emigración y sus sueños para el futuro. Escribe la entrevista.

2 Costumbres y tradiciones

   Has asistido a una celebración en casa de tus vecinos hispanos y escribes una entrada en tu diario sobre la jornada. Escribe el texto sobre esa celebración explicando qué se celebraba y cómo se celebraba.

3 Salud

   Has decidido enviar un artículo a una revista juvenil con la intención de informar a los jóvenes sobre la importancia de mantener una vida sana. Escribe ese artículo.

4 Ocio

   Estás de vacaciones por primera vez en un país de habla hispana. Escribe un correo electrónico en el que cuentas a tus amigos todas las actividades que estás realizando. Escribe ese correo electrónico.

5 Ciencia y tecnología

   En vista de la necesidad de no gastar energía, tu colegio ha lanzado una campaña para animar a la gente a ahorrar energía y pide la colaboración de los estudiantes. Tú has decidido escribir un folleto informativo sobre el tema. Escribe ese folleto.

Nivel Superior (Sección A)

*"Basándote en las opciones escogidas en clase, realiza **una** de las tareas siguientes. Escribe entre 250 y 400 palabras."*

1. Diversidad cultural

    Hace ya unos meses llegaron a tu ciudad unos pobladores procedentes de otro país. Ha pasado el tiempo y has visto cómo hay problemas con su integración a la comunidad. Decides escribir una carta al alcalde de tu pueblo para proponer algunas soluciones y explicar los aspectos positivos de su integración. Escribe esa carta.

2. Costumbres y tradiciones

    Durante tu estancia en un país de habla hispana tuviste ocasión de descubrir algunas costumbres y expresiones artísticas muy interesantes. Para la celebración de la "Semana Cultural" de tu colegio, tu profesor te ha pedido que prepares un pequeño discurso para el resto de tus compañeros de clase para que las conozcan. Escribe ese discurso.

3. Salud

    Muchos profesionales de la salud están cada vez más preocupados por las conductas de aislamiento que muchos jóvenes presentan. Prepara un folleto informativo en el que animes a otros jóvenes a disfrutar de actividades sociales y expliques las ventajas para la salud de realizar tales actividades. Escribe ese folleto.

4. Ocio

    ¿Piensas que el dinero puede mejorar las actividades de ocio o los pasatiempos o no tiene nada que ver? Este es el tema del título del artículo que tu profesor ha preparado. Escribe ese artículo.

5. Ciencia y tecnología

    ¿Cómo van a ayudar la ciencia y la tecnología a que vivamos en un mundo mejor? Este es el tema que aparece en el blog de la clase de ciencias y has decidido crear una entrada con tus ideas sobre este tema. Escribe esa entrada al blog.

Unidad 2 Prueba 2 Destrezas productivas

2.7 Información fundamental sobre la respuesta personal (NS, Sección B)

Características de la respuesta personal

La respuesta personal es la segunda parte (Sección B) de la Prueba 2 para el Nivel Superior.

Esta parte consiste en escribir **un texto de 150 palabras** sobre un estímulo procedente de los **temas troncales**:

- Medios de comunicación
- Cuestiones globales
- Relaciones sociales.

El texto debe ser un **argumento razonado**.

Es decir, es muy importante dar **una opinión personal** sobre el tema, explicar **qué se entiende sobre el tema** del estímulo y **dar un razonamiento** de su opinión sobre la idea expuesta en la cita o frase de la tarea, **utilizando ejemplos** para ello.

Lo que es importante tener en cuenta al escribir la respuesta es:

- Demostrar que se ha entendido el tema del estímulo;
- Desarrollar ideas de manera convincente;
- Escribir las ideas de forma correcta;
- Utilizar un vocabulario variado y pertinente;
- Estructurar las ideas de forma coherente;
- Efectuar una escritura convincente;
- Expresar la opinión personal respecto al tema del estímulo;
- Presentar una argumentación coherente.

Los criterios de la respuesta personal

En esta tarea hay dos criterios importantes, **Lengua** y **Argumentación**.

Criterio A: Lengua	10 puntos
Criterio B: Argumentación	10 puntos
	20 puntos

(Para revisar los detalles de los criterios de la Sección B, se puede estudiar sección 2.2 de esta unidad, "Los criterios de evaluación para la Prueba 2".)

Criterio A: Lengua

La **Lengua** es la forma de utilizar las palabras (la correcta expresión, utilización de vocabulario adecuado, la corrección gramatical, el uso del registro adecuado, la utilización de frases adecuadas, etc.).

- Es importante recordar escribir el límite de palabras (150 palabras). De lo contrario se penalizará en la parte de lengua en un punto.
- Lo importante: escribir de forma eficaz, clara, intentando usar estructuras complejas y utilizando la ortografía y la gramática de forma correcta.

CLARIDAD   CORRECCIÓN   ORTOGRAFÍA

GRAMÁTICA   ESTRUCTURAS COMPLEJAS

Criterio B: Argumentación

La **Argumentación** es la forma de expresar y justificar las opiniones referidas a la cita o frase de la tarea.

- Lo importante: intentar expresar las ideas de forma eficaz, clara y coherente. Utilizar una argumentación convincente y reaccionar adecuadamente ante el estímulo.

IDEAS	ARGUMENTACIÓN	ESTÍMULO

Trabajar con los temas de los estímulos

¿Qué hay que hacer para preparar la respuesta al estímulo?

Lo primero es leer atentamente el estímulo, buscando las palabras clave para ayudar a descubrir el tema, la opinión del escritor y los ejemplos que utiliza.

Ejercicio práctico 2.7.1

Lee el ejemplo, después lee los siguientes estímulos y copia y completa las tablas de información.

Ejemplo (Comunicación y medios)

Ver la televisión no es malo, pero un mal uso de ella puede repercutir de modo negativo en los telespectadores. Para los más jóvenes puede ser un gran entretenimiento y una divertida forma de enseñar, pero también, en contraposición, puede ser un factor negativo en el proceso de maduración personal.

Tema global	Medios de comunicación
Tema específico	La televisión
Opinión del autor	La televisión puede ser positiva para los jóvenes, pero puede tener efectos negativos con un uso inadecuado.
Ejemplos específicos	La tele es entretenimiento y puede tener un papel en la educación, pero un mal uso es negativo para la maduración personal.

Texto 1 (Comunicación y medios)

Los nuevos usuarios de Internet y sus productos (Facebook, Tuenti, Twitter) adoran compartir y distribuir la información en cuanto la reciben. "Compartir el conocimiento es poder" podría ser un nuevo refrán para los nuevos usuarios de las tecnologías.

Tema global	
Tema específico	
Opinión del autor	
Ejemplos específicos	

Unidad 2 Prueba 2 Destrezas productivas

Texto 2 (Relaciones sociales)

> *En nuestra sociedad, la vivienda es uno de los elementos prioritarios de la vida de las personas, de tal modo que fundamenta o desestabiliza el resto de los derechos fundamentales. Por sí sólo o asociado a otros factores como la ocupación, la formación o la salud puede generar severos procesos de exclusión. (Luis Cortés)*

Tema global	
Tema específico	
Opinión del autor	
Ejemplos específicos	

Expresar la opinión personal

En la sección B de la Prueba 2 de Nivel Superior además de comprender el tema del estímulo es muy importante reaccionar ante él, es decir, dar una opinión personal respecto al mismo.

En este apartado se practicará esta parte del ejercicio.

¿Cómo se puede dar la opinión personal?

El español dispone de varias estructuras lingüísticas para hacerlo. Se ofrece a continuación una lista con algunas; ¿se pueden añadir más estructuras a esta lista?

> (Yo) creo que ...
> (Yo) pienso que ...
> (Yo) considero que ...
> (Yo) estimo que ...
> A mí me parece que ...
> A mi parecer ...
> En mi opinión ...
> Desde mi punto de vista ...

Muchas veces se puede estar de acuerdo con el estímulo, pero también es posible estar en contra.

Algunas expresiones:

> **Expresión de acuerdo**
> Estoy de acuerdo con la opinión del autor / de la autora ...
> Comparto la opinión del estímulo y creo que ...
> Estoy absolutamente de acuerdo con lo que se menciona en la cita / el estímulo / el fragmento ...
>
> **Expresión de desacuerdo**
> No comparto la opinión del autor / de la autora de la cita ...
> No creo que sea cierto lo que se comenta ...
> No estoy de acuerdo ...

El proceso de escritura para la respuesta personal: Organización, construcción y redacción de la respuesta personal

A la hora de redactar la respuesta es importante, además de entender la opinión o tema reflejado en el estímulo, mejorar la técnica de redacción para que el texto sea **convincente** y **efectivo**.

Para estructurar la respuesta eficaz, hay que considerar estos aspectos:
- Los contenidos han de desarrollarse con claridad;
- La presentación del tema, de la opinión y de los argumentos y ejemplos que apoyen las ideas debe ser coherente y bien estructurada.

Una buena forma de estructurar una respuesta personal podría ser utilizando los siguientes apartados:
- **Introducción:** en esta parte se presenta el tema del que trata el estímulo, y se hace referencia a lo más importante del mismo.
- **Cuerpo:** se hace alusión a las ideas y ejemplos del estímulo y se comenta la opinión sobre el tema del mismo, a la vez que se recurre a ejemplos para justificarla. Se puede mencionar ejemplos que se conoce en el mundo de la cultura hispana, por ejemplo.
- **Conclusión:** el último párrafo debe retomar de nuevo la opinión y la idea de que se ha demostrado que se ha comentado el estímulo y se ha propuesto el punto de vista sobre el mismo.

Algunas estructuras útiles

Introducir el tema del estímulo:

- En este texto se menciona el tema de …
- En este texto se habla de …
- El autor comenta que …

Incluir la opinión del autor del estímulo:

- El texto se centra en …
- El autor/la autora se concentra en …
- El escritor/la escritora señala la importancia de …

Presentar los ejemplos que hay en el estímulo:

- Un ejemplo es …
- El fragmento utiliza el ejemplo de …
- En el texto se comenta el ejemplo de …
- El autor/la autora presenta el caso de …
- Una ilustración del tema es …
- Según el/la periodista / el escritor/la escritora / el texto …

Aportar la opinión personal:

- Yo creo que …
- Yo opino que …
- Mi opinión sobre este tema es que …
- Comparto la opinión del escritor/de la escritora / del periodista/ de la periodista …
- Sin embargo, yo opino de manera diferente; creo que …
- Aún así, creo que …
- A pesar de todo lo dicho, yo creo/opino que …
- No obstante, mi opinión sobre el tema/el fragmento/la cita es diferente y pienso que …

Presentar algunos ejemplos:

- Por ejemplo …
- En este sentido …
- Además …
- También …
- Algunas cosas en común con este tema son …
- Por el contrario, …
- Por un lado … por otro …
- Por otro lado …

Incluir una conclusión:

- Para concluir …
- Para finalizar …
- Para terminar …
- Como resumen …
- Como conclusión …

Ejemplo de una respuesta de la Sección B

Se va a estudiar un ejemplo de una respuesta a la Sección B.

Hay que revisar el texto e intentar reconocer en él los siguientes elementos:

- Utilizar párrafos claros.
- Usar una expresión correcta y pertinente.
- Construir frases con conectores textuales.
- Emplear un registro neutro.
- Expresar una opinión personal.
- Aportar argumentos.

A partir del fragmento siguiente expresa tu opinión personal y justifícala, eligiendo uno de los tipos de textos trabajados en clase. Escribe entre 150 y 250 palabras.

> *Un cirujano que haya jugado con videojuegos se equivoca un 40 por ciento menos operando. Los niños que tienen la suerte de que les dejen entretenerse con los videojuegos aprenden probando a desarrollar estrategias para salvar obstáculos. (Eduard Punset)*

Eduard Punset, el autor de esta cita, está claramente a favor del uso de los videojuegos por parte de los niños. ❶ Utiliza, por ejemplo, el caso de los cirujanos, personas que deben tomar decisiones muy rápidas y estratégicas a la hora de operar: se equivocan un 40 por ciento menos operando si han jugado a los videojuegos. ❷

La utilización de los juegos de vídeo y ordenador entre los más jóvenes es un tema muy controvertido, ya que hay defensores de su efectividad en el desarrollo de competencias muy útiles para los niños, pues, según ellos, ayudan a resolver problemas, a pensar lateralmente, a desarrollar la creatividad por mencionar algunas ventajas. Sin embargo, están los críticos de estos juegos, que mencionan la falta de actividad física o la posibilidad que se conviertan en una adicción. ❸

Personalmente, ❹ creo que los videojuegos son beneficiosos para el desarrollo creativo y colaborativo de los jóvenes. Muchos niños utilizan en los videojuegos estrategias que les servirán después en otros aspectos de su vida: en los estudios, en su relación con sus amigos, en su futuro trabajo. Pero también ❺ es importante controlar el uso de los mismos para que no se conviertan en una adicción, o que exista el peligro de pasar demasiadas horas con estas actividades solamente y se olviden de otras también importantes como las actividades físicas.

Así pues, los videojuegos con mesura, como el resto de actividades, son beneficiosos. ❻

[234 palabras]

❶ Utiliza un registro neutro.

❷ Aparecen ejemplos del texto.

❸ Se utilizan párrafos claros.

❹ Uso de conectores

❺ Uso de conectores

❻ Se expresa una opinión personal con argumentos.

2.8 Tareas de práctica para la respuesta personal (NS, Sección B)

Para practicar más la Sección B de Nivel Superior se propone algunos ejercicios. Se puede consultar el sitio Web de este libro que tiene algunas sugerencias.

Comunicación y medios

1) La televisión y la radio son muy importantes, pero la prensa no sólo es importante, es también necesaria; sin ella la opinión pública de un país quedaría resuelta en un millón de matices y por ende sería imposible hablar de identidades o esquemas colectivos – opinión pública.

2) "En torno a uno de cada tres menores de los que habitualmente utilizan el teléfono móvil sí que manifiestan reacciones adversas cuando se encuentran con que no pueden seguir utilizando el móvil", dijo el presidente de Protégeles, Guillermo Cánovas, en declaraciones a RNE. "Algunos de estos menores manifiestan sentir angustia, sentir ansiedad y otro tipo de características que serían propias de una persona que está desarrollando un desorden de adicción", explicó.

Cuestiones globales

3) ¿Por qué algo tan básico como la alimentación es un lujo para muchos? Ser solidario implica intentar conseguir los derechos básicos para la alimentación, la educación y la libertad.

4) La globalización ha fomentado sin duda poder conseguir productos más baratos y accesibles, así como el aumento de empleo donde llegan las multinacionales, sobre todo en países emergentes.

Relaciones sociales

5) ¿Quién se salva del terror a la desocupación? ¿Quién no teme ser un naufrago de las nuevas tecnologías, o de la globalización, o de cualquier otro de los muchos mares picados del mundo actual? Los oleajes, furiosos, golpean: la ruina o la fuga de las industrias locales, la competencia de la mano de obra más barata de otras latitudes, o el implacable avance de las máquinas, que no exigen salarios, ni vacaciones, ni aguinaldo, ni jubilación, ni indemnización por despido, ni nada más que la electricidad que las alimenta. (Eduardo Galeano)

6) Las relaciones intergeneracionales (abuelos, padres, hijos) siempre serán necesarias y importantes para el enriquecimiento mutuo de todos.

2.9 Cosas importantes para el día del examen

Nivel Medio y Nivel Superior, Sección A

La selección de la pregunta

Antes de elegir la pregunta para realizar en el examen:

- Lee detenidamente todas las preguntas.
- Piensa en los temas que tratan: de ellos, ¿cuál te resulta más cómodo? ¿De qué tema tienes más vocabulario y conocimientos generales?
- Piensa en el tipo de textos que hay: ¿con cuál te sientes más cómodo?
- ¿Qué tipo de registro necesitan?

Las instrucciones

Las instrucciones son fundamentales. Mentalmente puedes dividir cada pregunta en los siguientes apartados:

- El autor: un estudiante, un periodista
- El registro: formal (una carta a una empresa, un discurso en una asociación, un correo a una persona que no conoces directamente, etc.); informal (a tus compañeros de clase, a un amigo, etc.); neutro (un ensayo, etc.)
- El tema
- El tipo de texto
- El uso de estructuras lingüísticas típicas del texto elegido que sabes y puedes utilizar (por ejemplo si escribimos un discurso formal tendremos que utilizar apelativos como: *"En este día me dirijo a ustedes, señoras y señores ..."*.

Nivel Superior, Sección B

El estímulo

Lee detenidamente el estímulo y subraya las palabras clave. Mentalmente puedes dividir cada estímulo en los siguientes apartados:

- El tema general: ¿de qué tema global se está hablando: Comunicación y medios, Cuestiones globales, Relaciones sociales?
- ¿Cuál es el tema específico? ¿Habla de la contaminación, de los problemas entre padres e hijos, de la influencia de la publicidad?
- ¿Hay ejemplos específicos en el fragmento? ¿Cuáles?

Nuestra opinión

Al tratarse de un texto argumentativo, nuestra opinión es fundamental, así que es importante estructurarla bien.

- ¿Cuál es nuestra opinión sobre este tema?
- ¿Estamos de acuerdo o no con lo que dice el texto? ¿Por qué?
- ¿Qué ejemplos podemos dar para ilustrar nuestra opinión?

Unidad 2 Prueba 2 Destrezas productivas

Nivel Medio	Nivel Superior
\multicolumn{2}{c}{Intenta estar tranquilo/a.}
\multicolumn{2}{c}{Demuestra lo que puedes hacer con el español; es un día para demostrar todo lo que has aprendido en tus años de estudio de esta lengua y su cultura.}
Planifica bien el tiempo disponible (una hora y media).	Planifica bien el tiempo disponible (una hora y media para las dos partes, la Sección A y la Sección B).
Escribe el mínimo de palabras exigido (250 palabras).	Escribe el mínimo de palabras exigido: 250 palabras para la respuesta de la Sección A 150 palabras para la respuesta de la Sección B
No escribas mucho más del límite de palabras (400 palabras).	No escribas mucho más del límite de palabras: 400 palabras para la respuesta de la Sección A 250 palabras para la respuesta de la Sección B
Prepara un guión de tu respuesta (con vocabulario, ideas, planificación). No te preocupes si no te acuerdas de alguna palabra. A veces es mejor dejar un espacio en blanco y volver a él después. Lo importante es escribir un plan claro y consistente.	Prepara un guión de tu respuesta (con vocabulario, ideas, planificación; para la Sección B necesitas también opiniones y ejemplos).
Intenta utilizar algunas estructuras complejas (seguro que si has practicado hay expresiones que puedes utilizar).	Intenta utilizar estructuras complejas (seguro que si has practicado hay expresiones que puedes utilizar).
\multicolumn{2}{c}{Después de terminar la escritura revisa el texto en busca de posibles errores de ortografía, coherencia (singulares como *una casa blanca*, plurales como *los asuntos importantes*, géneros de las palabras: *el problema*, *la canción*, etc.), tiempos verbales, preposiciones (*a, de, por/para*, etc.).}

Para revisar

Crea tu propia tabla de revisión, según los errores que sepas que son importantes para ti: puntuación, *ser/estar*, pasados, concordancia, etc. Una general podría ser esta (basada en los criterios para los dos niveles):

Lengua
- Acentos
- Ortografía
- Género (*el problema, la canción*, etc.)
- Concordancia (*las cosas claras, el chocolate caliente, el autor piensa* …)

- *Ser/estar*
- Los pasados
- ¿Aparece algún subjuntivo?
- El vocabulario es variado
- ¿Has intentado utilizar frases complejas?

Mensaje
- Las ideas son claras y pertinentes;
- El mensaje está bien estructurado: una introducción, párrafos con ideas diferentes cada uno;
- Los párrafos están separados;

- Una conclusión;
- Hay frases convincentes para el lector si es necesario;
- Hay ejemplos para apoyar las ideas.

Formato
- El texto que has escrito reproduce las características de ese tipo de texto (título, frases exclamativas, eslogan, etc.);
- Has utilizado el registro adecuado a lo largo del texto;
- Has escrito el número mínimo de palabras (250 palabras).

Argumentación (Nivel Superior, Sección B)
- El texto que has escrito comenta el tema, la opinión y algunos ejemplos utilizados en el estímulo;
- Has dado tu opinión y la has respaldado con ejemplos;
- Has utilizado el registro adecuado a lo largo del texto;
- Las ideas son claras y pertinentes;
- El mensaje está bien estructurado: una introducción, párrafos con ideas diferentes cada uno y una conclusión;
- Has escrito el número mínimo de palabras (150 palabras).

2.10 Pruebas para practicar

Para practicar más en esta sección te proponemos un ejemplo de una prueba para cada nivel. En el sitio Web de este libro hay más ejemplos.

Práctica Prueba 2, Nivel Medio

*Basándote en las opciones escogidas en clase, realiza **una** de las tareas siguientes. Escribe entre 250 y 400 palabras.*

1 Diversidad cultural
Como estudiante de lenguas te ha impresionado la serie de eventos realizados la semana pasada en la clase de español en los que se ha destacado la importancia de aprender idiomas. Escribe **una entrada en tu diario** relatando lo que has aprendido.

2 Costumbres y tradiciones
Una época muy esperada por los niños es la Navidad y la llegada de los Reyes Magos, ya que es cuando reciben muchos regalos. Escribe **una carta** a los Reyes Magos contándoles cuáles son tus deseos. Sé original y no te centres solamente en cosas materiales.

3 Salud
Un deportista importante ha visitado tu colegio y como miembro de la revista del centro lo has entrevistado. Habéis hablado sobre las influencias positivas del deporte en la salud, entre otros temas. Transcribe **la entrevista** que has escrito.

4 Ocio
Durante tus vacaciones de invierno estás trabajando en un proyecto de la oficina de turismo de tu ciudad para promocionar la celebración de la Nochevieja. Elabora **un folleto** en el que presentes las actividades de las que se puede disfrutar durante los días anteriores y posteriores, así como durante la Nochevieja.

5 Ciencia y tecnología
Recientemente se han producido algunos casos de ciberacoso en tu entorno. Como representante del consejo escolar, el director te ha pedido que des una charla sobre este problema, explicando en qué consiste, por qué se debe respetar a los demás y cuáles son las consecuencias de estas acciones. Transcribe el guión de esa **charla**.

Práctica Prueba 2, Nivel Superior

Sección A
*Basándote en las opciones escogidas en clase, realiza **una** de las tareas siguientes. Escribe entre 250 y 400 palabras.*

1 Diversidad cultural
El comité de estudiantes de tu colegio ha preparado una propuesta para promover la interculturalidad en vuestra ciudad. Transcribe **la propuesta** que se presentará al ayuntamiento.

Unidad 2 Prueba 2 Destrezas productivas

2 Costumbres y tradiciones

Durante tu estancia en un país de habla hispana has podido contemplar distintas representaciones tradicionales. Como parte de tu investigación decides **realizar una entrevista** para el periódico de la escuela a un historiador local sobre una o varias tradiciones interesantes.

3 Salud

En las últimas semanas has visto cómo ha habido un aumento en la publicidad sobre la comida rápida. Escribe **un artículo** en el que comentes esta tendencia.

4 Ocio

El periódico de tu escuela ha pedido colaboraciones en distintos idiomas para promocionar la cultura de diversos países. Han pedido reseñas variadas y tú has decidido realizar **una reseña** de una película interesante para recomendar a los demás lectores.

5 Ciencia y tecnología

Después de haber visto un programa muy interesante en el que se comentaba cómo la ciencia va a avanzar en la salud de la humanidad, decides escribir **una entrada en tu blog** personal comentando este tema.

Sección B

A partir del fragmento siguiente expresa tu opinión personal y justifícala, eligiendo uno de los tipos de textos trabajados en clase. Escribe entre 150 y 250 palabras.

El tabaco no sólo es nocivo, adictivo y perjudicial para la salud, también es molesto para la gente que rodea a un fumador. Llegar a casa apestando a tabaco después de una noche de fiesta o ver un delicioso plato de comida estropeado por el cigarro que fuman en la mesa de al lado es algo que no le agrada a nadie. Es necesario que se prohíba el uso del tabaco no sólo en lugares públicos, sino también en casas donde haya menores de 16 años o gente con problemas de salud.

Autoevaluación (Nivel Medio y Nivel Superior)

- Sé en qué consiste la Prueba 2 (Nivel Medio y Nivel Superior).
- Conozco la duración de esta prueba.
- Sé cómo analizar la pregunta para contestar de la forma más completa.
- Puedo distinguir y producir los tipos de textos que pueden aparecer.
- Sé cómo estructurar un texto.
- He leído y analizado los criterios de evaluación.
- He practicado mucho.

3 El examen oral

3.1 La actividad oral individual

Características

- El oral individual se realiza el segundo año del curso del BI.
- Hay que describir y comentar una fotografía propuesta por el profesor.
- La fotografía es sobre una de las opciones estudiadas en clase.
- Hay 15 minutos para preparar el comentario sobre la foto.
- El examen dura de 8 a 10 minutos.
- El oral individual es el 20% de la nota final.

Los temas de la actividad oral individual

Los temas del oral individual están basados en las opciones:

- Diversidad cultural
- Costumbres y tradiciones
- Salud
- Ocio
- Ciencia y tecnología

Procedimientos de la actividad oral individual

El examen se divide en tres partes:

- Preparación – 15 minutos
- Presentación – de 3 a 4 minutos
- Discusión – de 5 a 6 minutos

Parte 1: La preparación

Nivel Medio	Nivel Superior
El profesor presenta dos fotos inéditas, que no se han visto con anterioridad, al candidato. El candidato deberá elegir una de las dos.	El profesor proporciona una única foto inédita, que no se ha visto con anterioridad, el candidato no tiene la opción de elegir.
Nivel Medio y Nivel Superior	
La foto refleja un punto de vista de la cultura hispana relacionado con las opciones.	
La foto tiene un título o una leyenda que la resume y que servirá de guía para la preparación de la presentación.	
El candidato tiene que preparar una presentación sobre el tema de la foto, basándola en el título o leyenda proporcionado, es decir en el tema propuesto en la foto.	
El candidato puede apuntar las ideas sobre las que piensa basar su presentación con un máximo de 10 líneas.	

Parte 2: La presentación

El candidato deberá:

- describir la foto;
- relacionar la foto con el tema estudiado en clase;
- relacionar el tema de la foto con su propia cultura señalando semejanzas y diferencias.

Parte 3: La discusión

- El candidato y el profesor participarán en una discusión sobre el tema de la foto.
- Las preguntas del profesor permitirán al candidato profundizar en las ideas iniciales.
- Durante la discusión el candidato debe demostrar que puede expresar sus ideas con fluidez y coherencia.
- El candidato deberá comparar el tema de la foto con su propia cultura.
- El profesor también podrá hacer preguntas sobre la otra opción estudiada en clase si lo considera necesario.

3.2 La actividad oral interactiva

Características

- El candidato hará tres actividades orales interactivas en clase. Estas actividades se harán en cualquiera de los dos años del curso y son evaluadas por el profesor.
- El profesor elegirá la actividad con más nota para hacer media con la actividad individual y hacer la nota final.
- Los exámenes del NM y del NS tienen la misma estructura, la diferencia son los criterios de evaluación.
- La actividad oral interactiva está basada en los temas troncales.
- La actividad oral interactiva representa el 10% de la nota final.

Los temas de la actividad oral interactiva

Los temas de la actividad oral interactiva están basados en los temas troncales:

- Comunicación y medios
- Cuestiones globales
- Relaciones sociales

Los tipos de tareas de la actividad oral interactiva

Las tareas de la actividad oral interactiva pueden ser:

- Un debate
- Una discusión
- Una presentación sobre un tema particular seguida de una discusión
- Una dramatización

Procedimientos de la actividad oral interactiva

- La actividad oral interactiva puede ser en parejas, grupo o la clase completa.
- La duración de la actividad oral interactiva es variable dependiendo del tipo de tarea elegido, incluso podría durar una clase completa.
- El profesor evaluará tanto la capacidad del estudiante de expresarse, como la capacidad de comprender y reaccionar a las opiniones de los demás candidatos.
- Una de las tres actividades interactivas deberá estar basada en un estímulo auditivo.
- Algunos materiales de apoyo para la actividad oral interactiva basada en un estímulo auditivo pueden ser: canciones, conversaciones, noticias de radio o televisión, discursos, charlas, trozos de películas, cortometrajes, podcasts, etc.

3.3 Los criterios de evaluación

La evaluación interna (actividad individual + actividad interactiva) representa un 30% de la evaluación total del examen Español B. La estructura de los dos exámenes orales es la misma para el Nivel Medio que para el Nivel Superior. Sin embargo se usan criterios de evaluación diferentes para el Nivel Medio y para el Nivel Superior.

Los criterios de evaluación y los descriptores de nivel

Esta tabla muestra la distribución de notas en la actividad oral individual.

Criterio A	Destrezas productivas	10 puntos
Criterio B	Destrezas receptivas y de interacción	10 puntos
	Total	**20 puntos**

Esta tabla muestra la distribución de notas en la actividad oral interactiva.

Criterio A	Destrezas productivas	5 puntos
Criterio B	Destrezas receptivas y de interacción	5 puntos
	Total	**10 puntos**

Actividad oral individual: criterios de evaluación

Criterio A: Destrezas productivas
¿En qué medida utiliza el estudiante la lengua hablada de forma eficaz?
- ¿En qué medida se expresa oralmente el estudiante con fluidez y claridad?
- ¿En qué medida es correcto y variado el uso de la lengua?
- ¿En qué medida ayuda la entonación a la comunicación?

Puntos	Descriptores de nivel – Nivel Medio	Descriptores de nivel – Nivel Superior
0	El trabajo no alcanza ninguno de los niveles especificados por los descriptores que figuran a continuación.	El trabajo no alcanza ninguno de los niveles especificados por los descriptores que figuran a continuación.
1–2	**El manejo de la lengua hablada es muy limitado.** La expresión es muy titubeante y apenas resulta comprensible. El uso de la lengua es a menudo incorrecto y/o muy limitado. La entonación dificulta gravemente la comunicación.	**El manejo de la lengua hablada es limitado.** La expresión es titubeante y no siempre resulta comprensible. El uso de la lengua es a menudo incorrecto y/o limitado. La entonación dificulta la comunicación.
3–4	**El manejo de la lengua hablada es limitado.** La expresión es titubeante y no siempre resulta comprensible. El uso de la lengua es a menudo incorrecto y/o limitado. La entonación dificulta a veces la comunicación.	**El manejo de la lengua hablada es relativamente bueno.** La expresión es comprensible y a veces fluida. El uso de la lengua es a veces correcto, con algunas expresiones idiomáticas. La entonación no dificulta gravemente la comunicación.

5–6	**El manejo de la lengua hablada es relativamente bueno.** La expresión es comprensible y a veces fluida. El uso de la lengua es a veces correcto, con algunas expresiones idiomáticas. La entonación no dificulta la comunicación.	**El manejo de la lengua hablada es bueno.** La expresión es en su mayor parte fluida. El uso de la lengua es en general correcto, variado e idiomático. La entonación contribuye a la comunicación.
7–8	**El manejo de la lengua hablada es bueno.** La expresión es en su mayor parte fluida. El uso de la lengua es en general correcto, variado y está bien articulado. La entonación contribuye a la comunicación.	**El manejo de la lengua hablada es muy bueno.** La expresión es fluida y tiene un toque de autenticidad. El uso de la lengua es preciso. La entonación mejora la comunicación.
9–10	**El manejo de la lengua hablada es muy bueno.** La expresión es fluida. El uso de la lengua es correcto, variado y está bien articulado; los errores no dificultan la comunicación del mensaje. La entonación mejora la comunicación.	**El manejo de la lengua hablada es excelente.** La expresión es fluida y en general auténtica. El uso de la lengua es variado e idiomático. La entonación mejora la comunicación.

Criterio B: Destrezas receptivas y de interacción

¿En qué medida demuestra el estudiante comprensión y capacidad de interactuar en una conversación?
- ¿En qué medida puede el estudiante expresar ideas sencillas y complejas?
- ¿En qué medida puede el estudiante mantener una conversación?

	Descriptores de nivel	
Puntos	**Nivel Medio**	**Nivel Superior**
0	El trabajo no alcanza ninguno de los niveles especificados por los descriptores que figuran a continuación.	El trabajo no alcanza ninguno de los niveles especificados por los descriptores que figuran a continuación.
1–2	**El estudiante entiende las ideas sencillas con gran dificultad y la interacción es muy limitada.** Las ideas y las opiniones sencillas se presentan de forma incoherente. La conversación es inconexa.	**El estudiante entiende las ideas sencillas con dificultad y la interacción es limitada.** Las ideas y las opiniones sencillas se presentan con dificultad y a veces de forma incoherente. La conversación no discurre de forma coherente.
3–4	**El estudiante entiende las ideas sencillas con dificultad y la interacción es limitada.** Las ideas y las opiniones sencillas se presentan con dificultad y a veces de forma incoherente. La conversación no discurre de forma coherente.	**El estudiante entiende las ideas sencillas relativamente bien y la interacción es aceptable.** Las ideas y las opiniones sencillas se presentan en general de forma clara. La conversación discurre a veces de forma coherente, pero con algunas pausas.
5–6	**El estudiante entiende las ideas sencillas relativamente bien y la interacción es aceptable.** Las ideas y las opiniones sencillas se presentan en general de forma clara. La conversación discurre a veces de forma coherente, pero con algunas pausas.	**El estudiante entiende bien las ideas sencillas y la interacción es buena.** Las ideas y las opiniones sencillas se presentan de forma clara y coherente; se observa cierta dificultad en la presentación de las ideas complejas. La conversación discurre en general de forma coherente.

7–8	**El estudiante entiende bien las ideas sencillas y la interacción es buena.** Las ideas y las opiniones sencillas se presentan de forma clara y coherente; se observa cierta dificultad en la presentación de las ideas complejas. La conversación discurre en general de forma coherente.	**El estudiante entiende bien las ideas complejas y la interacción es muy buena.** Tanto las ideas y las opiniones sencillas como las complejas se presentan en general de forma clara, coherente y eficaz. La conversación discurre de forma coherente.
9–10	**El estudiante entiende bien las ideas complejas y la interacción es buena.** Tanto las ideas y las opiniones sencillas como las complejas se presentan en general de forma clara, coherente y eficaz. La conversación discurre de forma coherente.	**El estudiante entiende muy bien las ideas complejas y la interacción es excelente.** Las ideas y las opiniones complejas se presentan de forma clara, coherente y eficaz. La conversación discurre de forma coherente y natural.

Actividad oral interactiva: criterios de evaluación

Criterio A: Destrezas productivas

¿En qué medida utiliza el estudiante la lengua hablada de forma eficaz?

- ¿En qué medida se expresa oralmente el estudiante con fluidez y claridad?
- ¿En qué medida es correcto y variado el uso de la lengua?
- ¿En qué medida ayuda la entonación a la comunicación?

	Descriptores de nivel	
Puntos	**Nivel Medio**	**Nivel Superior**
0	El trabajo no alcanza ninguno de los niveles especificados por los descriptores que figuran a continuación.	El trabajo no alcanza ninguno de los niveles especificados por los descriptores que figuran a continuación.
2	**El manejo de la lengua hablada es limitado.** La expresión es titubeante y no siempre resulta comprensible. El uso de la lengua es a menudo incorrecto y/o limitado. La entonación dificulta a veces la comunicación.	**El manejo de la lengua hablada es relativamente bueno.** La expresión es comprensible y a veces fluida. El uso de la lengua es a veces correcto, con algunas expresiones idiomáticas. La entonación no dificulta gravemente la comunicación.
3	**El manejo de la lengua hablada es relativamente bueno.** La expresión es comprensible y a veces fluida. El uso de la lengua es a veces correcto, con algunas expresiones idiomáticas. La entonación no dificulta gravemente la comunicación.	**El manejo de la lengua hablada es bueno.** La expresión es en su mayor parte fluida. El uso de la lengua es en general correcto, variado e idiomático. La entonación contribuye a la comunicación.
4	**El manejo de la lengua hablada es bueno.** La expresión es en su mayor parte fluida. El uso de la lengua es, en general, correcto, variado y está bien articulado. La entonación contribuye a la comunicación.	**El manejo de la lengua hablada es muy bueno.** La expresión es fluida y tiene un toque de autenticidad. El uso de la lengua es preciso. La entonación mejora la comunicación.

Unidad 3 El examen oral

5	**El manejo de la lengua hablada es muy bueno.** La expresión es fluida. El uso de la lengua es correcto, variado y está bien articulado; los errores no dificultan la comunicación del mensaje. La entonación mejora la comunicación.	**El manejo de la lengua hablada es excelente.** La expresión es fluida y en general auténtica. El uso de la lengua es variado e idiomático. La entonación mejora la comunicación.

Criterio B: Destrezas receptivas y de interacción

¿En qué medida demuestra el estudiante comprensión y capacidad de interactuar en una conversación?
- ¿En qué medida puede el estudiante expresar ideas y opiniones?
- ¿En qué medida puede mantener el estudiante una conversación?

	Descriptores de nivel	
Puntos	**Nivel Medio**	**Nivel Superior**
0	El trabajo no alcanza ninguno de los niveles especificados por los descriptores que figuran a continuación.	El trabajo no alcanza ninguno de los niveles especificados por los descriptores que figuran a continuación.
1	**El estudiante entiende las ideas sencillas con gran dificultad y la interacción es muy limitada.** Las ideas y las opiniones sencillas se presentan de forma incoherente. La conversación es inconexa.	**El estudiante entiende las ideas sencillas con dificultad y la interacción es limitada.** Las ideas y las opiniones sencillas se presentan con dificultad y a veces de forma incoherente. La conversación no discurre de forma coherente.
2	**El estudiante entiende las ideas sencillas con dificultad y la interacción es limitada.** Las ideas y las opiniones sencillas se presentan con dificultad y a veces de forma incoherente. La conversación no discurre de forma coherente.	**El estudiante entiende las ideas sencillas relativamente bien y la interacción es adecuada.** Las ideas y las opiniones sencillas se presentan en general de forma clara. La conversación discurre a veces de forma coherente, pero con algunas pausas.
3	**El estudiante entiende las ideas sencillas relativamente bien y la interacción es adecuada.** Las ideas y las opiniones sencillas se presentan en general de forma clara. La conversación discurre a veces de forma coherente, pero con algunas pausas.	**El estudiante entiende bien las ideas sencillas y la interacción es buena.** Las ideas y las opiniones sencillas se presentan de forma clara y coherente; se observa cierta dificultad en la presentación de las ideas complejas. La conversación discurre en general de forma coherente.
4	**El estudiante entiende bien las ideas sencillas y la interacción es buena.** Las ideas y las opiniones sencillas se presentan de forma clara y coherente; se observa cierta dificultad en la presentación de las ideas complejas. La conversación discurre en general de forma coherente.	**El estudiante entiende bien las ideas complejas y la interacción es muy buena.** Tanto las ideas y las opiniones sencillas como las complejas se presentan en general de forma clara, coherente y eficaz. La conversación discurre de forma coherente.

5	El estudiante entiende bien las ideas complejas y la interacción es muy buena.	El estudiante entiende muy bien las ideas complejas y la interacción es excelente.
	Tanto las ideas y las opiniones sencillas como las complejas se presentan en general de forma clara, coherente y eficaz. La conversación discurre de forma coherente.	Las ideas y las opiniones complejas se presentan de forma clara, coherente y eficaz. La conversación discurre de forma coherente y natural.

3.4 Consejos para obtener el mejor resultado en el examen oral

Ideas para la preparación

Un buen estudiante debe …

- participar con la mayor frecuencia en todas las actividades que se hacen en clase, y aprovechar cualquier ocasión para practicar y hablar;
- ver películas, escuchar música y mirar la tele en español;
- apuntarse a un club de español para practicar español con regularidad;
- visitar un país hispano si tiene la oportunidad.

No debe …

- tener miedo de cometer errores, de los errores se aprende.

Antes del examen el candidato puede …

- recopilar y repasar las notas que tiene sobre las dos opciones estudiadas en clase;
- repasar el vocabulario sobre las dos opciones estudiadas en clase y hacer una lista más amplia de otras posibles palabras que le podrían ayudar relacionadas con los temas;
- repasar el vocabulario específico sobre cómo describir y comentar una foto.
- repasar la gramática y las estructuras estudiadas en clase;
- buscar más información sobre los temas estudiados en clase para disponer de un conocimiento que le permitirá hablar con más facilidad de los temas;
- escribir una lista de posibles preguntas sobre las opciones estudiadas en clase que el profesor podría hacer durante la discusión.

Claves para escoger una fotografía (Nivel Medio)

En el Nivel Medio el profesor proporcionará al estudiante dos fotografías y éste tendrá que elegir una. El candidato podrá usar las siguientes pautas para elegir la foto con la que podrá conseguir los mejores resultados.

- El tema que se presenta en la foto está claro.
- El título de la foto se entiende fácilmente y explica con claridad lo que se espera que el estudiante presente.

El candidato:

- sabe el vocabulario necesario para poder describir la foto con detalle;
- sabe suficiente sobre ese tema para hablar durante 3 ó 4 minutos;
- tiene suficiente información para poder comparar la foto con su cultura señalando parecidos y diferencias.

Claves para analizar una fotografía (NM y NS)

Las siguientes pautas ayudarán al candidato a reflexionar y analizar la foto.

La situación
Lo que está pasando

El lugar donde se tomó la foto

La relación entre el título y lo que está pasando en la foto

El tipo de personas que aparecen en la foto
Descripción de esas personas

Relación entre ellas (amistad, parentesco, etc.)

Las acciones de esas personas

El estado de ánimo de esas personas (contentos, tristes, enfadados, preocupados, relajados), y la razón para ese estado de ánimo

El mensaje de la foto
El receptor de esa foto

El problema de la foto y sus posibles implicaciones

La relación de este problema/tema con nuestra sociedad, el mundo hispano o la cultura del candidato

La reacción personal del candidato
El efecto de la foto en el candidato (produce sorpresa, miedo, repulsa, indiferencia) y la razón por la que le hace sentir así, etc.

El punto de vista del candidato sobre este tema y la razón para esta perspectiva,

Una posible solución a este conflicto o problema

Consejos para describir y comentar la foto (NM y NS)

Expresiones útiles para describir la foto

Descripción física de lo que se ve

Delante/En primer plano …

Detrás de …

Al fondo …

En la parte superior …

En la parte inferior …

A la derecha …

A la izquierda …

Se trata de una foto de actualidad/humorística/publicitaria …

Está dirigida a …

La foto representa/describe/ilustra/evoca/hace referencia a/critica/denuncia/ llama la atención sobre/nos hace pensar sobre …

Me parece que la foto es divertida/difícil de interpretar porque …

Para dar su opinión

Me da la impresión de que …

Me parece que …

Considero que …

Desde mi punto de vista, …

Por mi parte …

A mi parecer …

En mi opinión …

Expresiones útiles para discutir la foto

Para expresar desacuerdo

Estoy en contra de …

No puede ser …

No estoy de acuerdo con …

Para expresar acuerdo

Estoy a favor de …

Estoy de acuerdo en que …

Estoy de acuerdo con …

Tienes razón en lo de que …

Para expresar certeza

Estoy seguro/a de que …

Está claro que …

Nadie puede negar que …

Estoy convencido/a de que …

Es obvio que …

Es evidente que …

Estoy seguro/a de que …

No me cabe la menor duda que …

Para expresar duda

No estoy seguro/a de que …

No sé si …

Dudo que …

A lo mejor …

Para justificar argumentos con ejemplos

A modo de ejemplo …

Como ejemplo …

Esto ilustra …

Por ejemplo …

Para ilustrar esto …

Para pedir aclaraciones

No comprendo lo que quiere decir.

Creo que no comprendo bien la pregunta.

¿Puede repetir la pregunta?

¿Me puede explicar qué significa …?

Para presentar los hechos cronológicamente

En primer lugar …

Después …

Más tarde …

Luego …

A continuación …

Para expresar oposición

En cambio …

Por el contrario …

Al contrario …

No obstante …

Sin embargo …

Para expresar las consecuencias de algo

Así pues …

Así que …

Por lo tanto …

Por consiguiente …

En consecuencia …

Cómo concluir

Finalmente …

Para concluir …

Como conclusión …

3.5 Cosas importantes para el día del examen

Pautas para la preparación de la actividad oral individual (15 minutos)

Debes:
- analizar la foto y el título;
- tomar notas de lo que quiere decir en las 10 líneas permitidas;
- preparar un esquema con las ideas para presentarlas de forma organizada;
- anticipar las posibles preguntas que pueda hacer el profesor;
- organizar bien el tiempo (5 minutos para escribir las ideas principales, 5 minutos para planear la presentación, 5 minutos para pensar en las posibles preguntas que te puede hacer el profesor).

Durante la actividad oral individual (8–10 minutos)

- Di tu nombre y tu número de candidato en español al comienzo del examen.
- Asegúrate de que la presentación no dura más de 3 ó 4 minutos.
- Explica con claridad el tema de la foto.
- Presenta las ideas de forma clara, concisa y organizada.
- Defiende bien tus opiniones, da ejemplos concretos.
- Desarrolla y explica bien las respuestas.
- Pide al profesor que repita o explique la pregunta otra vez si no la comprendes completamente.
- Responde con precisión a las preguntas que te haga el profesor.
- Usa una variedad de vocabulario sobre el tema.
- Usa una variedad de tiempos verbales e intenta introducir algún verbo en subjuntivo.
- Usa palabras de transición y expresiones idiomáticas en la conversación.
- Toma la iniciativa.
- Habla alto y claro.
- Sé imaginativo, perceptivo y original; muestra entusiasmo.
- Esfuérzate en la pronunciación y entonación.

No …
- dejes que la conversación se convierta en un interrogatorio por parte del profesor respondiendo con un simple sí o un no;
- hables demasiado rápido ni demasiado despacio;
- leas las notas que tomaste durante la preparación;
- menciones hechos si no estás seguro de que son correctos;
- inventes o uses palabras o expresiones si no sabes con certeza que son correctas;
- recites frases que puedan parecer memorizadas.

Pautas para la preparación de la actividad oral interactiva

Debes asegurarte de:
- presentar tus ideas de una forma clara, concisa y organizada;
- dar ejemplos concretos;
- desarrollar y explicar bien tus ideas y opiniones;
- hacer preguntas a otros miembros del grupo;
- contestar a preguntas de otros miembros del grupo;
- pedir que un miembro del grupo clarifique o explique algo que no has comprendido;

Ejercicio práctico 3.6.3

Copia y completa la siguiente tabla para cada una de las fotos. Rellénala con la información requerida en forma de notas. Una vez hayas terminado, en parejas o grupos de tres, comparte la información en forma de presentación y complétalo con las ideas aportadas por todos los miembros del grupo. Analiza las ideas comunes y las ideas similares.

	Foto 1	Foto 2	Foto 3
Lugar (descripción detallada)			
Gente (cómo son, actitudes que tienen, etc.)			
Acciones (qué está pasando, ¿por qué? etc.)			

Una vez completada la tabla, trabaja con otras dos personas, cada uno elegirá una foto diferente. Individualmente, usando las notas que tomaste anteriormente describe la foto detalladamente y haz tu presentación al grupo que te escuchará atentamente y te dará sugerencias de cómo mejorar al final de tu presentación.

Recuerda que, en el examen, puedes tomar notas durante la preparación pero que no deberás leerlas durante la presentación.

Ejercicio práctico 3.6.4

Es importante demostrar que entiendes el **mensaje de la foto**. Elige de entre las siguientes opciones la que mejor se corresponde a cada foto. Copia la tabla y escribe el mensaje que mejor resume la foto en el lugar correspondiente.

1. Los jóvenes se divierten mejor con alcohol.
2. Sólo un modelo de familia es válido.
3. El alcohol es una forma de divertirse que puede ser peligrosa.
4. Los jóvenes que sólo saben divertirse consumiendo alcohol ponen en peligro sus vidas y las de los demás.
5. Hoy en día hay diferentes modelos de familia que nos pueden hacer sentir realizados como personas.
6. Lo importante para ser feliz es cómo nos vemos a nosotros mismos.
7. La extrema delgadez es bella.
8. Debemos ser realistas sobre nuestra imagen e intentar tener una vida saludable con un peso ideal.
9. Hay modelos de familias no aceptados por la sociedad.

Foto 1	Foto 2	Foto 3

Ejercicio práctico 3.6.5

Copia y completa la tabla con **tu opinión personal** basándote en lo que te sugiere la foto.

	Foto 1	Foto 2	Foto 3
Reacción inicial			
Punto de vista personal			
Posibles soluciones			

Una vez completada la tabla, trabaja con otras dos personas, cada uno elegirá una foto diferente. Individualmente, usando las notas que tomaste anteriormente describe tu reacción a la foto detalladamente y presenta tus opiniones al grupo que te escuchará atentamente y te dará sugerencias.

Recuerda que, en el examen, puedes tomar notas durante la preparación pero que no deberás leerlas durante la presentación.

3.7 Pruebas para practicar

Parte 1: Introducción

Ahora vamos a reflexionar sobre 10 fotos; hay dos fotos por cada opción.

- A Diversidad cultural
- B Costumbres y tradiciones
- C Salud
- D Ocio
- E Ciencia y tecnología

Mira las 10 fotos y anota qué fotos (1–10) están relacionadas con qué opciones (A–E).

Foto 1: Emigración y solidaridad

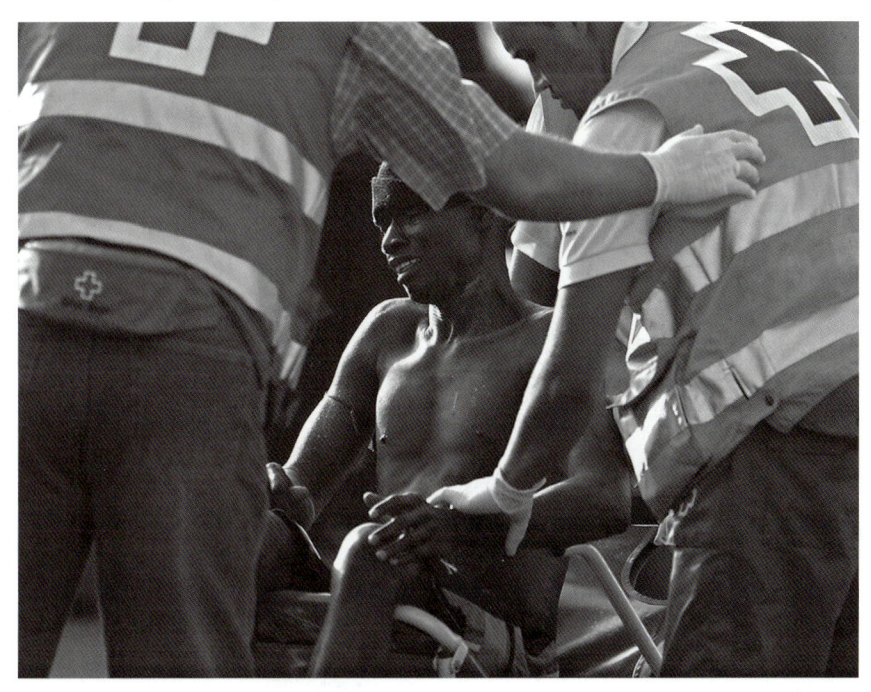

Foto 2: Las drogas cuanto más lejos mejor

Foto 3: ¿Deporte o barbarie?

Unidad 3 **El examen oral**

Foto 4: La oportunidad de ser padres

Foto 5: Comida familiar

Foto 6: Tomates: ¿para comer o para jugar?

147

Foto 7: ¿Progreso a cualquier precio?

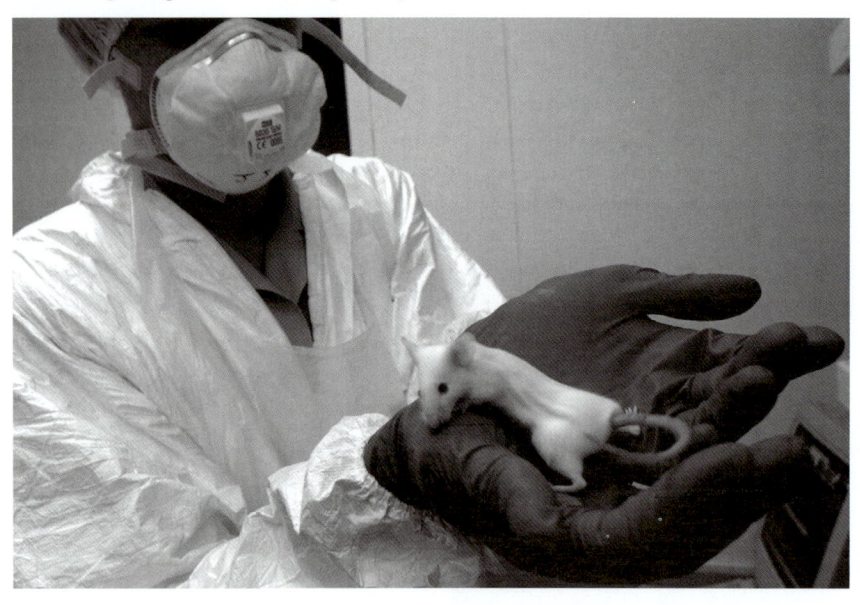

Foto 8: Ecoturismo

Foto 9: Deshumanización del mundo moderno

Foto 10: Obesidad y televisión

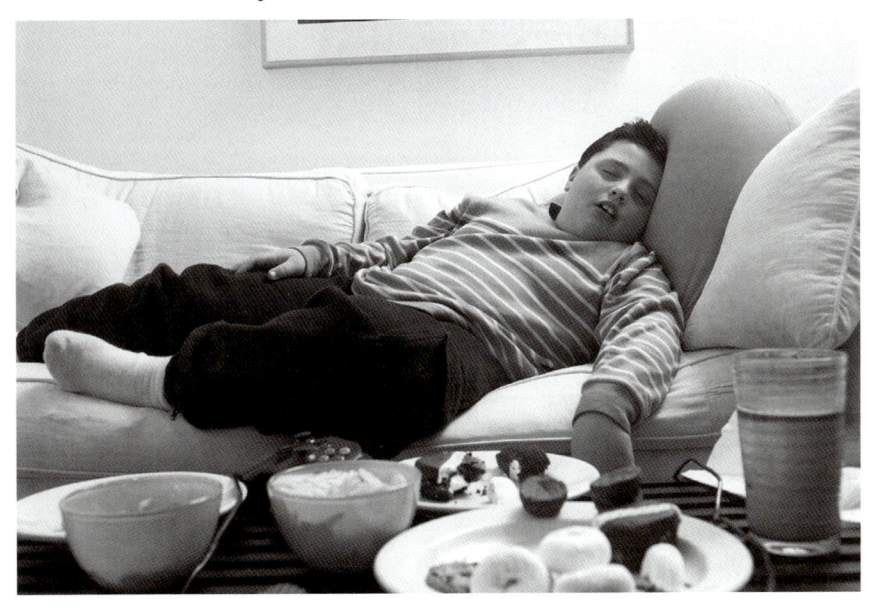

Parte 2: Presentación

Para esta actividad deberás trabajar en parejas. Hay dos fotos por opción. Cada estudiante escogerá una foto de las páginas 145–149 y copiará y rellenará la siguiente tabla con la información requerida. Necesitarás cinco tablas para completar toda la información sobre todas las fotos. Escribe la información en forma de notas y no de párrafos.

Número y título de la foto	
Opción y su relación con el título	
Tema general y primeras impresiones	
Describe el lugar dónde está ocurriendo la acción	
Describe las personas y sus emociones	
Describe la acción	
Mensaje de la foto	
Da tu propia opinión sobre las fotos	
Da tus propias recomendaciones	

Una vez completadas las tablas, usa las notas para preparar una presentación de tres minutos. Tu compañero te cronometrará el tiempo y te dará sugerencias al final de la presentación para mejorarla. Continúa la actividad hasta que hayas completado las presentaciones para las cinco fotos.

Parte 3: Preguntas del examinador

A Familiarización con preguntas posibles

Antes de hacer la presentación te ofrecemos tres posibles preguntas que el examinador podría hacerte sobre cada foto. Escribe tus respuestas.

Foto 1: Emigración y solidaridad

1. ¿Por qué deciden algunas personas abandonar sus países?
2. ¿Son conscientes los inmigrantes de los riesgos que conlleva el viaje hacia el nuevo país? ¿Por qué?
3. ¿Qué esperan encontrar en el nuevo país de acogida?

Foto 2: Las drogas cuanto más lejos mejor

1. ¿Por qué hay tantos problemas con la drogas en nuestra sociedad?
2. ¿Por qué piensas que los jóvenes son víctimas fáciles de las drogas?
3. ¿Cómo podemos educar a los jóvenes para que tomen conciencia sobre los efectos que causan las drogas?

Foto 3: ¿Deporte o barbarie?

1. ¿De dónde crees que viene el problema de la violencia en el deporte?
2. ¿De qué manera es la violencia una contradicción en el deporte?
3. ¿Cómo podemos fomentar valores positivos con el deporte?

Foto 4: La oportunidad de ser padres

1. ¿Por qué adoptan algunas personas en otros países?
2. ¿Deben tener estos padres unas características especiales?
3. ¿De qué manera puede beneficiar a la familia la incorporación de una persona de otra cultura?

Unidad 3 El examen oral

Foto 5: Comida familiar

1. ¿De qué manera están cambiando las tradiciones familiares?
2. ¿Crees que las familias cada vez están perdiendo más la cercanía o el cariño?
3. ¿Qué factores crees que han influido en los cambios que se han introducido en las familias?

Foto 6: Tomates: ¿para comer o para jugar?

1. ¿Qué te parece el hecho de que se desperdicie tanta comida solamente en un juego?
2. ¿Crees que podrían divertirse tirándose otra cosa que no supusiera desperdiciar algo?
3. ¿De qué manera contribuye esta tradición a atraer turistas a España?

Foto 7: ¿Progreso a cualquier precio?

1. ¿Cómo podemos proteger a los animales?
2. ¿A qué tipo de experimentos se somete a los animales?
3. ¿Para qué tipo de experimentos estaría justificado su uso?

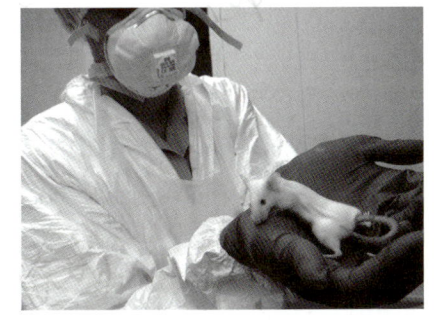

Foto 8: Ecoturismo

1. ¿De qué manera impactamos en la naturaleza cuando viajamos?
2. ¿Qué podemos hacer para disminuir este impacto?
3. ¿Crees que es más importante el impacto medioambiental o cultural de los viajeros?

Foto 9: Deshumanización del mundo moderno

1. ¿Hasta qué punto estamos perdiendo el contacto humano con la tecnología?
2. ¿De qué manera facilita la tecnología nuestras vidas?
3. ¿De qué manera nos hace la vida más difícil?

Foto 10: Obesidad y televisión

1. ¿Por qué hay tanta obesidad en nuestra sociedad?
2. ¿Quiénes son los culpables de que no tengamos una dieta saludable?
3. ¿De qué manera podemos enseñar a la gente la importancia de comer bien y practicar deporte?

B Predicción de preguntas posibles del examinador

Después de reflexionar sobre posibles respuestas, piensa en otras dos posibles preguntas que el examinador podría hacerte sobre la foto o el tema. Escríbelas, y escribe tus respuestas también.

Tu compañero también escribirá otras dos posibles preguntas. Compara tus ideas con las de tu compañero y aporta sugerencias sobre otras posibles preguntas que podrías añadir a tu lista.

Turnaros para ser examinador y candidato, uno de vosotros hará la presentación y el compañero realizará las preguntas y viceversa. El 'examinador' debe escuchar con cuidado la presentación para poder dar sugerencias.

Autoevaluación (Nivel Medio y Nivel Superior)

- Sé en qué consiste el oral individual (Nivel Medio y Nivel Superior).
- Conozco la duración de esta prueba.
- Sé qué opciones tratará el estímulo visual en el oral individual.
- Sé cómo analizar una foto para contestar de la forma más completa.
- Sé sobre qué temas trata la actividad oral interactiva.
- He leído y analizado los criterios de evaluación.
- He practicado mucho.

4 El trabajo escrito

4.1 Información sobre esta prueba

Nivel Medio y Nivel Superior

El trabajo escrito se realiza durante el segundo año del curso.

Se evalúa externamente.

Consiste en un trabajo escrito y una fundamentación.

Las dos partes deben ser redactadas en español y estar escritas a mano.

El trabajo escrito constituye un trabajo personal, por lo que el profesor puede aconsejar sobre **el tipo de texto a elegir**, pero en ningún caso podrá corregir el trabajo escrito o hacer comentarios sobre el mismo. El **tema** del trabajo escrito debe ser decisión del estudiante después de consultar con el profesor, basándose en las tres fuentes seleccionadas por el profesor.

El trabajo escrito se hará en clase, bajo supervisión del profesor.

El trabajo escrito se hará durante un total de 3–4 horas que pueden dividirse en distintas sesiones. Este tiempo incluye la lectura de las fuentes, así como la redacción de un **borrador**, del texto final y de la fundamentación. Si no se completa la tarea de una sola vez, el profesor recogerá el trabajo después de cada sesión y lo devolverá al estudiante al comienzo de la siguiente.

Se permite el uso de diccionarios y materiales de referencia para realizar el trabajo escrito y la fundamentación.

La evaluación del trabajo hace hincapié en el contenido y la organización. También se tendrá en cuenta el formato.

El trabajo escrito equivale a un 20% de la nota global de la evaluación.

Nivel Medio	Nivel Superior
Se trata de una lectura intertextual de tres textos relacionados con uno de los temas troncales. Después de esa lectura se realiza un ejercicio **escrito de 300–400 palabras** más una **fundamentación de 100 palabras**.	Este componente consiste en un **trabajo de escritura creativa de 500–600 palabras** relacionado con una de las dos obras literarias leídas en clase, más una **fundamentación**.
El contenido debe estar relacionado con uno de los temas troncales y basarse en la información recopilada a partir de las tres fuentes seleccionadas por el profesor, tales como artículos, blogs y entrevistas.	El contenido debe basarse en una obra literaria leída durante el curso y se puede utilizar información relacionada con otro material de lectura. La obra literaria debe estar escrita originalmente en la lengua objeto de estudio y estudiarse en dicha lengua.
Los estudiantes producen un trabajo escrito; debe tener un formato textual que pueden elegir entre los tipos de textos recomendados en la lista para la Prueba 2. El tema del trabajo debe tener un enfoque específico y ser apropiado para un ejercicio escrito de 300–400 palabras.	Los estudiantes producen un trabajo de escritura creativa en un formato textual que pueden elegir entre los tipos de textos recomendados en las listas para la Prueba 2. Algunos ejemplos de trabajos escritos pueden ser: escribir un nuevo final para una novela; entrevistar a un personaje; escribir una entrada en un diario personal como si fuera la de un personaje de un relato o una obra de teatro.
Los estudiantes deben escribir una fundamentación de 100 palabras en la que deben explicar los objetivos del trabajo y cómo los consiguieron, realizar comentarios sobre cómo el trabajo demuestra un conocimiento del tema elegido e incluir algunos ejemplos.	Los estudiantes deben escribir una fundamentación de 150 palabras en la que deben explicar los objetivos del trabajo y cómo los consiguieron, realizar comentarios sobre cómo el trabajo demuestra un conocimiento de la opción literaria elegida e incluir algunos ejemplos.
El trabajo escrito deberá ir acompañado de lo siguiente: • **Una portada** firmada por el estudiante y el profesor. En ella, el profesor facilitará la dirección web de todas las fuentes que estén disponibles en línea o una bibliografía, los títulos de las fuentes y un breve resumen de cada una de ellas. • **Una fundamentación.**	El trabajo escrito deberá ir acompañado de lo siguiente: • **Una portada** firmada por el estudiante y el profesor. En ella, el profesor facilitará la dirección web de todas las fuentes que estén disponibles en línea o una bibliografía, los títulos de las fuentes y un breve resumen de cada una de ellas. • **Una fundamentación.** • **Una bibliografía.**
Las palabras clave: • Contenido • Organización • Comprensión del tema troncal • Utilizar la información de las fuentes	Las palabras clave: • Contenido • Organización • Comprensión de la obra literaria • Realización de un texto adecuado

Temas para el trabajo escrito

Los temas del trabajo escrito son los temas troncales de Español B, es decir:

- Comunicación y medios
- Cuestiones globales
- Relaciones sociales

Tipos de textos

En Español B los tipos de textos que los estudiantes deben identificar y producir son los siguientes:

- Artículo
- Blog/entrada en un diario personal
- Conjunto de instrucciones, directrices
- Correspondencia escrita: formal e informal
- Crónica de noticias
- Ensayo (Nivel Medio únicamente)
- Entrevista
- Folleto, hoja informativa, folleto informativo, panfleto, anuncio
- Informe oficial
- Introducción a debates, discursos, charlas y presentaciones
- Propuesta (Nivel Superior únicamente)
- Reseña

Para más información sobre los tipos de textos, estudia la Unidad 2 (páginas 92–116).

Cosas importantes a tener en cuenta

Es importante para los candidatos:

- Organizar la información obtenida de las fuentes de manera adecuada al texto.
- Usar la información obtenida de las fuentes para crear un nuevo texto sin copiar.
- Utilizar un lenguaje apropiado para el tipo de texto y el propósito comunicativo.
- Utilizar eficazmente un lenguaje apropiado para el tipo de texto y el propósito comunicativo.
- (En el Nivel Medio) demostrar que se comprende el tema del trabajo escrito y que son capaces de organizar y utilizar la información obtenida de las fuentes.
- (En el Nivel Superior) producir un trabajo escrito que esté relacionado con la obra literaria.

Unidad 4 El trabajo escrito

4.2 Los criterios de evaluación del trabajo escrito

A la hora de valorar el trabajo escrito estos son los criterios que se tienen en cuenta:

Criterio A	Lengua	8 puntos
Criterio B	Contenido	10 puntos
Criterio C	Formato	4 puntos
Criterio D	Fundamentación	3 puntos
	Total	**25 puntos**

Para hacer un buen examen es muy importante entender qué significan los criterios que se van a aplicar. Para ello se trabajará con los criterios del trabajo escrito para entenderlos mejor.

Criterio A: Lengua

El uso correcto de la **Lengua** es muy importante para alcanzar una buena nota: no sólo la gramática es importante, sino también la ortografía, el estilo, el uso de un vocabulario variado, el uso de estructuras complejas para el nivel de estudio, los elementos discursivos como conectores; es decir todo lo que tiene que ver con el **cómo se escribe**.

Criterio A: Lengua

- ¿En qué medida utiliza el estudiante la **Lengua** de forma correcta y eficaz?

Si el estudiante no llega al número mínimo de palabras, se le descontará un punto.

Puntos	Descriptores de los niveles	
	Nivel Medio	**Nivel Superior**
0	El trabajo no alcanza ninguno de los niveles especificados por los descriptores que figuran a continuación.	El trabajo no alcanza ninguno de los niveles especificados por los descriptores que figuran a continuación.
1–2	**El manejo de la lengua es, en general, inadecuado.** Se utiliza una variedad de vocabulario muy limitada, con muchos errores básicos. Las estructuras de oraciones sencillas son muy pocas veces claras.	**El manejo de la lengua es limitado y, en general, ineficaz.** Se utiliza una variedad de vocabulario limitada, con muchos errores básicos. Las estructuras de las oraciones sencillas son a veces claras.
3–4	**El manejo de la lengua es limitado y, en general, ineficaz.** Se utiliza una variedad de vocabulario limitada, con muchos errores básicos. Las estructuras de oraciones sencillas son a veces claras.	**El manejo de la lengua es, en general, adecuado, a pesar de observarse muchas incorrecciones.** Se utiliza una variedad de vocabulario un tanto limitada, con muchos errores. Las estructuras de las oraciones sencillas son en general claras.

5–6	El manejo de la lengua es, en general, adecuado, a pesar de observarse muchas incorrecciones. Se utiliza una variedad de vocabulario un tanto limitada, con muchos errores. Las estructuras de oraciones sencillas son en general claras.	El manejo de la lengua es eficaz, a pesar de observarse algunas incorrecciones. Se utiliza una variedad de vocabulario de forma correcta, con algunos errores. Las estructuras de las oraciones sencillas son claras.
7–8	El manejo de la lengua es eficaz, a pesar de observarse algunas incorrecciones. Se utiliza una variedad de vocabulario de forma correcta, con algunos errores. Las estructuras de oraciones sencillas son claras.	El manejo de la lengua es eficaz. Se utiliza una amplia variedad de vocabulario de forma correcta, con pocos errores de importancia. Las estructuras de algunas oraciones complejas son claras y eficaces.

Criterio B: Contenido

Para el Nivel Medio, la parte de **Contenido** está relacionada con la comprensión de los tres textos que se utilizan, es decir, el empleo eficaz de las fuentes y la organización de la información. Así pues, este criterio corresponde a **cómo se organiza la información que se ha leído.**

Para el Nivel Superior, la parte de contenido está relacionada con la comprensión de la obra literaria que se utiliza, es decir, el empleo eficaz de las fuentes y la organización de la información. Así pues, este criterio corresponde a **cómo se organiza y se adapta la información que se ha leído.**

Criterio B: Contenido

Nivel Medio	Nivel Superior
• ¿En qué medida ha utilizado el estudiante las fuentes para lograr el objetivo u objetivos expresados en la fundamentación? • ¿En qué medida se emplean las fuentes de forma eficaz para realizar la tarea? • ¿En qué medida está organizada la información obtenida de las fuentes?	• ¿En qué medida demuestra el estudiante su apreciación de la obra literaria? • ¿En qué medida se planifica la tarea de forma eficaz?

Puntos	Descriptores de los niveles	
	Nivel Medio	Nivel Superior
0	El trabajo no alcanza ninguno de los niveles especificados por los descriptores que figuran a continuación.	El trabajo no alcanza ninguno de los niveles especificados por los descriptores que figuran a continuación.
1–2	**El estudiante utiliza muy poco las fuentes y no cumple el objetivo u objetivos expresados en la fundamentación.** El uso de las fuentes es superficial o está poco desarrollado. No se observa organización.	**El estudiante no hace uso de la obra literaria.** La relación con el texto es superficial o se desarrolla poco. No se observa organización.

3–4	**El estudiante utiliza las fuentes en cierta medida y cumple, en parte, el objetivo u objetivos expresados en la fundamentación.** El uso de las fuentes es básico, aunque, al menos, es pertinente. Se observa un intento de organización.	**El estudiante hace poco uso de la obra literaria.** La relación con el texto es básica. Se observa poca organización.
5–6	**El estudiante utiliza las fuentes y, en general, cumple el objetivo u objetivos expresados en la fundamentación.** El uso de las fuentes es adecuado. Se observa cierta organización.	**El estudiante hace cierto uso de la obra literaria.** La relación con el texto es adecuada y se emplea relativamente bien. Se observa cierta organización.
7–8	**El estudiante utiliza bien las fuentes y cumple, en su mayor parte, el objetivo u objetivos expresados en la fundamentación.** El uso de las fuentes es bueno. El trabajo está organizado en su mayor parte.	**El estudiante hace uso de la obra literaria.** La relación con el texto es buena. Se observa organización.
9–10	**El estudiante utiliza las fuentes de forma eficaz y cumple el objetivo u objetivos expresados en la fundamentación.** El uso de las fuentes es eficaz. El trabajo está organizado.	**El estudiante hace un buen uso de la obra literaria.** La relación con el texto es eficaz. Se observa claramente una organización.

Criterio C: Formato

Este criterio se refiere al **uso correcto del texto elegido**. Por ejemplo, si se decide hacer una entrevista hay que seguir las pautas textuales para crear un texto que refleje las características de las entrevistas. Lo mismo ocurre con el resto de los textos: reseña, artículo, carta, etc.

Criterio C: Formato

- ¿En qué medida produce el estudiante el tipo de texto requerido?
- ¿En qué medida las convenciones de tipología textual son apropiadas?

	Descriptores de los niveles	
Puntos	**Nivel Medio**	**Nivel Superior**
0	El trabajo no alcanza ninguno de los niveles especificados por los descriptores que figuran a continuación.	El trabajo no alcanza ninguno de los niveles especificados por los descriptores que figuran a continuación.
1	**El tipo de texto no se puede reconocer.** No se emplean convenciones apropiadas para el tipo de texto.	**A veces, el tipo de texto se puede reconocer y es apropiado.** Las convenciones apropiadas para el tipo de texto se emplean de manera limitada.
2	**El tipo de texto apenas se puede reconocer o no es apropiado.** Las convenciones apropiadas para el tipo de texto se emplean de manera limitada.	**En general, el tipo de texto se puede reconocer y es apropiado.** Algunas convenciones apropiadas para el tipo de texto se emplean de manera evidente.

3	A veces, el tipo de texto se puede reconocer y es apropiado.		El tipo de texto se puede reconocer y es apropiado.
	Las convenciones apropiadas para el tipo de texto se emplean de manera evidente.		Las convenciones apropiadas para el tipo de texto se emplean de manera eficaz.
4	El tipo de texto claramente se puede reconocer y es apropiado.		El tipo de texto se puede reconocer, es apropiado y convincente.
	Las convenciones apropiadas para el tipo de texto se emplean de manera evidente y eficaz.		Las convenciones apropiadas para el tipo de texto se emplean de manera eficaz y variada.

Criterio D: Fundamentación

Este criterio está relacionado con el texto de la **Fundamentación**. Es importante **justificar el tema, el texto y las fuentes utilizadas**. Algunas preguntas para responder en esta parte serían:

- ¿Por qué se ha elegido este tema?
- ¿Por qué se ha seleccionado este tipo de texto?
- ¿Cómo se relacionan el tema y el texto con las fuentes que se ha utilizado?

Criterio D: Fundamentación

- ¿En qué medida es clara y convincente la **Fundamentación**?

Puntos	Descriptores de los niveles	
	Nivel Medio	**Nivel Superior**
0	El trabajo no alcanza ninguno de los niveles especificados por los descriptores que figuran a continuación.	
1	La fundamentación no es clara.	
2	La fundamentación es clara en cierta medida.	
3	La fundamentación es clara y está directamente relacionada con las fuentes.	La fundamentación es clara, pertinente y está directamente relacionada con la obra literaria.

Unidad 4 El trabajo escrito

4.3 La preparación del trabajo escrito de Nivel Medio

Se va a trabajar con dos ejemplos de trabajo escrito, sobre dos temas diferentes, para reflexionar sobre cómo se puede realizar una buena tarea en esta parte del curso.

Tema A: La piratería

Se practicará con los textos propuestos y habrá que elegir un tipo de texto para realizar la respuesta. Hay que seguir los cuatro pasos para preparar el texto y la fundamentación.

En el sitio Web de este libro hay algunas sugerencias que pueden servir de guía.

1 Analizar el tema

Ejercicio práctico 4.3.1

Copia y completa la tabla. Resume los tres textos con las ideas principales.

Da tu opinión personal acerca de la piratería, antes de leer los textos.	*Sugerencia:* *En mi país existe la piratería, sobre todo en películas y música.* *He visto un documental la semana pasada que trataba sobre este tema.* *Hace un año vi una campaña de concienciación sobre la piratería en la tele.*
TEXTO 1	
TEXTO 2	
TEXTO 3	

TEXTO 1

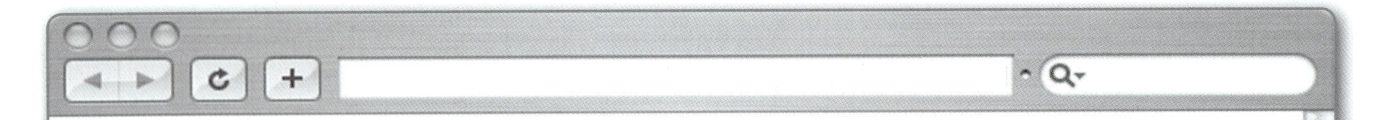

'La música es cultura. La música es empleo'

Más de 2.500 artistas firman el manifiesto contra la piratería

Alejandro Sanz, Álvaro Urquijo, Ana Belén, Ana Torroja, Andrés Calamaro, Celtas Cortos, Dani Martín (El canto del loco), Enrique Bunbury, Fernando Trueba, Estopa, La Oreja de Van Gogh, Pereza, Loquillo, Luis Eduardo Aute, Mago de Oz, Malú o Manolo García son algunos de los 2.500 artistas que han firmado el manifiesto 'La música es cultura. La música es empleo', según informa Promusicae.

Más de 2.500 artistas han firmado el manifiesto contra la piratería . - Efe

Ep - Madrid - 01/12/2009

En este manifiesto, los artistas aseguran que "ni los sucesivos inquilinos de la Moncloa, ni los parlamentarios que toman asiento en los hemiciclos nos han incluido jamás entre sus prioridades". "Tenemos la sensación de no contar para nadie, de no existir. Con una excepción, claro: cuando se vislumbran elecciones de por medio".

En esta misma línea, alegan que no son unos "tipos quejumbrosos" y no quieren "resignarse". "Cuando nos roban y nos quejamos, se nos ignora. Cuando los empleos que genera el sector se reducen a un tercio se nos dice que debemos cambiar el modelo. Y, eso sí, cuando pedimos apoyo se nos da la espalda porque hay otras prioridades, muchísimo más importantes, indudablemente", alegan en el manifiesto.

"Queremos un compromiso por la cultura, una apuesta verdadera para el desarrollo de una industria que tiene mucho que aportar a la sociedad. Queremos responsabilidad de todos los actores sociales en la lucha contra la sangría de las descargas ilegales. Queremos seguridad jurídica para seguir haciendo bien nuestro trabajo. Queremos apoyo y respeto para una industria que lleva el nombre de nuestro país a todas partes".

Asimismo, explican que por mucho que busquen nuevas formas de acercarse al público con ofertas atractivas y adaptadas a las nuevas necesidades de la sociedad, "siempre se nos adelanta por el atajo del gratis total, del "yo no pago por esto pero lo cojo y no pasa nada".
"Y no podemos seguir así", advierten.

Por ello, esperan que el Gobierno tome conciencia del problema porque nos "estamos jugando el futuro de nuestro sector creativo", queremos que sea valiente y tome medidas valientes, como ya han hecho los gobiernos francés o británico para defender su cultura y sus empleos". "Si la música, el cine o la literatura son cultura y la cultura es empleo, queremos, en definitiva, que se actúe en consecuencia de una vez por todas. Exigimos respeto", finaliza el manifiesto.

(415 palabras)

Fuente: Cinco Días

TEXTO 2

Observatorio Mundial de Lucha Contra la Piratería

Tipos de piratería

Los tipos más comunes de piratería de obras protegidas por el derecho de autor atañen a los libros, la música, las películas y los programas informáticos.

Libros
El sector editorial es el que por más tiempo se ha enfrentado a la piratería.

Cualquier utilización no autorizada de una obra protegida por el derecho de autor, como un libro, un manual escolar, un artículo de periódico o una partitura, constituye una violación del derecho de autor o un caso de piratería, a menos que dicha utilización sea objeto de una excepción a ese derecho. La piratería de las obras impresas afecta tanto a las copias en papel como a las de formato digital. En algunos países en vías de desarrollo, el comercio de libros pirateados es con frecuencia superior al mercado legal. Las instituciones educativas representan un mercado primordial para los que se dedican a la piratería. (…)

Música
La piratería en el ámbito de la música abarca tanto el uso ilegal tradicional de contenido musical como la utilización no autorizada de dicho contenido en redes de comunicación en línea. El "bootlegging" (grabación o reproducción ilícitas de una interpretación en directo o radiodifundida) y la falsificación (copia ilícita del soporte físico, las etiquetas, el diseño y el embalaje) son los tipos más comunes de piratería tradicional en la esfera musical. El hecho de cargar ilegalmente y poner a disposición del público archivos musicales o de descargarlos utilizando Internet, se conoce como piratería del ciberespacio o en línea. Dicho tipo de piratería también puede comprender ciertos usos de tecnologías relacionadas con el "streaming".

Películas
Como en el caso de la música, la piratería cinematográfica puede ser tradicional o perpetrarse mediante Internet. Esta práctica abarca, de manera no exclusiva, la piratería de vídeos y DVD, las filmaciones con videocámaras en salas de cine, el hurto de copias de películas destinadas a los cines, el robo de señales y la piratería de radiodifusión, así como la piratería en línea.

Programas informáticos
La piratería de programas informáticos denota los actos relacionados con la copia ilícita de dichos programas.
(…)

(403 palabras)

Fuente: UNESCO

TEXTO 3

Defiende tu cultura contra la piratería

Nuestra cultura

El máximo exponente de la expresión intelectual de nuestra sociedad es nuestra cultura.

La cultura es universal, libre, plural y es sin género de dudas el más preciado bien de los pueblos y sociedades; su propia identidad.

Proteger lo intangible

Gran parte de la cultura es intangible. Son expresiones o formas intelectuales inmateriales de la sociedad.

Para defender nuestra cultura es necesario definir, defender, potenciar y retribuir el producto intelectual de nuestra sociedad.

La herramienta que nos permite hacerlo dentro del actual modelo social y económico es la propiedad intelectual que es un bien común para toda la sociedad.

Defiende tu cultura contra la piratería

La piratería impide el desarrollo de lo intelectual. Mata las ideas. Hace imposible la creación.

La piratería amenaza y erosiona nuestra cultura, nuestra identidad.

La piratería no sólo ataca a los creadores, nos ataca a todos.

No dejes que la piratería destruye tu cultura. Actúa.

(158 palabras) Fuente: Ministerio de Cultura

2 Estructurar el trabajo escrito

Antes de empezar a escribir la tarea es muy importante prepararse para escribir un trabajo lo más completo posible. ¿Cómo se puede hacer? A continuación se ofrecen algunas ideas como ayuda para preparar los primeros pasos de la redacción:

- Seleccionar el tema y subtemas que tratan los tres textos: ¿Cuál de estos temas me interesa más? ¿Qué sé de estos temas?
- Analizar el vocabulario específico que se conoce y que se puede descubrir en los textos: ¿Qué palabras y estructuras sobre este tema conozco? Se pueden hacer mapas mentales o listas de vocabulario como ayuda. También es importante subrayar los textos con palabras o conceptos importantes, ya que después será de ayuda a la hora de localizarlos rápidamente.
- El tipo de texto: ¿Qué tipo de texto voy a utilizar? Es importante seleccionar un texto que vaya bien con el tema que tratan los textos y después intentar hacer que el formato se parezca lo más posible a un texto real.
- El registro y estilo: ¿Qué registro es el más adecuado para este texto?

Hay que decidir qué tipo de texto elegir para el trabajo escrito sobre la piratería. A continuación se ofrecen algunas sugerencias:

- Para informar sobre el tema de la piratería a otros estudiantes se puede escribir **un artículo** para el periódico de la escuela, o **una entrada en el blog** de la escuela.

- Para informar o dar la opinión sobre este tema se puede escribir **un correo formal** o **una carta formal** con una protesta a alguna página de descarga. También se puede escribir **un folleto informativo** para concienciar a otras personas de la importancia de ser legal y luchar contra la piratería.
- Para dar a conocer el problema de la piratería al resto de estudiantes del colegio o a la comunidad se puede escribir **un discurso**.

Cuando se prepara el texto para el trabajo escrito que el profesor enviará al examinador, el profesor ayudará al estudiante a elegir un tema adecuado para el mismo, pero siempre es bueno practicar y estar preparados.

3 Aspectos importantes antes de empezar la redacción del trabajo escrito

Una vez se ha elegido el tipo de texto que se utilizará en el trabajo escrito también hay que **pensar en otros puntos importantes** a la hora de redactar el tema del trabajo. (Se puede revisar los ejercicios de la Prueba 2 para practicar.)

Es esencial tener en cuenta aspectos como el uso de vocabulario adecuado y variado, la utilización de estructuras gramaticales correctas, integración de los puntos de contenido adecuados, etc. A continuación hay una lista de esos puntos importantes:

- Utilizar vocabulario adecuado para el tema elegido, en este caso, la piratería.
- Usar vocabulario variado y pertinente.
- Intentar utilizar las ideas de los textos, pero sin usar las mismas frases que aparecen en ellos, es decir utilizar palabras propias, pues es muy importante **no plagiar** el trabajo de otras personas.
- Escribir entre 300 y 400 palabras.
- Intentar utilizar estructuras/frases complejas.
- Organizar el texto de manera coherente y lógica.
- Utilizar conectores del discurso para que el texto sea más fluido.
- Utilizar el registro adecuado para el tipo de texto elegido.
- Dar al texto la estructura requerida (carta, discurso, artículo, …).

Ejemplo de un trabajo escrito

Aquí hay un ejemplo de un trabajo escrito: el tipo de texto elegido es **una entrada de blog**. Los comentarios explican cómo este trabajo cubre los criterios de evaluación: **Lengua**, **Contenido** y **Formato**.

¿Qué pasa con la piratería? [1]

Publicado por pauladee
21.2.11 [2]

Hola chicos: [3]

No sé qué pensaréis vosotros [4] sobre el tema de la piratería, pero yo estoy cada vez más convencida de que todos tenemos que hacer algo [5] para evitar que la cultura se vea tan afectada por la utilización ilegal de productos culturales: libros, películas, programas informáticos. [6]

No creo que sea justo que algunos artistas no reciban ningún beneficio cuando sus discos, películas o libros se venden o se descargan ilegalmente.

Ayer leí una noticia sobre lo descontentos que están muchos artistas, entre ellos famosos que todos conocemos como Alejandro Sanz o La Oreja de Van Gogh. Más de 2.500 cantantes, grupos, actores y otros artistas han firmado un manifiesto contra la piratería con un lema muy impactante: "La música es cultura. La música es empleo". [7]

Bueno, yo estoy de acuerdo con que la piratería afecta a muchas personas y beneficia muchas veces a grupos organizados, pero también opino que los precios de algunos libros o CD o DVD son muy altos y no siempre podemos comprar lo que nos gustaría.

He visto la campaña del Ministerio de Cultura en la que se reivindica que la cultura es la máxima expresión intelectual de una sociedad y que la piratería nos afecta a todos nosotros, como consumidores y como creadores, [8] pero creo que también los políticos, las distribuidoras y las tiendas podrían hacer algo para facilitar que la gente no descargara tanta música, [9] no consumiera "bootleggings" o comprara tantos DVD o CD en los top manta de la calle. [10]

Yo tengo mis propias ideas para que no se piratee tanto la cultura:

- Eliminar los impuestos tan altos que tienen estos productos.
- Bajar los precios de las entradas de cine, teatro y conciertos o hacer promociones con descuentos.
- Explicar que la piratería muchas veces se produce de forma organizada y quien se dedica a ello son mafias.

¿Qué opináis vosotros? ¿Pensáis que hay maneras de reducir la piratería de forma que todos nos beneficiemos? ¿Creéis que podemos hacer algo nosotros como consumidores de cultura? [11] Os dejo con un cartel que ha hecho un amigo mío y que presentó a un concurso organizado por Hobby Press:

¡Hasta pronto! ☺

El proceso de grabación ha terminado satisfactoriamente

La piratería no es un juego. Piénsalo

[12] **Paula**
(368 palabras)

Criterio A: Lengua
[3] Uso de registro informal
[4] Utilización de frases dirigidas a los lectores
[9] Utilización de frases y estructuras elaboradas
[11] Uso de preguntas directas a los lectores

Criterio B: Contenido
[5] Presentación del tema
[6] Mensaje principal del texto 2
[7] Referencia al texto 1
[8] Referencia al texto 3
[10] Referencia al texto 2

Criterio C: Formato
[1] Título de la entrada de blog
[2] Nombre del autor y fecha de publicación
[3] Saludo adecuado para el tipo de texto
[12] Despedida y firma de la autora de la entrada

Unidad 4 El trabajo escrito

4 Redactar la fundamentación

A la hora de presentar el trabajo escrito es necesario incluir una fundamentación, es decir un texto de unas 100 palabras que explique por qué se ha elegido el texto y contenido del trabajo. En la fundamentación hay que hablar de:

- el título del trabajo escrito;
- el tipo de texto y el tema elegido;
- los objetivos que se han planteado en la tarea;
- cómo se ha alcanzado esos objetivos mencionando algunos ejemplos.

Ejemplo de una fundamentación

Aquí hay un ejemplo de una fundamentación que presenta el trabajo escrito sobre el tema de la piratería que se ha analizado en el apartado anterior. Los comentarios explican cómo este trabajo cubre el criterio de evaluación para la fundamentación: ¿En qué medida es clara y convincente la fundamentación?

Entrada en el blog de la escuela: ¿Qué ocurre con la piratería? ❶

Una entrada en el blog de la escuela ❷ que trate sobre la piratería es una manera eficaz de dar a conocer los distintos tipos de piratería que se practican hoy en día y también expresar una opinión personal sobre un tema polémico. ❸

Los objetivos que me planteé al hacer este trabajo fueron intentar comprender más extensamente el entorno de la piratería: qué tipos hay, qué campañas se utilizan y cómo se sienten algunos de los afectados por este fenómeno. ❹ Creo que he conseguido alcanzar mis objetivos al utilizar el blog como texto, pues en él se pueden expresar opiniones personales y reflexionar sobre lo que vemos y leemos. ❺

Criterio D: Fundamentación

❶ Título del trabajo escrito
❷ Afirmación del tipo de texto
❸ Explicación de la elección del texto
❹ Los objetivos del trabajo
❺ Cómo se han alcanzado estos objetivos

165

Tema B: El consumo responsable

Se practicará el trabajo escrito con tres textos sobre el tema del consumo responsable. Hay que seguir los pasos propuestos para analizar los textos y redactar el trabajo escrito.

TEXTO 1

CONSUMO RESPONSABLE

AHORRO EN EL HOGAR

Agua

Ducharse en vez de bañarse (ahorraremos 100 litros).

Cerrar el grifo mientras nos cepillamos los dientes, utilizando un vaso ahorraremos 20 litros de agua.

Coloca difusores en los grifos. Ahorraremos mucha agua. Puedes cerrar un poco la llave de paso para reducir el caudal.

Vigila que los grifos estén bien cerrados. Una gota por segundo supone un consumo de 30 litros de agua al día.

Utiliza la escoba en lugar de la manguera para limpiar la calle, patios y terrazas.

No laves el coche todas las semanas, una vez al mes es suficiente. Utiliza cubos de agua y esponja en vez de la manguera (ahorrarás 50 litros).

PLANIFICA TUS GASTOS

Haz una lista de compra

Evitarás gastos innecesarios comprando cosas que no necesites.

Ajusta un presupuesto sin sobrepasarlo

(Ej: "no me voy a gastar más de 50 Euros")

Compra con tiempo

Así podrás comparar precios entre uno y otro establecimiento

(Ej: En la compra de un coche el precio puede variar de un concesionario a otro.)

No te dejes llevar ciegamente por la publicidad

Comprueba y lee la etiqueta del producto.

No pagues con tarjeta, paga en efectivo.

GARANTÍAS Y RECLAMACIONES

Todos los productos de consumo tienen dos años de garantía

(Ej: un ordenador, un móvil, un televisor, etc.)

Debemos guardar el ticket de compra o factura de compra

Es la única manera de acreditar que el producto está en garantía y el vendedor está obligado a entregarlo.

Unidad 4 El trabajo escrito

← En los establecimientos deben disponer de hojas de reclamaciones y deben facilitarlas a quien las solicite

Si no estás conforme con el producto, solicita la hoja de reclamaciones y reclama ante la OMIC de tu municipio (Oficina Municipal de Información al Consumidor) o Servicio Provincial de Consumo.

Si el producto está en buen estado, los vendedores no están obligados a aceptar devoluciones.

Los vendedores sólo están obligados a aceptar devoluciones en casos de productos defectuosos, si se comprometen a ello en algún cartel o si consta en el ticket de compra.

AHORRO EN EL HOGAR

Energía

Cierra las persianas por la noche (Evitarás importantes pérdidas de calor).

Utiliza la luz del sol siempre que sea posible.

Apaga el piloto rojo de la televisión, vídeo, DVD, Cadena de Música (ahorrarás aprox. un 15% de energía).

Aprovecha al máximo la cargo del lavavajillas y la lavadora y no selecciones altas atemperaturas.

Compra electrodomésticos con etiquetado energético A, A+ o A++.

Cuanto mayor sea el tamaño del electrodoméstico mayor será el consumo de energía.

Si cambias las 3 bombillas de mayor uso de su vivienda (salón, cocina y dormitorio) hazlo por bombillas de bajo consumo, ahorrarás al año aproximadamente 40 Euros.

Usa tubos fluorescentes en la cocina (al estar encendidos varias horas al día ya ahorrarás energía).

Si vas a apagar un fluorescente menos de 15 minutos, déjalo encendido (cuando más consumen es en el arranque).

Limpia las lámparas, bombillas y parte trasera del frigorífico (el polvo hace que el consumo de energía sea mayor).

(497 palabras)

Fuente: Toledo Consumer Office (OMIC)

167

TEXTO 2

LA CIUDAD SE HA CONVERTIDO en un gran hipermercado. Cada día unos mil mensajes nos incitan a comprar artículos que no necesitamos. Estamos inmersos en el consumismo que se alimenta de la influencia de la publicidad y ésta se basa en ideas tan falsas como que la felicidad depende de la adquisición de productos. Consumir quiere decir tanto utilizar como destruir. En la sociedad de consumo no sólo sentimos cada vez mayor dependencia de nuevos bienes materiales y derrochamos los recursos, sino que el consumo se ha convertido en un elemento de significación social. Se compra para mejorar la autoestima, para ser admirado, envidiado y/o deseado.

El peligro es que las necesidades básicas pueden cubrirse pero las ambiciones o el deseo de ser admirados son insaciables, según alertan los expertos. En la sociedad de consumo encontramos tres fenómenos que le son propios y que juntos producen lo que se ha denominado adicción al consumo.

Por un lado, la adicción a ir de compras. Hay quien se habitúa a pasar su tiempo en grandes almacenes o mirando escaparates como fórmula para huir del tedio. Esta tendencia puede estar o no asociada a la compra compulsiva. En segundo lugar, un deseo intenso de adquirir algo que no se precisa y que, una vez adquirido, pierde todo su interés. Esta inclinación se relaciona con situaciones de insatisfacción vital.

Por último, y asociada a la compra compulsiva, está la adicción al crédito, que impide controlar el gasto de una forma racional. Las tarjetas de pago y otros instrumentos de crédito que nos invitan a comprar cuanto se nos antoje y producen un sobreendeudamiento facilitan esta adicción. La cuesta de enero es un claro ejemplo de este endeudamiento y una consecuencia, a su vez, de que se ha mercantilizado (como casi todo) la Navidad. Este fenómeno del sobreendeudamiento preocupa en la Unión Europea como problema socioeconómico, lo que ha dado lugar a la existencia de un proyecto auspiciado por el Instituto Europeo Interregional de Consumo. (…)

La clave frente al ambiente consumista es el autocontrol. Anote con tinta de oro este consejo que le ahorrará mucho dinero: acostúmbrese a no efectuar ninguna compra el día en que ha decidido hacerla. De esta forma podrá reflexionar y decidir mejor, a salvo de todas las influencias que le invitan a una compra impulsiva, y si el artículo es realmente interesante lo seguirá siéndolo pasados unos días. Un segundo consejo es que apunte todos los gastos que efectúa, no sólo los más evidentes como el gas o la luz, también el café e, incluso, en el caso de problema grave, sus actividades diarias.

(435 palabras)

Fuente: El Mundo

TEXTO 3

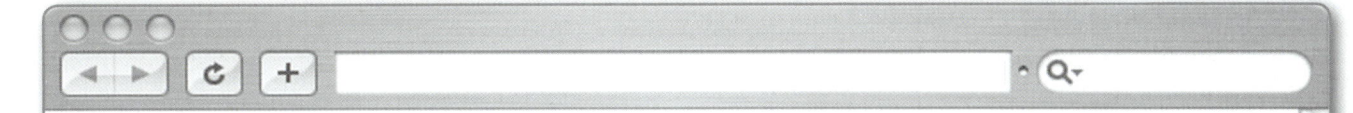

Rebajas de modales

Las aglomeraciones por los descuentos posnavideños pueden hacer aflorar lo peor de los consumidores – Los comerciantes prevén una campaña "excelente"

PATRICIA ORTEGA DOLZ - Madrid - 08/01/2011

Las rebajas nos hacen ordinarios. Las señoras casi se tiran de los pelos a la entrada del Corte Inglés, la tradicional línea de salida de esta carrera por los precios (bajos). La gente se agolpa y se empuja sin pudor en los pasillos y puertas de los centros comerciales. Los potenciales compradores amasan ropas, zapatos o complementos con ansiedad y los tiran sin cuidado si finalmente no les resultan interesantes. En las tiendas reina el caos: ropas pisoteadas por los suelos, bolsos mezclados con jerséis en auténticas montañas de no se sabe muy bien qué con carteles de "todo a 9,5 euros," zapatos sin su par ... A nadie parece importarle comprar en esas condiciones porque en el ambiente reina un convencimiento que ciega las mentes: llegaré primero y me llevaré lo mejor al mejor precio. "Si vienes antes, el primer día, encuentras más cosas y mejores, y más tallas", dice Concha, ya con tres bolsas en cada mano, a la entrada de una gran zapatería del centro.

Lo curioso de esa premisa popular es que siempre se abarrotan los mismos comercios y las mismas zonas. Todo el mundo cree que va a encontrar su gran oportunidad en el mismo sitio, y eso sí parece matemáticamente imposible. En todo caso, si alguien se hace con la prenda de sus sueños en la vorágine, todavía tiene que superar la última prueba de la gincana: la cola para pagar.

En Madrid, es casi imposible dar un paso entre gruesos abrigos, bolsas, bolsos y, ayer también, paraguas, en las calles de Gran Vía, Preciados o Fuencarral -donde se concentran las grandes cadenas de ropa y complementos-; mientras, las calles adyacentes, plagadas de tiendecitas con rebajas de entre el 30% y el 50%, son remansos de paz, con percheros perfectamente ordenados, ropas perfectamente dobladas y dependientas atentas. Nada que ver con las trampas en los probadores de los grandes almacenes: "Entra tú con cinco más y luego me las pasas," le dice una amiga a otra.

(362 palabras)

Fuente: El País

1 Analizar el tema

Ejercicio práctico **4.3.2**

Copia y completa la tabla con tus propias ideas.

Ideas sobre el tema principal: el consumo responsable	
Vocabulario relacionado con este tema que conozco (otros textos vistos en clase, noticias que he leído, experiencia propia …)	
Ideas principales y ejemplos importantes en el texto 1	
Ideas principales y ejemplos importantes en el texto 2	
Ideas principales y ejemplos importantes en el texto 3	

2 Estructurar el trabajo escrito

Tipo de texto que voy a utilizar	
Registro (formal, informal, neutro)	
La introducción al tema que voy a hacer	
Las ideas principales que voy a exponer	
Los ejemplos que voy a utilizar	
La idea u opinión personal que voy a defender	
La conclusión que voy a incluir	

Hay que decidir:

- ¿Qué aspecto o aspectos del tema que tratan los textos me interesa(n) más?
- ¿Qué tipo de texto voy a utilizar? (aparecen algunas sugerencias a continuación.)
- ¿Qué registro es el más adecuado para este texto?

Posibles tipos de textos:
- **Una entrevista** a un joven que habla sobre sus hábitos de consumo;
- **Una entrada en un blog** con una opinión personal del consumismo (proponiendo un consumo responsable);
- **Un folleto informativo** sobre el consumo responsable/sobre cómo comprar con un buen criterio, etc.;
- **Una introducción a un debate** sobre el consumo responsable;
- **Un artículo** para la revista del colegio sobre la importancia de consumir con cabeza.

3 Aspectos importantes antes de empezar la redacción del trabajo escrito

A la hora de escribir el trabajo escrito hay que tener en cuenta los siguientes aspectos:

- Utilizar el vocabulario adecuado para el tema elegido, usando vocabulario y expresiones que aparecen en los textos y palabras relacionadas con el tema que presentan los textos.
- Intentar utilizar las ideas de los textos, pero sin usar las mismas frases que aparecen en ellos, intentando extraer las ideas y expresarlas con otras palabras.
- Escribir entre 300 y 400 palabras como se pide en las instrucciones de este componente.
- Expresar también una opinión personal teniendo en cuenta lo que reflejan los textos.
- Organizar el texto de manera coherente y lógica, utilizando párrafos bien estructurados.
- Recordar que una estructura adecuada puede ser la de introducción, secuenciación de ideas y conclusión.
- Utilizar conectores del discurso para que el texto sea más fluido.
- Utilizar el registro adecuado para el tipo de texto elegido.
- Dar al texto la estructura requerida (carta, discurso, artículo, …).

4 Redactar la fundamentación

A la hora de escribir la fundamentación al trabajo escrito hay que tener en cuenta los siguientes aspectos:

- Utilizar 100 palabras en esa fundamentación.
- Mencionar el título y explicar por qué lo has elegido.
- Comentar el tipo de texto seleccionado y explicar por qué se lo ha hecho.
- Hablar de los objetivos del trabajo y cómo se los ha alcanzado.
- Incluir ejemplos del texto para ilustrar las ideas.

4.4 La preparación del trabajo escrito de Nivel Superior

Se va a trabajar con dos ejemplos de trabajo escrito, con dos obras literarias, para reflexionar sobre cómo se puede realizar una buena tarea en esta parte del curso.

Obra A: *Como agua para chocolate* de Laura Esquivel – 1989

En este curso se deben leer dos obras literarias. El profesor tiene la selección hecha para el curso. En este libro se va a trabajar con un modelo utilizando la novela **Como agua para chocolate** de **Laura Esquivel**. Esta es una preparación. Después se puede practicar con la obra B y elegir un tipo de texto para realizar la tarea. En el sitio Web de este libro hay algunas sugerencias que pueden servir de guía.

1 Analizar la obra

Aquí hay una pequeña sinopsis e información general sobre la autora de *Como agua para chocolate* y la obra.

Título de la obra	*Como agua para chocolate* (1989)
Género literario	Novela
Argumento de la obra	La obra, concebida como una "novela de entregas" y utilizando recetas de cocina para separar los capítulos, narra la historia de la hija menor de una familia acomodada del México de la Revolución mexicana y como por causa de una tradición familiar, la hija pequeña no se puede casar y tiene que dedicar su vida al cuidado de su madre viuda. El amor que Tita siente por Pedro no podrá prosperar y verá como Pedro, también enamorado de ella, decide casarse con su hermana Rosaura para poder estar cerca de ella.
Las recetas que Tita prepara irán acompañando las distintas etapas de la vida de Tita, del amor de Pedro y de la vida de la familia De la Garza.
Temas	El amor, la opresión, la lucha por la libertad, la importancia de la cocina como fuente de conocimiento, el retrato de la sociedad mexicana de la época, …
Personajes principales	Tita (espiritualmente libre, excelente cocinera, sensible), Pedro Muzquiz (sufridor, apasionado), Mamá Elena (autoritaria, despótica, ocultamente apasionada, estricta, reprimida), Gertrudis (atrevida, curiosa, apasionada, romántica), Rosaura (sumisa, celosa), el Doctor Brown (vital, solidario), Nacha (comprensiva, cómplice de Tita)
Estilo literario	En la novela se emplea un realismo mágico para combinar lo sobrenatural con lo mundano. En *Como agua para chocolate*, proclama la importancia de la cocina como la pieza más importante de la casa, elevándola a fuente de conocimiento y comprensión de gusto y deseo, y una forma de estructurar las relaciones entre las personas.
Datos sobre el autor (nombre, lugar de nacimiento, datos profesionales, otras obras publicadas, etc.)	Laura Esquivel (Ciudad de México, 30 de septiembre de 1950).
Antes de dedicarse a la escritura de novelas, escribió programas infantiles para una cadena de televisión mexicana y guiones para cine. En 1983 fundó el Centro de Invención Permanente, integrado por talleres artísticos para niños, asumiendo su dirección técnica.
Como agua para chocolate fue llevada al cine en 1992 y recibió 10 premios Ariel de la Academia Mexicana de Artes y Ciencias Cinematográficas.
Otras obras son: *La ley del amor* (1995), *Íntimas suculencias* (1998), *Estrellita marinera* (1999), *El libro de las emociones* (2000), *Tan veloz como el deseo* (2001) y *Malinche* (2006).

2 Estructurar el trabajo escrito

Una vez seleccionada la obra que se va a utilizar en el trabajo escrito, es importante decidir qué tema y tipo de texto se va a utilizar en el trabajo escrito.

Para ello, se pueden analizar algunos puntos importantes a la hora de considerar la obra, los personajes, los temas y los intereses personales:

- ¿Qué aspectos me han parecido más interesantes?
- ¿Qué tema me gustaría trabajar en el trabajo escrito?
- ¿Qué ideas, ejemplos, anécdotas de la obra me gustaría integrar en el trabajo escrito?
- ¿Qué personajes de la obra integraría en el trabajo escrito?
- ¿Qué tipo de texto me gustaría utilizar?
- ¿Para qué tipo de público lo escribiría?

En el trabajo escrito que se va a presentar para el examen, el profesor prestará ayuda a la hora de elegir un tema adecuado. De todas formas, es importante practicar y buscar distintas alternativas o posibilidades para tener más de una opción e intentar realizar una tarea que sea original y coherente.

Para este ejercicio de práctica hay aquí algunas sugerencias:

- Se puede adoptar la personalidad de alguno de los protagonistas y escribir **una entrada en un diario íntimo** (por ejemplo, se puede ser Tita o Pedro y hablar de los sentimientos hacia el otro, explicar cómo se conocieron, etc.).
- Se puede escribir **una carta** de un personaje a otro: por ejemplo, de Tita a su madre explicando cómo se siente por sus acciones, de Rosaura a Tita, de Pedro a Tita, de Pedro a Mamá Elena, etc. (el registro será más formal o informal dependiendo de los personajes).
- Se puede escribir **una reseña** sobre la adaptación de la obra al cine o al teatro.
- Se puede hablar de la familia De la Garza y explicar la boda de Rosaura, por ejemplo, o cualquier otro acontecimiento de la novela en **un artículo** de una revista o periódico.
- Se puede escribir **una entrevista** con Tita, por ejemplo, en la que se habla de las cualidades como cocinera que ella tiene.

3 Aspectos importantes antes de empezar la redacción del trabajo escrito

Una vez elegido el tipo de texto que se va a utilizar en el trabajo escrito también hay que **pensar en otros puntos importantes** a la hora de redactar el tema del trabajo. (Se pueden revisar los ejercicios de la Prueba 2 para practicar.)

- Utilizar vocabulario adecuado que demuestre comprensión de la obra leída.
- Intentar utilizar las ideas de la obra, pero sin utilizar las mismas frases que aparecen en ella (hay que tener en cuenta lo importante que es **no plagiar** el trabajo de otras personas).
- Escribir entre 500 y 600 palabras.
- Utilizar el registro adecuado para el tipo de texto elegido.
- Organizar el texto de manera coherente y lógica.
- Utilizar conectores del discurso para que el texto sea más fluido.
- Dar al texto la estructura requerida (carta, discurso, artículo, …).

4 Redactar la fundamentación

A la hora de presentar el trabajo escrito es necesario incluir una fundamentación, es decir un texto de unas 150 palabras que explique por qué se ha elegido el texto y contenido del trabajo. En la fundamentación hay que hablar de:

- el título del trabajo escrito;
- el motivo que te ha llevado a elegir esa obra;
- el tipo de texto y el tema elegido;
- los objetivos que se han planteado en la tarea;
- cómo se ha alcanzado esos objetivos mencionando algunos ejemplos.

Ejemplo de una fundamentación

> ### Entrada en el diario íntimo de Tita
>
> *Una entrada en el diario íntimo de Tita es una de las formas más eficaces para adentrarnos en los sentimientos de Tita, como su amor por Pedro, su relación con Nacha, su madre e incluso su hermana Rosaura.*
>
> *Los objetivos que me planteé al hacer este trabajo fueron intentar comprender más extensamente el carácter de Tita y también su relación con las personas más importantes de su entorno. Además también quería explorar más detalladamente la relación sentimental que Tita mantenía con el mundo de la cocina. Creo que he conseguido alcanzar mis objetivos al utilizar el diario como texto, ya que el personaje de Tita es muy sentimental y sensible y vivía en el mundo estricto de Mamá Elena que impedía que ella expresara libremente su amor y sus ideas. En el diario también habla de su amor por la cocina y explica los cambios anímicos que producen sus platos.*
>
> *(148 palabras)*

Obra B: *La Casa de Bernarda Alba* de Federico García Lorca – 1945

Para practicar más, se puede realizar un trabajo escrito basado en otra obra literaria que se ha leído, siguiendo los cuatro pasos utilizado en el primer ejemplo. Por ejemplo *La Casa de Bernarda Alba* u otra obra de Federico García Lorca podría servir como lectura.

1 Analizar la obra

Ejercicio práctico 4.3.3

Copia y completa este cuadro con información de la obra y del autor:

Título de la obra	
Género literario	
Argumento de la obra	
Temas	
Personajes principales	
Estilo literario	
Datos sobre el autor (nombre, lugar de nacimiento, datos profesionales, otras obras publicadas, etc.)	

Unidad 4 El trabajo escrito

2 Estructurar el trabajo escrito

Aspectos más interesantes de la obra	
Personaje o personajes en los que me quiero concentrar	
Tema o temas que voy a tratar	
Ejemplos, ideas o anécdotas de la obra que me gustaría integrar en el trabajo	
Tipo de texto que voy a utilizar	
Tipo de público al que va dirigido	
Registro que voy a utilizar	

Posibles tipos de textos con *La Casa de Bernarda Alba*

- **Una entrevista** a una de las hijas de Bernarda o la criada para un periódico local de la época, en la que habla de la situación de las mujeres de esa época.
- **Una entrada en un diario íntimo** de una de las hijas, Adela por ejemplo, en la que se explica algún acontecimiento de la obra.
- **Un informe policial** sobre el suicidio de Adela.
- **Un artículo** para la revista del colegio sobre la representación de la obra en el teatro de la ciudad.
- ¿Se puede pensar en otros posibles textos para esta obra?

3 Aspectos importantes antes de empezar la redacción del trabajo escrito

Hay que recordar:

- Utilizar vocabulario adecuado que demuestre comprensión de la obra leída.
- Intentar utilizar las ideas de la obra, pero sin usar las mismas frases que aparecen en ella, excepto cuando sean citas.
- Escribir entre 500 y 600 palabras.
- Utilizar el registro adecuado para el tipo de texto elegido.
- Organizar el texto de manera coherente y lógica.
- Utilizar conectores del discurso para que el texto sea más fluido.
- Dar al texto la estructura requerida (carta, discurso, artículo, …).

Ejemplo de un trabajo escrito

A continuación hay un ejemplo de un trabajo escrito: el tipo de texto elegido es una entrada en un diario íntimo.

Querido diario:

Cada vez el mundo me pesa más, nadie en esta casa me entiende. No veo el día en que pueda dejar esta casa ... Madre cada vez sospecha más y su temperamento se vuelve ofuscado y agrio, ¡es como vivir en una prisión! Incluso Poncia anda diciendo que vivimos como metidas en alacenas. Pero, bien sabe ella, que nadie, ni siquiera Madre puede vigilar el interior de mi pecho y mi amor por Pepe no va a cambiar.

Si sólo Madre cambiara un poco y no estuviera tan preocupada por los chismes del pueblo ...

El otro día su reacción ante lo que le pasó a la hija soltera de la Librada me asustó. ¡Cómo puede decir que se merece que vengan todos con varas de olivos y mangos de azadones para matarla por haber tenido un hijo de padre desconocido y por haber sacrificado a su bebé! ¡Es que acaso no tiene ni un pequeño corazón! ¡O será que su tiranía y su preocupación por la honra pueden más que cualquier sentimiento de compasión!

Sus palabras retumban en mis oídos a todas horas, pero por mucho que ella exclame "mi vigilancia lo puede todo", no voy a dar mi brazo a torcer. Soy joven y quiero respirar libertad, el fresco del campo, el agua de la fuente. Quiero poder salir de casa sin que nadie me mande ... Quiero olvidar que he visto la muerte en estos techos ...

La única persona a la que estoy dispuesta a escuchar es Pepe el Romano. Pepe es como un lucero de vida y ya no aguanto el horror de estos techos después de haber probado el sabor de su boca. Por eso seré lo que él quiera que sea. Me rindo a su mirada, a su amor y a su pasión. Sólo suspiro por él ... Oh luna, sólo tú eres testigo de nuestro verdadero amor, sólo tú has visto como me mira, y aunque su propósito sea contraer matrimonio con mi hermana mayor, yo sé en el fondo que no está enamorado de Angustias ... Soy yo el anhelo de sus noches, es a mí a quien viene a ver cuando todo el mundo calla, es él quien me lleva a los juncos de la orilla ...

Sé que mis hermanas están celosas, sobre todo ese pozo de veneno que es Martirio, ¡es que no ve que no puede conseguir nada! Pepe será sólo para mí, yo me adelanté y no me importa ser su querida. Sé que cada noche respira como un león detrás de la puerta y lo hace sólo por mí ... Y si Angustias piensa que soy la deshonra de esta casa, no me importa. Sólo deseo ser libre ... Ya no puedo aguantar el horror de estos techos después de haber probado el sabor de su boca.

Y no sé qué hacer, me voy a volver loca ... Sólo espero que esta noche llegue pronto para poder ir a ver a Pepe y pensar en una solución antes de que algo terrible llegue a ocurrir.

Luna, te espero para que me lleves ante Pepe.

Adela

[511 palabras]

4 Redactar la fundamentación

Hay que recordar incluir en la fundamentación:

- el título del trabajo escrito;
- el motivo que te ha llevado a elegir esa obra;
- el tipo de texto y el tema elegido;
- los objetivos que se han planteado en la tarea;
- cómo se han alcanzado esos objetivos mencionando algunos ejemplos;
- escribir todo en 150 palabras.

Autoevaluación (Nivel Medio y Nivel Superior)

Comprueba si estás bien preparado para realizar el trabajo escrito.

Asegúrate de que sabes ...

- cómo es el formato de la tarea (en qué consiste la prueba, cuántos textos hay que leer, cómo realizamos el texto y la justificación, el número de palabras para el texto y la fundamentación, etc.);
- cuáles son los criterios de evaluación;
- sobre qué opciones tratará el trabajo escrito (NM) o sobre qué obras literarias (NS);
- cómo se evalúa el trabajo escrito;
- cómo presentar el trabajo escrito de la forma más adecuada (portada, texto y fundamentación).

5 La monografía

5.1 Información fundamental sobre la monografía

Características de la monografía

La monografía es un trabajo muy importante para el programa del Diploma del BI. La realización de la monografía en español es opcional, pero sin duda es un esfuerzo que merece la pena si se estudia ese idioma y se quiere progresar en su aprendizaje. A continuación tenemos un resumen de algunos de los puntos a tener en cuenta al plantearse preparar una monografía.

- Nota de la monografía:

    La monografía es evaluada por un examinador externo. La nota obtenida en la monografía se combina con la obtenida con la asignatura de Teoría del Conocimiento. Entre las dos notas obtenidas se puede obtener un máximo de tres puntos.

- Tipo de tarea:

    Se trata de un trabajo de investigación independiente pero contando con la ayuda de un supervisor. Este trabajo debe estar basado en una de las asignaturas del Diploma.

- Forma de trabajo:

    Se calcula que un estudiante debe dedicar unas 40 horas de trabajo para realizar la monografía. El número límite de palabras es de 4.000 y se debe escribir íntegramente en español.

- La elección del tema:

    A la hora de elegir el tema de la monografía, hay tres áreas posibles:
    - la lengua española
    - la cultura de un país de habla hispana
    - la literatura en lengua española.

Consideraciones importantes sobre la monografía

Hacer un trabajo de investigación de 4.000 palabras como es la monografía del BI no es un trabajo fácil. Es importante preparar el tema mediante la investigación. También es esencial una organización y planificación previa para poder demostrar no sólo los conocimientos de la lengua española, sino también las habilidades para investigar, redactar y reflexionar.

Algunos materiales de consulta que pueden ayudar a preparar la monografía son:

- Una copia de la Guía de Español B (la sección de la Monografía), la Guía de la Monografía que aparece en el CPEL/OCC (el profesor puede ayudar en este aspecto).

- Familiarizarse con los criterios de evaluación (en la página siguiente).

- Consultar otras monografías que se hayan presentado en años anteriores. Así se podrá tener una idea más completa de lo que se pide a la hora de presentar este trabajo de investigación.

Otros aspectos a tener en cuenta:

- Desarrollar cuanto antes un plan de trabajo: selección del tema, lectura amplia de los materiales y fuentes, definición de la pregunta de investigación y división de las distintas etapas de preparación de la monografía.
- Establecer un contacto continuo con el supervisor, ya que será la persona más indicada para guiar el estudiante en este proceso investigador.

5.2 La evaluación: criterios

La monografía se evalúa según los criterios comunes a todas las asignaturas.

Criterios	Número de puntos
A: Formulación del problema de investigación	2
B: Introducción	2
C: Investigación	4
D: Conocimiento y comprensión del tema estudiado	4
E: Argumento razonado	4
F: Aplicación de habilidades de análisis y evaluación apropiadas para la asignatura	4
G: Uso de un lenguaje apropiado para la asignatura	4
H: Conclusión	2
I: Presentación formal	4
J: Resumen	2
K: Valoración global	4
Total	**36**

5.3 La presentación formal de la monografía

A la hora de presentar la monografía hay una serie de partes que tienen que aparecer en ella y que se debe completar. Estas partes son las siguientes:

PORTADA

Nombre

Número de candidato

Nombre del colegio

Sesión de examen

Asignatura

Título de la monografía

Cómputo de palabras

MONOGRAFÍA

Página del título

Resumen/Introducción

Índice

Generalidades

Sección principal o cuerpo (desarrollo del tema, métodos, resultados)

Conclusión

Referencias y bibliografía

Apéndices (opcional)

Unidad 5 La monografía

5.4 El cumplimiento de los criterios de evaluación

A Formulación del problema de investigación

La forma en que se presenta el tema elegido para la monografía, es decir el título y/o la pregunta de investigación.

CRITERIO A: Formulación del problema de investigación
- ¿Es el tema **específico e interesante**?
- ¿Está bien delimitado?
- ¿Pertenece a una de **las tres categorías**?
- ¿Lo has indicado claramente en la portada?

La formulación

Elegir el tema de la monografía y su formulación es esencial para la presentación formal de este trabajo de investigación. El título no sólo sirve para presentar la monografía, sino también para delimitar el ámbito de la investigación.
La formulación del tema de la monografía puede ser en forma de pregunta, pero también como frase: lo importante es que contenga la formulación esencial de la investigación que se realiza en el trabajo. (Se pueden consultar los ejemplos que aparecen en esta página y en la página 180).

- Es importante prestar atención a los consejos del supervisor, pues serán muy útiles para no sólo concretar el tema de la investigación, sino también para estructurar los pasos a seguir en el proceso de investigación.

- Es esencial consultar la guía de la monografía para comprobar que se siguen todas las pautas necesarias.

- Es crucial formular la pregunta con claridad y sin ambigüedades.

Específico e interesante

- Hay que evitar temas demasiado amplios, complicados o simples. Debemos pensar en la extensión de 4.000 palabras y la posibilidad de realizar un trabajo de investigación que sea conciso y fácil de determinar.

- Es importante seleccionar un tema por el que se sienta un interés y motivación especial, pues el proceso de investigación resultará más atractivo.

Las tres categorías

Estas son:
1. Lengua
2. Cultura del mundo de habla hispana
3. Literatura

A continuación se presentan algunos ejemplos de problemas de investigación de cada categoría:

1 Lengua
- *¿Cuál ha sido la influencia del lenguaje de los gitanos en el español actual?*
- *¿En qué medida han desaparecido las diferencias de uso entre la lengua formal e informal en la lengua utilizada en la región del Río de la Plata?*

2 Cultura del mundo de habla hispana
1) Monografías de naturaleza sociocultural que contienen un problema de investigación con un impacto en la lengua:
   - *¿Cuál es la influencia de los SMS en la lengua española actual?*
   - *La evolución de la sociedad española y su impacto en el uso del tuteo*

2) Monografías de naturaleza cultural basadas en productos culturales específicos*:
   - *El tema de la vejez en la novela gráfica* Arrugas *de Paco Roca*
   - *¿Constituye la obra arquitectónica de Santiago Calatrava un homenaje a la naturaleza? Análisis de los puentes instalados en Sevilla, Buenos Aires y Nueva York*

* Un producto cultural específico

En las notas para coordinadores del IB de septiembre 2009 se da una definición específica de qué es un producto cultural: "por 'producto cultural' se entiende cualquier cosa concreta o tangible que ayuda a comprender la lengua objeto de estudio y la cultura asociada con dicha lengua". Algunos ejemplos propuestos son:

Documentos escritos
Diarios
Publicaciones periódicas
Titulares de noticias
Artículos
Libros (no literarios)
Tiras cómicas
Anuncios
Prospectos, folletos o manifiestos
Leyes o políticas
Documentos o registros históricos

Documentos orales
Obras teatrales
Programas de radio o televisión
Letras de canciones
Entrevistas

Documentos visuales
Obras de arte
Arquitectura (edificios, monumentos, etc.)
Películas
Sellos

Iconos culturales
Artículos y accesorios de moda (como manifestación de la cultura)
Alimentos y platos (como manifestación de la cultura)
Marcas (como manifestación de la cultura)

Los siguientes no se consideran "productos culturales"
Acontecimientos políticos (elecciones, referendos)
Acontecimientos históricos
Movimientos sociales (p. ej. disturbios)
Problemas sociales (desempleo, inmigración, racismo, violencia escolar, el rol de la mujer en un país X, etc.)
Ciudades o regiones (monografía de tipo "guía de viaje")
Grupos étnicos (minoritarios)
Tendencias mediáticas
Estilos musicales
Deportes
Tradiciones
Instituciones (sistemas educativos, partidos políticos, etc.)

3 **Literatura**
- *¿Cómo se muestra la pérdida de identidad cultural a causa de la modernización en el cuento* Alienación *de Julio Ramón Ribeyro?*
- *La incomprensión en la sociedad española como tema en el relato* El Tajo *de Francisco Ayala*

B La introducción de la monografía

Es la parte del trabajo de la monografía en la que hay que explicar por qué se ha elegido el tema de la monografía y cuáles son los objetivos que nos planteamos con ese trabajo.

Breve
La introducción debe ser concisa, es decir, no demasiado larga. Un límite adecuado puede ser entre 250 y 300 palabras, aunque no hay un límite exacto.

Centrada explícitamente en el problema de investigación
Debe:
- hacer mención a la pregunta/el problema de investigación;
- explicar claramente por qué es importante el tema como objeto de investigación.

CRITERIO B: La introducción de la monografía

Comprueba:
- ¿Es **breve** y está **centrada explícitamente en el problema de investigación**?
- ¿Explica la relación del problema de investigación con la lengua o la cultura?
- ¿Responde a **qué hace que su estudio sea interesante**?
- ¿**Cómo se va a analizar el tema de investigación**?
- ¿Evita la mención de la experiencia y una opinión personal?
- En categorías 1 y 2, ¿explica por qué el tema elegido tiene carácter cultural específico?

Unidad 5 La monografía

¿Qué hace que su estudio sea interesante?
Se puede incluir una breve mención que explique la elección de este tema y por qué es un buen tema de investigación.

¿Cómo se va a analizar el tema de investigación?
Se puede contestar a esta pregunta incluyendo los pasos y argumentos necesarios para llegar a la conclusión de la investigación.

- En el caso de las monografías de tipo literario (3), ¿incluye la información de contexto que el lector pueda necesitar?

C Proceso de investigación
Es la manera en que se ha llevado a cabo la preparación de la monografía, las fuentes que se han utilizado y cómo se ha planificado la preparación del tema.

Planificación
Hay que recordar establecer un calendario muy estructurado para cumplir todas las etapas de esta investigación: buscar posibles fuentes, seleccionar estas fuentes, elaborar esquemas y resúmenes que ayuden a relacionar fuentes e ideas entre sí.

Fuentes originales
- El proceso de investigación debe llevarse a cabo con fuentes en español. De esta manera también se activa el proceso de leer y utilizar la lengua que después se usará en la redacción de la monografía, por lo que la coherencia y precisión del vocabulario específico será mayor. Aunque requiere un esfuerzo mayor, es sin duda, una actividad que merece la pena porque hará que el progreso en el dominio del español sea más efectivo.

- Es importante intentar utilizar una variedad de fuentes si es posible, no sólo fuentes de Internet, porque no siempre son fiables, sino también fuentes procedentes de libros, artículos, entrevistas y otros materiales como pueden ser programas de radio o de televisión. Cuanta más variedad de fuentes haya, más información se puede utilizar, lo que permite que la monografía se convierta en un trabajo coherente, conciso y original.

- Es esencial utilizar un sistema de bibliografía o de referencias que sea coherente y consistente a lo largo de todo el trabajo. Se debe prestar atención también a la forma de realizar anotaciones o notas a pie de página. Lo importante es que el sistema elegido sea consistente en todo el trabajo.

CRITERIO C: Proceso de investigación
- ¿Has hecho una adecuada **planificación** de la monografía?
- ¿Has realizado un uso variado de **fuentes originales** en español?
- ¿Has utilizado fuentes secundarias para fundamentar los argumentos en vez de sustituirlos?
- ¿Has tenido precaución con las fuentes tomadas de Internet?

D Conocimiento y comprensión del tema
Es el criterio que analiza cómo se ha explorado el tema de la investigación.

Conocimiento
Es la parte de la nota que se centra en calificar cómo las diferentes secciones de la monografía están claramente relacionadas con los aspectos más importantes del tema y cómo cada uno de ellos está ejemplificado haciendo referencia a las fuentes primarias de información.

Comprensión
Esta parte tiene en cuenta si se demuestra adecuadamente que se han entendido e ilustrado los aspectos más importantes del tema investigado.

CRITERIO D: Conocimiento y comprensión del tema
Comprueba:
- ¿La monografía evita la superficialidad y demuestra conciencia de los aspectos importantes del tema?
- ¿El conocimiento se basa en las fuentes primarias (productos culturales específicos, datos y entrevistas, obras literarias)?
- ¿Se ha realizado una investigación previa, que demuestra aprendizaje y clara comprensión del tema?

E Argumento razonado

Es el criterio que analiza si la argumentación y justificación del tema son adecuadas.

Un argumento razonado, coherente y lógico

- El texto principal de la monografía debe estar bien desarrollado.
- Mantener un punto de vista coherente a lo largo de todo el desarrollo de la redacción.
- Desarrollar un texto eficaz y estructurado, con una división adecuada de apartados y párrafos, así como utilización de conectores del discurso para dar cuerpo al texto.

Persuasiva

La monografía debe defender un argumento de forma convincente, aportando suficientes ejemplos que demuestren la postura.

F Aplicación de habilidades de análisis y evaluación apropiadas

Es el criterio que examina si se han utilizado técnicas de argumentación y análisis adecuadas para el tratamiento del tema de investigación que se ha elegido.

Uso eficaz de análisis

Es importante que los argumentos presentados expliquen claramente el punto de vista personal. También se deben elegir suficientes fuentes para ejemplificar el punto de vista que se defiende en la monografía.

Ejemplos pertinentes

La utilización de ejemplos bien relacionados para ilustrar las ideas propuestas y el punto de vista expresado en la monografía es esencial.

G Uso de un lenguaje apropiado

El uso de la lengua es un criterio importante en la evaluación de la calidad de la monografía. No es decisivo para aprobar o suspender la monografía, pero es importante para alcanzar una buena nota.

Es muy importante presentar las ideas lo más claramente posible, para que el contenido de la monografía no se vea afectado por el uso de la lengua.

En el criterio de uso apropiado de un lenguaje apropiado sólo se concede un máximo de cuatro puntos, pero aunque sean poco los puntos, es siempre importante intentar que la calidad y la fluidez de la lengua estén presentes, pues como se comenta anteriormente es esencial para la comprensión óptima del tema de investigación.

Uso correcto del lenguaje

Hay que recordar:
- Utilizar textos y fuentes en español, pues serán de ayuda a la hora del redactar la monografía.
- Redactar directamente en español, sin intentar hacer una traducción del idioma materno.

CRITERIO E: Argumento razonado

Comprueba:
- ¿La monografía evita la superficialidad y las opiniones se apoyan en **un argumento razonado, coherente y lógico**?
- ¿Se evita la simple recopilación de datos o descripciones literarias?
- ¿La monografía es **persuasiva** y adopta una postura firme acerca del tema de investigación?

CRITERIO F: Aplicación de habilidades de análisis y evaluación apropiadas

Comprueba:
- ¿Hay un **uso eficaz de análisis** y argumentos persuasivos para fundamentar una interpretación personal, sin depender exclusivamente de las fuentes secundarias?
- ¿Se fundamentan los argumentos con **ejemplos pertinentes** y pruebas adecuadas y convincentes de las fuentes?

CRITERIO G: Uso de un lenguaje apropiado

Comprueba:
- ¿Se hace un **uso correcto del lenguaje** y **registro**, sin ser este demasiado complejo ni elaborado?
- ¿Se expresan con claridad las ideas planteadas?

Unidad 5 La monografía

- Asegurarse de que todo esté en español (el resumen, las citas, los agradecimientos, los títulos de los distintos apartados, la tabla de contenidos, la bibliografía).
- Realizar la redacción de forma cuidadosa.
- Revisar varias veces la redacción para evitar errores de ortografía, de uso de tiempos verbales, mal uso de las preposiciones, el uso correcto de conectores y estructuras complejas.

Uso correcto del registro

La monografía se trata de un trabajo de investigación, en el que es importante demostrar las habilidades académicas personales y requiere un registro neutro.

H Conclusión

Es el criterio que evalúa si se ha realizado una buena conclusión.

La conclusión se desprende del argumento

- Hay que preparar una conclusión adecuada al problema de investigación presentada en la introducción, sin repetirla.
- La conclusión debe ser lógica y estar extraída del razonamiento desarrollado en el cuerpo de la monografía.

I Presentación formal

La forma en que se ha presentado el trabajo.

Es importante presentar un trabajo de calidad académica y con una presentación cuidada que preste atención a todos los detalles como son las partes que aparecen en el apartado 5.3 de esta sección del libro.

Una presentación académica

Es muy importante:

- utilizar títulos para identificar cada parte del trabajo;
- numerar las páginas del trabajo y asegurarse de que esa numeración coincide con la paginación en la tabla de materias;
- identificar adecuadamente las imágenes, gráficos, tablas, diagramas, etc. y suministrar todas las fuentes de las mismas;
- citar todas las fuentes y reconocerlas en la bibliografía;
- utilizar un sistema único de referencia* con todos los detalles como son autor, título, editor, fecha de publicación, etc.;

---

*Ejemplo de un sistema único de referencia

Libros: GUTIÉRREZ, Alfonso (2003) Alfabetización digital. Algo más que ratones y teclas, Barcelona: Gedisa.

Artículos: ALVAREZ-SÁNCHEZ B., BALLINA-PÉREZ F.J., VÁZQUEZ-MONTES R., et al. "La reacción del consumidor ante las promociones". MK Marketing + Ventas. Enero 2000. N°143 p.33-37

Material de Internet: SILIÓ, Elisa (2011), "El narrador del cuento tiene dos mamás" en www.elpais.com (en línea.) http://www.elpais.com/articulo/sociedad d/narrador/cuento/tiene/mamas/elpepusoc/20110131elpepisoc_5/Tes (Acceso el 22/02/2011)

CRITERIO H: Conclusión

Comprueba:

- ¿**La conclusión se desprende del argumento** con coherencia en vez de introducir nuevas cuestiones?
- ¿Es la síntesis de la investigación diferente a la introducción? Es importante evitar la repetición de la introducción.
- ¿Se presenta una respuesta sólida al problema de investigación?
- ¿Responde a la siguiente pregunta: "¿Qué he demostrado realmente al lector con la monografía?"?

CRITERIO I: Presentación formal

- ¿Has hecho **una presentación académica** de un trabajo de investigación apto para ser publicado?
- ¿Has incluido todas las citas, la bibliografía y las secciones del trabajo?

J Resumen

El resumen es una parte más de la monografía y se evalúa como tal.

Una sinopsis

- El resumen debe ser una sinopsis de la investigación, por lo que es aconsejable redactarlo una vez terminado el trabajo, pues así se podrá reflexionar claramente sobre el proceso de investigación.

- Es importante explicar por qué se ha seleccionado ese problema de investigación y cuáles son las conclusiones obtenidas tras la investigación.

El cómputo de palabras

- El resumen debe tener una extensión de unas 300 palabras.

- El número de palabras de la monografía completa debe aparecer en la página del resumen.

- Es importante no olvidar que el límite de palabras de la monografía es de 4.000, y aquellos estudiantes que escriban menos de 3.000 palabras serán penalizados.

> **CRITERIO J: Resumen**
> Comprueba:
> - ¿Es **una sinopsis** de la investigación?
> - ¿Es un resumen claro?
> - ¿Es diferente de la conclusión? El resumen es una síntesis del problema de investigación, del enfoque y de las conclusiones de la monografía.
> - ¿Evita introducir información personal o razones por la elección del tema?
> - ¿Aparece **el cómputo de palabras**?

K Valoración global

Es el criterio que da una nota a todo el trabajo de una forma global, teniendo en cuenta la originalidad y la profundidad de la investigación.

Iniciativa intelectual

El trabajo presentado debe contener pensamiento crítico que incite al análisis del tema. También es importante demostrar no sólo la comprensión de las ideas investigadas, sino también la habilidad de desarrollar ideas originales ilustradas de manera convincente.

Profundidad

El límite de 4.000 palabras permite un análisis efectivo y profundo del tema de la pregunta. Menos de 4.000 palabras puede incurrir en un análisis superficial, por lo que es importante tratar de ceñirse a este límite de palabras.

Se debe considerar siempre la importancia de intentar explorar todos los aspectos u objetivos que se plantean desde el principio de la investigación mediante suficientes explicaciones, justificaciones y ejemplos que apoyen los argumentos.

> **CRITERIO K: Valoración global**
> Comprueba:
> - ¿Demuestra **iniciativa intelectual**?
> - ¿Presenta una reflexión perspicaz y expresa **profundidad** de la comprensión
> - ¿Es un trabajo creativo?

5.5 La entrevista final con el supervisor

La entrevista final es una pequeña entrevista que se lleva a cabo con el supervisor una vez se ha terminado la redacción de la monografía. El BI recomienda la realización de la misma, aunque no es obligatoria. Tiene una duración de entre 10 y 15 minutos. Como se expresa en la *Guía de la Monografía* (primeros exámenes 2013), los objetivos fundamentales de esta entrevista son:

- verificar que no haya existido plagio o conducta fraudulenta en general;
- ofrecer la oportunidad de reflexionar sobre los logros y las dificultades del proceso de investigación;
- favorecer la reflexión sobre lo que se ha aprendido;
- servir de ayuda al supervisor para redactar el informe.

Unidad 5 La monografía

Así pues, la entrevista final ayudará al supervisor a verificar si el trabajo ha sido realizado por el propio estudiante y además le permitirá redactar el informe sobre la monografía. Esta entrevista final es una forma de reflexionar sobre el proceso de investigación y redacción. También servirá para revisar el proceso de aprendizaje durante el desarrollo de la monografía.

Ejercicio práctico 5.5.1

Para la entrevista final el supervisor puede realizar muchos tipos de preguntas, algunas generales y otras más específicas. Escribe posibles respuestas a estas preguntas generales.

1. ¿Por qué has decidido hacer la monografía sobre este aspecto?
2. ¿Cuáles son las dificultades más importantes que has encontrado en su proceso de investigación? ¿Cómo las has resuelto?
3. ¿Qué es lo más te ha gustado hacer?
4. ¿Qué cosas nuevas has aprendido?
5. ¿Qué te ha aportado realizar este trabajo de investigación?

Piensa en otras 4 ó 5 preguntas generales y sus respuestas para preparar esta sección.

Además, el supervisor puede hacer preguntas más específicas sobre la monografía. Estos son algunos ejemplos, extraídos de la *Guía de la Monografía*:

1. "Lo que se expresa en la página XXX no resulta totalmente claro. Usted cita a Y; ¿podría explicar un poco más el propósito de la cita?"
2. "En la página XXX usted cita a Z. No pude encontrar esta referencia (por ejemplo, un sitio web). ¿Podría decirme algo más al respecto?"
3. "¿Cuáles fueron los logros y las dificultades del proceso de investigación y redacción del trabajo?"
4. "¿Cuáles fueron los aspectos más interesantes del proceso? ¿Descubrió algo que le haya sorprendido?"
5. "¿Qué cosas ha aprendido gracias a este trabajo? ¿Hay algún consejo que le gustaría transmitir a quienes recién comienzan a trabajar en su monografía?"

Ejercicio práctico 5.5.2

Las preguntas específicas sobre la monografía están en un registro formal, pero el supervisor puede decidir utilizar un registro más informal. ¿Cómo serían en un registro más informal? Transforma las frases anteriores para practicar.

Ejercicio práctico 5.5.3

Escribe una lista con cinco posibles preguntas específicas y sus respuestas sobre tu monografía y su contenido.

Cuanto más practiques más preparado estarás el día de la entrevista. ¡Ánimo y demuestra que el esfuerzo ha merecido la pena!

Gramática

1 Los sustantivos

Un sustantivo es una palabra que designa a una persona, un animal, una cosa o un concepto, por ejemplo:

Ana, perro, casa, felicidad.

Género

Todos los sustantivos en español son masculinos o femeninos. A veces es fácil identificar el género cuando se trata de personas o animales:

el hombre, la mujer, el niño, la niña, el gato, la gata

Aunque muchos nombres de animales tienen solamente un género:

la serpiente, el pez, el elefante

Sustantivos masculinos

Sustantivos terminados en **-o**:

armario

(Excepciones importantes: *la mano, la foto(grafía)*)

Sustantivos terminados en **-j**, **-l**, **-r**, **-s** (*reloj, rosal, hervidor, compás*)

(Excepciones importantes: *la mujer, la flor*)

Sustantivos femeninos

Sustantivos terminados en **-a**:

casa, mesa

(Excepciones importantes: *el día, el mapa, el planeta, el problema*)

Sustantivos terminados en **-ión**:

canción, proposición

(Excepciones importantes: *el avión, el camión*)

Sustantivos terminados en **-itis**, **-sis**:

crisis

Sustantivos terminados en **-dad**, **-tad**, **-tud**, **-umbre**:

cantidad, libertad, multitud, cumbre

Sustantivos terminados en **-zón**, **-dez**, **-iz**:

razón, honradez, perdiz

Los sustantivos referidos a profesiones u ocupaciones o que terminan en **-ista** cambian solamente el artículo para indicar un género diferente:

el/la *cantante*, **el/la** *periodista*, **el/la** *turista*

Número

En general, para formar el plural de los sustantivos que terminan en vocal, se les añade **-s**.

casa – casas

teléfono – teléfonos

A los sustantivos que terminan en consonante se les añade **-es** para formar el plural.

televisión – televisiones

árbol – árboles

Los sustantivos singulares que terminan en **-z**, la cambian a **-c-** en el plural.

lápiz – lápices

pez – peces

2 Artículos

Artículo determinado

Los artículos determinados acompañan al sustantivo y concuerdan con él en género y número. El artículo determinado se refiere a un sustantivo mencionado con anterioridad. Sus formas son:

el chico   **los** chicos

la chica   **las** chicas

'El' sufre cambios cuando va precedido de **a** o de **de**.

a+el = **al**   voy **al** parque

de+el = **del**   el juego **del** niño

Usos del artículo determinado

a) Cuando decimos la hora o un día determinado de la semana:

   *Las clases empiezan a **las** 8.*

   *Tenemos una cita **el** jueves.*

b) Con los apellidos:

   ***El** Sr. Pérez vive en el segundo piso.*

   Cuando hablamos directamente con la persona se omite el artículo:

   Buenos días, Sr. Iglesias.

c) Cuando hablamos de algo ocurrido a una edad determinada:

   *Me mudé de la ciudad a **los** treinta años.*

d) Cuando hablamos de los colores:

   *Me gusta **el** rojo.*

e) Cuando mencionamos un porcentaje:

   ***El** 80 por ciento de los ciudadanos quiere un gobierno nuevo.*

f) Con algunas palabras como 'casa' y 'clase' es muy corriente la omisión del artículo:

   Estaré en casa todo el día.

   Estoy en clase.

g) 'El' + verbo en infinitivo: permite formar sustantivos verbales que corresponden a la acción definida por el verbo:

   ***El** trabajar me agota.*

h) Si el sustantivo femenino comienza por 'a' o por 'ha' acentuada se sustituye **la** por **el**:

   ***el** arma peligrosa, **el** agua fría, **el** hacha afilada*

Artículo indeterminado

El artículo indeterminado nos informa de que el sustantivo del que se habla es desconocido, no ha sido mencionado con anterioridad.

un gato   *unos* gatos

una chica   *unas* chicas

Usos del artículo indeterminado

El artículo indeterminado se omite delante de las siguientes palabras: *tan, tanto, igual, otro, tamaño, semejante, doble, distinto, tal* (delante de un nombre de persona sí), *cierto*.

3 Adjetivos: información esencial

El adjetivo caracteriza al sustantivo que lo acompaña, nos da más información. El adjetivo concuerda con el sustantivo en género y número.

Concordancia del adjetivo en género

El adjetivo concuerda con el sustantivo en género. Si el sustantivo es femenino, modificamos el adjetivo de la siguiente manera.

Si el adjetivo termina en **-o** formamos el femenino cambiando la **o** por **a**:

alto, alta; guapo, guapa

Si el adjetivo termina en **-e** o en **-a**, en el femenino no cambia:

un chico grande, una chica grande

un papel rosa, una flor rosa

Si el adjetivo termina en **-án**, **-ón**, **-or**, formamos el femenino añadiendo **-a** (este grupo de adjetivos es bastante reducido):

hablador, habladora

burlón, burlona

haragán, haragana

El resto de los adjetivos terminados en consonante no cambian:

un examen fácil, una actividad fácil

Los adjetivos que indican el origen: país, ciudad, provincia, etc., si terminan en consonante, forman el femenino añadiendo **-a**:

alemán, alemana

español, española

Formación del plural de adjetivos

El adjetivo concuerda con el sustantivo también en número. Formamos el plural del adjetivo de la siguiente manera.

Si el adjetivo termina en vocal no acentuada, se añade **-s**:

bueno, buenos

Si termina en consonante o en vocal acentuada, se añade **-es**:

fácil, fáciles

Si termina en **-z** se cambia por **-ces**:

feliz, felices

Gramática

Adjetivos apocopados

Algunos adjetivos pierden la **-o** en su forma masculina singular, cuando van delante del nombre. Los más frecuentes son: *bueno, malo, alguno, ninguno, primero, tercero, postrero*:

un **buen** chico, el **tercer** piso, **ningún** billete

Cualquiera pierde la **-a** delante de un nombre singular:

a **cualquier** hora

Grande cambia a **gran** cuando va delante de un nombre singular:

un **gran** profesor, una **gran** universidad

Santo se convierte en **San** delante de un nombre religioso que no empiece por *Do-* o *To-*:

Santo Domingo, **Santo** Tomás, **San** Luis

Tanto cambia a **tan** cuando va delante de un **adjetivo** masculino singular, pero no delante de un nombre:

Es **tan importante** que vengas.

El comparativo

Con el comparativo señalamos la cualidad de personas, acciones o cosas comparándolas con otras.

más   adjetivo   **que**

menos   adjetivo   **que**

tan   adjetivo   **como**

*El león es **más** rápido **que** la tortuga.*

*María es **menos** alta **que** Isabel.*

*El perro es **tan** grande **como** el gato.*

tanto + sustantivo masculino singular + **como**

*Tengo **tanto** dinero **como** mis amigos.*

tanta + sustantivo femenino singular + **como**

*Compra **tanta** fruta **como** ella.*

tantos + sustantivo masculino plural + **como**

*Recibe **tantos** regalos **como** su hermano.*

tantas + sustantivo femenino plural + **como**

*Escribieron **tantas** cartas **como** sus amigos.*

El superlativo

El superlativo expresa la cualidad en su máxima intensidad en relación con otros objetos. Existen dos tipos de superlativos: el relativo y el absoluto.

El superlativo relativo

Se forma de la siguiente manera:

el/la/los/las/lo más/menos adjetivo

*Ana es **la más** bella de la clase.*

*Estos niños son **los menos** traviesos de la escuela.*

*Ángela y Rosa son **las más** inteligentes del mundo.*

189

Pronombres preposicionales

Los pronombres preposicionales se usan después de una preposición:

*Lo hago todo **por ti**.*

***De mí** dependen mis notas.*

La preposición **con** va unida a los pronombres **mí**, **ti** y **sí** de la manera siguiente:

conmigo, **contigo**, **consigo**.

*Voy de compras: ¿quieres venir **conmigo**?*

6 Adjetivos y pronombres: otros tipos y usos

Adjetivos y pronombres posesivos

Adjetivos posesivos

Los adjetivos posesivos acompañan a un nombre e indican si el objeto pertenece a una o varias personas.

MASCULINO		FEMENINO	
Singular	Plural	Singular	Plural
mi	mis	mi	mis
tu	tus	tu	tus
su	sus	su	sus
nuestro	nuestros	nuestra	nuestras
vuestro	vuestros	vuestra	vuestras
su	sus	su	sus

***Mi** coche es rápido.*

***Mis** hijos están en la escuela.*

Adjetivos posesivos después del sustantivo

Los adjetivos posesivos concuerdan en género y número con el sustantivo.

MASCULINO		FEMENINO	
Singular	Plural	Singular	Plural
mío	míos	mía	mías
tuyo	tuyos	tuya	tuyas
suyo	suyos	suya	suyas
nuestro	nuestros	nuestra	nuestras
vuestro	vuestros	vuestra	vuestras
suyo	suyos	suya	suyas

*Este libro es **suyo**.*

*La casa es **mía**.*

Pronombres posesivos

Los pronombres posesivos sustituyen a un sustantivo y tienen el mismo género y número que la palabra a la que sustituyen.

Gramática

MASCULINO		FEMENINO	
Singular	Plural	Singular	Plural
el mío	los míos	la mía	las mías
el tuyo	los tuyos	la tuya	las tuyas
el suyo	los suyos	la suya	las suyas
el nuestro	los nuestros	la nuestra	las nuestras
el vuestro	los vuestros	la vuestra	las vuestras
el suyo	los suyos	la suya	las suyas

¿Donde están las llaves? **Las mías** están en la entrada y **las tuyas** encima de la mesa.

Adjetivos y pronombres demostrativos

Los adjetivos y pronombres demostrativos indican proximidad o lejanía espacial y temporal del nombre respecto al hablante y al oyente.

Este libro es interesante.   **Éste** me gusta mucho.

Tráeme **ese** vaso.   No compres **ésa**.

Aquella chica es muy alta.   Quiero **aquél**.

Adjetivos demostrativos
Los adjetivos demostrativos concuerdan en género y número con el sustantivo al que acompañan.

MASCULINO		FEMENINO	
Singular	Plural	Singular	Plural
este	estos	esta	estas
ese	esos	esa	esas
aquel	aquellos	aquella	aquellas

Pronombres demostrativos
Los pronombres demostrativos tienen el mismo género y número que el sustantivo al que sustituyen.

MASCULINO		FEMENINO	
Singular	Plural	Singular	Plural
éste	éstos	ésta	éstas
ése	ésos	ésa	ésas
aquél	aquéllos	aquélla	aquéllas

Adjetivos y pronombres relativos

Los pronombres relativos se refieren a un nombre ya citado en la oración anterior, llamado antecedente, sin necesidad de repetirlo.

	MASCULINO		FEMENINO		NEUTRO
	Singular	Plural	Singular	Plural	
Pronombres	(el) que (el) cual quien	(los) que (los) cuales quienes	(la) que (la) cual quien	(las) que (las) cuales quienes	(lo) que (lo) cual
Adjetivos	cuyo	cuyos	cuya	cuyas	cuyo

El niño **cuyos** padres vinieron ayer es el más joven.

El libro **que** me prestaste es muy interesante.

Visito la casa **en la que** vivió el gran escritor.

Adjetivos y pronombres indefinidos

Los pronombres indefinidos son una clase de palabras con valor de adjetivo, pronombre o adverbio que dan al nombre diferentes valores.

Algo

Es neutro y se usa en frases afirmativas. Expresa una cantidad indeterminada o inexistente. Se opone a 'nada'.

Tengo algo de dinero suelto en el bolsillo.

Alguien

Se refiere siempre a personas, nunca a cosas o animales. Es siempre masculino y no tiene plural.

Hay alguien en la puerta.

Alguno, alguna, algunos, algunas

Se refiere a personas o cosas indeterminadas.

Hay algunos niños jugando en el patio.

Delante de un sustantivo masculino se apocopa ('algún').

Hay algún chico que habla español.

Bastante, bastantes

Expresa una cantidad y concuerda con el sustantivo en número.

Hay bastantes libros para todos.

Cuando es pronombre o adverbio es invariable.

La profesora nueva me gusta bastante.

Cada

Es invariable y funciona como adjetivo. Expresa distribución.

Le dieron un regalo a cada madre.

Cualquiera

Es invariable, pero se apocopa ante un sustantivo masculino ('cualquier'). Expresa indiferencia.

Coge cualquier libro.

Cualquiera puede venir y llevarse el dinero.

Demás

Expresa diversidad y es invariable. Cuando se utiliza con los artículos **los** y **las** se refiere a personas.

¿Donde están los demás?

Con el artículo neutro **lo** se refiere a hechos.

Por lo demás, ni te preocupes.

Demasiado, demasiada, demasiados, demasiadas

Expresa una cantidad y concuerda con el sustantivo en género y número.

Tenemos demasiadas preocupaciones en estos momentos.

Cuando es pronombre o adverbio es invariable.

Hablas demasiado.

Gramática

Igual, **iguales**

Expresa igualdad y coincide con el sustantivo en número.

*Roberto y José son **iguales**, hasta caminan **igual**.*

Mismo, **misma**, **mismos**, **mismas**

Expresa identidad y coincide con el sustantivo en género y número.

*Hicimos los **mismos** errores.*

Mucho, **mucha**, **muchos**, **muchas**

Expresa cantidad y coincide con el sustantivo en género y número.

*Tengo **muchas** cosas que contarte.*

Cuando es pronombre o adverbio es invariable.

*Ayer bailé **mucho** en la fiesta.*

Nada

Expresa una cantidad inexistente. Es neutro y se opone a 'algo' y 'todo'. Se utiliza en frases negativas.

*No quiero saber **nada** de ella.*

Nadie

Se utiliza para referirse a personas, nunca a cosas o animales. Es siempre masculino y actúa en la frase como sustantivo.

*No conozco a **nadie** en esta ciudad.*

Ninguno, **ninguna**, **ningunos**, **ningunas**

Se refiere a cosas o personas indeterminadas y se opone a 'alguno'.

*No recuerdo a **ninguno** de ellos.*

Ante un sustantivo masculino se apocopa ('ningún').

*No tengo **ningún** libro bueno que leer.*

Otro, **otra**, **otros**, **otras**

Expresa diversidad y adición:

*¿Había algún **otro** chico allí?* (Si hay 'alguno' o 'ninguno' en la frase, 'otro' lo sigue.)

*Dame **otro** vaso de agua, por favor.*

Poco, **poca**, **pocos**, **pocas**

Expresa cantidad y coincida con el sustantivo en género y número.

*¿Había **pocos** alumnos en la clase?*

Cuando es pronombre o adverbio es invariable.

*María habla **poco**.*

Quienquiera que

Expresa indiferencia y el verbo que le sigue va en subjuntivo.

***Quienquiera que** venga, no abriré la puerta.*

Todo, **toda**, **todos**, **todas**

Expresa cantidad.

*Llovió **todo** el lunes.* (Se refiere al día completo.)

*Carla y yo discutimos **todos** los días.*

Uno, **una**

Representa a la persona que habla.

***Uno** no sabe nunca lo que va a pasar.*

7 Interrogativos y exclamativos

Los interrogativos expresan preguntas.

Los exclamativos expresan exclamaciones.

| cuánto, cuánta, cuántos, cuántas |
| cuál, cuáles |
| quién, quiénes |
| cuándo, cómo, dónde, por qué |

¿*Cuándo* vas a venir?

¿*Por qué* no hiciste los deberes?

¡*Qué* guapa estás hoy!

¡*Cuánto* te echo de menos!

8 Verbos

El infinitivo

Todos los verbos pertenecen a una de las tres conjugaciones reconocibles en el infinitivo: **-ar**, **-er**, **-ir**.

Usos del infinitivo

Se usa para órdenes impersonales: *No fumar, Empujar*

Se usa detrás de ciertos verbos (*gustar, encantar, querer, poder, deber, tener que, haber que*, etc.):

*Me gusta **cantar**.*

*Quiero **probar** la comida típica de España.*

El gerundio

El gerundio se forma quitando la terminación **-ar**, **-er** o **-ir** y añadiendo las siguientes terminaciones:

cantar	cant**ando**
comer	com**iendo**
vivir	viv**iendo**

Gerundios con modificación ortográfica

Los verbos terminados en **-er** e **-ir** que acaban en vocal más terminación cambiarán la **-e-** y la **-i-** de la terminación de gerundio por **-y-**:

*leer, le**y**endo*

*huir, hu**y**endo*

Usos del gerundio

El gerundio se usa para formar el presente continuo.

*La profesora está **hablando** y los alumnos están **escuchando**.*

El gerundio se usa tras ciertos verbos como 'seguir', 'llevar', etc.

***Sigue comiendo** y comiendo, parece no llenarse nunca.*

Gramática

El participio

El participio se forma quitando la terminación **-ar**, **-er** o **-ir** y añadiendo las siguientes terminaciones:

cantar	cant**ado**
comer	com**ido**
vivir	viv**ido**

Verbos irregulares en el participio

abrir	**abierto**	poner	**puesto**
cubrir	**cubierto**	morir	**muerto**
descubrir	**descubierto**	resolver	**resuelto**
decir	**dicho**	romper	**roto**
escribir	**escrito**	ver	**visto**
hacer	**hecho**	volver	**vuelto**

Usos del participio

El participio se usa para formar todos los tiempos compuestos.

*La niña había **estado** en casa.*

*Si hubiera **estudiado** la lección habría **aprobado** el examen.*

El indicativo

El presente

El presente se forma quitando la terminación **-ar**, **-er** o **-ir** y añadiendo las siguientes terminaciones:

CANTAR	COMER	VIVIR
cant**o**	com**o**	viv**o**
cant**as**	com**es**	viv**es**
cant**a**	com**e**	viv**e**
cant**amos**	com**emos**	viv**imos**
cant**áis**	com**éis**	viv**ís**
cant**an**	com**en**	viv**en**

Verbos irregulares en el presente

SER	IR
soy	voy
eres	vas
es	va
somos	vamos
sois	vais
son	van

caer	cai**g**o
hacer	ha**g**o
tener	ten**g**o
oír	oi**g**o
traer	trai**g**o
poner	pon**g**o
venir	ven**g**o

Algunos verbos añaden una -g- en la forma de *yo*:

197

Verbos de cambio radical

Los verbos de cambio radical cambian en la forma de yo, tú, él, ellos.

Cierro las ventanas cada noche.

Si es necesario, pide ayuda.

Mi abuelo se acuesta temprano.

Los niños juegan en el parque.

e>ie		e>i	o>ue		u>ue
advertir	hervir	conseguir	acordarse	morir	jugar
cerrar	mentir	corregir	acostarse	mostrar	
comenzar	negar	elegir	almorzar	mover	
defender	nevar	freír	aprobar	oler	
despertar	pensar	impedir	colgar	poder	
divertirse	perder	pedir	contar	probar	
empezar	preferir	perseguir	costar	recordar	
encender	querer	repetir	devolver	resolver	
entender	sentar	reñir	dormir	soler	
extender	sentir	seguir	encontrar	sonar	
gobernar		vestirse	envolver	soñar	
			llover	volar	
			morder	volver	

Cambios ortográficos en el presente

Los verbos terminados en consonante más **-cer** o **-cir** cambian la **-c-** en **-z-** si precede 'a' u 'o':

ven**cer**   ven**zo**

Los verbos terminados en vocal más **-cer** o **-cir** añaden una **-z-** en la forma de 'yo':

tradu**cir**   tradu**zco**

cono**cer**   cono**zco**

Los verbos terminados en **-ger** o **-gir** cambian la **-g-** en **-j-** si precede 'a' u 'o':

reco**ger**   reco**jo**

Los verbos terminados en **-guir** cambian la **-gu-** a **-g-** si precede 'a' u 'o':

distin**guir**   distin**go**

Otros verbos terminados en **-uir** cambian la **-i-** a **-y-** en todas las personas aparte de 'nosotros' y 'vosotros':

distribuir   distribu**yo**, distribu**yes**, distribu**ye**, distribu**yen**

Usos del presente

Indica una acción que incluye el tiempo presente:

Como una hamburguesa.

Indica acción repetida o habitual:

Los viernes voy a clase de español.

Presente histórico: hace referencia a acciones pasadas, situándolas en una perspectiva más cercana:

Cristóbal Colón descubre América en 1492.

Presenta acciones futuras inmediatas:

Esta noche ceno con Isabel.

Para dar una orden:

Vas a casa y le dices a papá que venga.

El pretérito

El pretérito se forma quitando la terminación **-ar**, **-er** o **-ir** y añadiendo las siguientes terminaciones:

CANTAR	COMER	ESCRIBIR
cant**é**	com**í**	escrib**í**
cant**aste**	com**iste**	escrib**iste**
cant**ó**	com**ió**	escrib**ió**
cant**amos**	com**imos**	escrib**imos**
cant**asteis**	com**isteis**	escrib**isteis**
cant**aron**	com**ieron**	escrib**ieron**

Verbos irregulares en el pretérito

ANDAR	IR/SER	HACER	DAR	DECIR	TENER
anduve	fui	hice	di	dije	tuve
anduviste	fuiste	hiciste	diste	dijiste	tuviste
anduvo	fue	hizo	dio	dijo	tuvo
anduvimos	fuimos	hicimos	dimos	dijimos	tuvimos
anduvisteis	fuisteis	hicisteis	disteis	dijisteis	tuvisteis
anduvieron	fueron	hicieron	dieron	dijeron	tuvieron
TRAER	**PONER**	**QUERER**	**VENIR**	**SABER**	**PODER**
traje	puse	quise	vine	supe	pude
trajiste	pusiste	quisiste	viniste	supiste	pudiste
trajo	puso	quiso	vino	supo	pudo
trajimos	pusimos	quisimos	vinimos	supimos	pudimos
trajisteis	pusisteis	quisisteis	vinisteis	supisteis	pudisteis
trajeron	pusieron	quisieron	vinieron	supieron	pudieron

Verbos de cambio radical

En el pretérito no hay verbos de cambio radical en la primera (-ar) ni en la segunda conjugación (-er). Solamente los verbos de la tercera conjugación (-ir) tienen cambios radicales en la tercera persona del singular y del plural.

e>i sentir, servir, seguir, freír, mentir, reír, sonreír, pedir, divertirse

o>u morir, dormir

Cambios en la ortografía en el pretérito

Los verbos terminados en **-car** cambian la **-c-** en **-qu-** en la forma de yo del pretérito:

*expli**car**   expli**qué***

Los verbos terminados en **-gar** cambian la **-g-** en **-gu-** en la forma de yo del pretérito:

*pa**gar**   pa**gué***

Los verbos terminados en **-zar** cambian la **-z-** en **-c-** en la forma de yo del pretérito:

*comen**zar**   comen**cé***

Los verbos terminados en **-guar** cambian la **-gu-** en **-gü-** en la forma de yo del pretérito:

*averi**guar**   averi**güé***

Los verbos terminados en vocal más **-er**, **-ir** cambian la **–i-** en **-y-** en las formas de él y ellos del pretérito:

cr**eer**	cre**y**ó, cre**y**eron
o**ír**	o**y**ó, o**y**eron
constr**uir**	constru**y**ó, constru**y**eron

Usos del pretérito

Acción puntual en el pasado: acción que tiene lugar en un momento determinado del pasado: anoche, el año pasado, el invierno pasado, en 1970:

*El verano pasado **fui** a España.*

Para narrar acciones pasadas con una duración finita en el pasado:

***Vivimos** cinco años en Venezuela.*

El imperfecto

El imperfecto se forma quitando la terminación **-ar**, **-er** o **-ir** y añadiendo las siguientes terminaciones:

CANTAR	COMER	SALIR
cant**aba**	com**ía**	sal**ía**
cant**abas**	com**ías**	sal**ías**
cant**aba**	com**ía**	sal**ía**
cant**ábamos**	com**íamos**	sal**íamos**
cant**abais**	com**íais**	sal**íais**
cant**aban**	com**ían**	sal**ían**

Verbos irregulares en el imperfecto

IR	VER	SER
iba	veía	era
ibas	veías	eras
iba	veía	era
íbamos	veíamos	éramos
ibais	veíais	erais
iban	veían	eran

Usos del imperfecto

Para describir …

… algo o alguien:

***Era** alta. **Llevaba** gafas. **Tenía** los ojos verdes.*

… el tiempo meteorológico y cronológico:

***Llovía**. **Hacía** frío. **Eran** las cinco de la tarde. **Era** invierno.*

… sentimientos, emociones, estado físico:

***Estaba** triste. Se **sentían** mareados.*

… acciones habituales o repetidas en el pasado:

*Cuando **era** niño siempre **comíamos** paella los domingos.*

… una acción incompleta o interrumpida en el pasado:

*El profesor **explicaba** el problema cuando sonó el teléfono.*

Para hacer una petición cortesa:

***Quería** pedirte algo.*

El presente perfecto

El presente perfecto se forma con el presente del verbo auxiliar *haber* y el participio del verbo conjugado.

	CANTAR	COMER	VIVIR
he	cantado	comido	vivido
has			
ha			
hemos			
habéis			
han			

Usos del presente perfecto

El presente perfecto se utiliza para describir acciones que empezaron en el pasado y

- que aún no han finalizado
  ó
- que guardan alguna relación con el presente.

El pluscuamperfecto

El pluscuamperfecto se forma con el imperfecto del verbo auxiliar *haber* y el participio del verbo conjugado.

	CANTAR	COMER	VIVIR
había	cantado	comido	vivido
habías			
había			
habíamos			
habíais			
habían			

Uso del pluscuamperfecto

El pluscuamperfecto se usa para hablar de acciones pasadas y concluidas con relación a otras acciones pasadas. Se puede definir como pasado del pasado.

*Cuando yo llegué ya **habían comido**.*

El futuro

El futuro se forma añadiendo las terminaciones de futuro al infinitivo.

CANTAR	COMER	VIVIR
cantaré	comeré	viviré
cantarás	comerás	vivirás
cantará	comerá	vivirá
cantaremos	comeremos	viviremos
cantaréis	comeréis	viviréis
cantarán	comerán	vivirán

Verbos irregulares en el futuro

decir	dir-
hacer	har-
poder	podr-
poner	pondr-
querer	querr-
saber	sabr-
salir	saldr-
tener	tendr-
venir	vendr-

Uso del futuro

El futuro se utiliza para expresar acciones futuras relacionadas al momento en que se habla.

*Jorgito **visitará** a sus padres mañana.*

Para expresar probabilidades o suposiciones.

- *¿Dónde **estará** Ana?*
- *Pues no lo sé, **estará** de vacaciones.*

El condicional

El condicional se forma añadiendo las terminaciones de condicional al infinitivo.

CANTAR	**COMER**	**VIVIR**
cantaría	comería	viviría
cantarías	comerías	vivirías
cantaría	comería	viviría
cantaríamos	comeríamos	viviríamos
cantaríais	comeríais	viviríais
cantarían	comerían	vivirían

Verbos irregulares en el condicional

Los verbos irregulares en el condicional son los mismos que los verbos irregulares en el futuro.

Usos del condicional

Para expresar hipótesis:

*Si fuese rico **compraría** una mansión.*

Puede expresar **consejo**, **deseo** o **cortesía**:

*Yo en tu lugar **llevaría** paraguas.*

*Me **gustaría** estar en la playa.*

*¿Me **dejarías** salir con mis amigos?*

El subjuntivo

El presente de subjuntivo

El presente de subjuntivo se forma quitando la terminación **-ar**, **-er** o **-ir** y añadiendo las siguientes terminaciones:

Gramática

CANTAR	COMER	VIVIR
cant**e**	com**a**	viv**a**
cant**es**	com**as**	viv**as**
cant**e**	com**a**	viv**a**
cant**emos**	com**amos**	viv**amos**
cant**éis**	com**áis**	viv**áis**
cant**en**	com**an**	viv**an**

Verbos irregulares y cambios ortográficos en el presente de subjuntivo

Todos los verbos que son irregulares en el presente de indicativo son también irregulares en el presente de subjuntivo.

En el presente de subjuntivo también se producen los mismos cambios ortográficos que en el presente de indicativo.

Usos del subjuntivo

Expresar probabilidad

Por ejemplo, con los adverbios: *quizá(s), tal vez, posiblemente* y *probablemente*:

***Quizás** estudie todos los días.*

***Tal vez** llegue a tiempo.*

Aunque después de 'A lo mejor' utilizamos el presente de indicativo:

***A lo mejor salimos** hoy por la noche.*

Expresar un deseo o exhortación

*¡**Que** tengas buen viaje!*

*¡**Que** lo pases bien!*

*¡**Ojalá** Carlitos salga bien en el examen!*

Expresar incredulidad

Después de los verbos *creer, pensar* y *parecer* se utiliza el subjuntivo si la oración es **negativa**.

***No creo** que me **comprenda** bien.*

Expresar un juicio de valor u obligación personal

*Es absurdo que **siga** llamándote.*

*Es lógico que **se enfaden**.*

*Es una pena que no **puedas** venir conmigo.*

*Es injusto que **tenga** tantos problemas.*

*Hace falta que le **escribas**.*

Recuerda que si la frase indica seguridad o algo verdadero, se utiliza el indicativo.

Es verdad que tiene muchos problemas.

Es cierto que no puede venir.

Expresar dudas, deseos, órdenes, consejos y reacciones emotivas

Utilizamos el subjuntivo cuando el verbo principal influye sobre el verbo subordinado con verbos que expresan deseos, dudas, órdenes, consejos y reacciones emotivas:

querer que, esperar que, desear que, necesitar que, preferir que, aconsejar que, recomendar que, mandar que, insistir en que, querer que, dudar que, decir que, prohibir que, permitir que, extrañar que, sorprender que, etc.

Dudo que lo aprenda.

Quiero que me lo digas.

*Os **digo** que os calléis.*

*Te **prohíbo** que bebas alcohol hasta los 18 anos.*

Después de ciertas locuciones

Utilizamos el subjuntivo cuando el verbo va precedido de una de estas locuciones:

antes (de) que, para que y sin que.

*Te doy el libro **para que** estudies.*

*Ven **antes de que** termine.*

*Hazlo **sin que** nadie se enoje.*

En las oraciones temporales, utilizamos el subjuntivo con estas conjunciones y locuciones:

cuando, apenas, después (de) que, en cuanto, hasta que, mientras, tan pronto como, etc.

*¡Voy a esperar hasta que **lleguen**!*

*Cenaremos en aquel restaurante cuando **vengas** a Barcelona.*

El pasado de subjuntivo

Para formar el pasado de subjuntivo:

1 Se usa 'ellos' del pretérito.

2 Se quita la terminación **-ron**.

3 Se añaden las terminaciones del pasado de subjuntivo.

El pasado de subjuntivo tiene dos tipos de terminaciones que se usan indistintamente sin ningún cambio de significado.

	CANTAR	**COMER**	**VIVIR**	**HACER** (ejemplo de verbo irregular)
Pretérito (ellos)	cantaron	comieron	vivieron	hicieron
Pasado de subjuntivo	cantara o cantase	comiera o comiese	viviera o viviese	hiciera o hiciese
	cantaras o cantases	comieras o comieses	vivieras o vivieses	hicieras o hicieses
	cantara o cantase	comiera o comiese	viviera o viviese	hiciera o hiciese
	cantáramos o cantásemos	comiéramos o comiésemos	viviéramos o viviésemos	hiciéramos o hiciésemos
	cantarais o cantaseis	comierais o comieseis	vivierais o vivieseis	hicierais o hicieseis
	cantaran o cantasen	comieran o comiesen	vivieran o viviesen	hicieran o hiciesen

Usos del pasado de subjuntivo

En oraciones condicionales:

*Si te **casaras** conmigo serías muy feliz.*

En los mismos casos que usamos el presente de subjuntivo pero el verbo de la oración principal está en un tiempo pasado o en el condicional simple en vez de presente:

*Quiso que **fuera** con él.*

El imperativo

Aquí tienes la forma de los imperativos **positivos (+)** y **negativos (–)**.

	CANTAR	COMER	ESCRIBIR
Tú (+)	canta	come	escribe
Tú (–)	no cantes	no comas	no escribas
Usted (+)(–)	(no) cante	(no) coma	(no) escriba
Vosotros (+)	cantad	comed	escribid
Vosotros (–)	no cantéis	no comáis	no escribáis
Ustedes (+)(–)	(no) canten	(no) coman	(no) escriban

Irregulares en el imperativo

	Tú (+)	Tú (–)	Usted (+)(–)	Ustedes (+)(–)
decir	di	no digas	(no) diga	(no) digan
poner	pon	no pongas	(no) ponga	(no) pongan
salir	sal	no salgas	(no) salga	(no) salgan
tener	ten	no tengas	(no) tenga	(no) tengan
venir	ven	no vengas	(no) venga	(no) vengan
hacer	haz	no hagas	(no) haga	(no) hagan
ir	ve	no vayas	(no) vaya	(no) vayan
ser	sé	no seas	(no) sea	(no) sean

Los verbos de cambio radical en el presente sufrirán los mismos cambios en el imperativo.

Usos del imperativo

El imperativo se usa para exigir o pedir algo.

***Vete** a la cama.*

***Tráeme** la carta.*

'Ser' y 'estar'

Diferencias entre 'ser' y 'estar'

Los verbos españoles 'ser' y 'estar' se traducen al inglés por el verbo *to be*.

Usos de 'ser'	Usos de 'estar'
Para descripción de características: *Eres alta e inteligente.* Para expresar procedencia: *Es de Marruecos.* Profesión, ideología, religión: *Son ingenieros, son socialistas, son budistas.* Tiempo: *Son las 11 de la mañana.* Material: *El anillo es de oro.* Precio, cantidad: *Son 19 euros.*	Para expresar posición: *Estoy en la clase.* Para construir el presente continuo: *Está cantando en voz alta.* Para expresar sentimientos, estados físicos o estados de ánimo: *Estoy muy contenta con mis notas de español.* *Estoy enferma.*

Cambios de significado según el verbo, 'ser' o 'estar'

es aburrido (no es divertido)	está aburrido (no tiene nada que hacer)
es bueno (tiene buen corazón, se comporta bien)	está bueno (es delicioso)
es listo (es inteligente)	está listo (está preparado)
es seguro (siente seguridad)	está seguro (tiene certeza)
es vivo (es animado)	está vivo (no está muerto)

Verbos como 'gustar'

Los verbos como 'gustar' tienen una estructura diferente. El verbo sólo tiene dos terminaciones:

- terminación de tercera persona de singular si va seguido de singular (verbo en infinitivo o sustantivo en singular)
- terminación de tercera persona de plural si va seguido de plural (sustantivo en plural)

A mí A ti A él, a ella, a usted A nosotros A vosotros A ellos, a ellas, a ustedes	me te le nos os les	gusta	tocar la guitarra. el cine.
A mí A ti A él, a ella, a usted A nosotros A vosotros A ellos, a ellas, a ustedes	me te le nos os les	gustan	los animales salvajes.

Verbos con la misma estructura que 'gustar'

aburrir	hacer falta
agradar	importar
asombrar	impresionar
dar miedo	indignar
disgustar	interesar
doler	molestar
encantar	ofender
enfurecer	parecer + adjetivo
enojar	preocupar
faltar	quedar
fascinar	sorprender

Verbos con preposición

Verbos con complemento preposicional > a

acostumbrar a	disponerse a
acostumbrarse a	empezar a
aprender a	enseñar a
apresurarse a	habituarse a
arriesgarse a	limitarse a
aspirar a	negarse a
atreverse a	obligar a
ayudar a	ofrecerse a
comenzar a	persuadir a
comprometerse a	prepararse a
contribuir a	renunciar a
decidirse a	resistirse a

Verbos con complemento preposicional > con

amenazar con	soñar con
bastar con	

Algunos verbos con complemento preposicional > de

abstenerse de	desistir de
abusar de	disfrutar de
acordarse de	disponer de
alegrarse de	encargarse de
arrepentirse de	olvidarse de
cansarse de	parar de
constar de	prescindir de
cuidarse de	presumir de
dejar de	tratar de

Algunos verbos con complemento preposicional > en

convenir en	ocuparse en
detenerse en	pensar en
empeñarse en	tardar en
entretenerse en	tener interés en
hacer bien en	vacilar en
insistir en	

Algunos verbos con complemento preposicional > para

ser para
servir para
tener motivo para
tener permiso para
tener tiempo para

Algunos verbos con complemento preposicional > por

afanarse por
esforzarse por
estar impaciente por
felicitar por
luchar por
optar por

Diferencias entre 'por' y 'para'

La preposición 'para' expresa propósito o finalidad y responde a la pregunta '¿para qué?' o '¿para quién?'.

La preposición 'por' expresa causa y responde a la pregunta '¿por qué?'.

Usos de 'para'

Indicar el destinatario o destino:

*El regalo es **para** ti.*

*El avión sale **para** Madrid a las 12.*

Indicar finalidad u objetivo:

*El cepillo es **para** limpiar los zapatos.*

*Vienen **para** conocer a su novia.*

Fijar el fin de un período de tiempo:

*Tenemos que terminar la reunión **para** las tres.*

Dar su opinión:

***Para** mí que no lo hizo.*

Hacer una consideración:

***Para** ser tan joven tiene un vocabulario muy extenso.*

Usos de 'por'

Indicar la razón, la causa o el resultado de algo:

*Cancelaron la fiesta **por** la lluvia.*

*La critica **por** envidia.*

Referirnos a un lugar aproximado:

*Ella vive **por** el centro.*

Indicar el medio para hacer algo:

*Mandaron la carta **por** correo urgente.*

Indicar quien realiza la acción en oraciones pasivas:

*El presidente fue operado **por** cirujanos famosos.*

Indicar el precio de algo:

*Lo compraron **por** cinco euros.*